地理的问号

张浩 / 编著

中国華僑出版社

一部拿得起、放不下的地理解谜读本

有趣 有料 有深度

前言

宇宙浩瀚无边，地球孕育万物。同宇宙相比，人类就如同宇宙间的一粒微尘，即使在地球上，人类也并不如我们表现出来的那么强大。仰观宇宙，俯察大地，自诩“万物之灵”的人类对于周遭的一切依然有无尽的疑问，在无尽的事实的面前，我们渐渐明白有些疑问注定是要伴随人类始终的……

我们曾苦苦追问宇宙的起源，探寻行星的轨迹，试图揭开月球背面的秘密，我们甚至要寻找时空隧道，连通古今，寻觅外星人，并与之建立宇宙间的联盟，然而这些问题至今无解……

我们曾豪言要走遍地球的每一个角落，登上地球最高的山峰，潜入地球最深的海底……然而，随着我们对地球的了解，我们却惊讶地发现，地球展现给我们的不过是冰山一角，而我们所知道的却是那样的浅显。

玛雅文明的兴起和衰落，我们没有答案；神秘的金字塔数据，我们只看到了表面，却推不出真相；远古的秘密，我们依然未知；脚下的大地，我们也不甚了解。我们解释不了潮汐的秘密，摸不清地震的规律，理不明神秘石像的思绪……

神秘的仍然神秘，未知的依然未知。大自然留给我们许多千古不灭的传说和鬼斧神工的遗迹，以及那时刻牵动我们神经和视线的蛛丝马迹。

然而，愈是神秘未知的，愈能挑动我们的心弦。即使是若隐若现的蛛丝马迹，也值得人类去勇敢地探索。因为我们始终相信，只有未曾发现的秘密，而没有解释不了的真相。只要我们一代代人不断地努力，不停地追寻，答案定能为人类所掌握。

上篇
宇宙卷

目录
CONTENTS

038 第四章　多姿多彩的天体

060 第五章　探秘太阳

073 第六章　走进太阳系

下篇
地球卷

上篇／宇宙卷

第一章　探寻宇宙本原

在人生旅途中，我们常常会萌生出一种渺小感，感觉自己被命运所主宰，感觉凭借自己的力量是无法了解宇宙的真实面目的，而事实也是如此，即使在科技发达的今天，人类对于宇宙的探索仍然停留在最初的阶段。

· 宇宙源于一次大爆炸吗 ·

宇宙是怎样形成的，又是如何发展的？

如今，大多数科学家都非常认同“大爆炸理论”，认为宇宙是由一个密度超大且炙热的质点爆炸后膨胀到现在这个样子的。根据科学家们的推算，宇宙大约在140亿年前形成。按照大爆炸理论，早期的宇宙是由数量很多的微观粒子构成的，密度超大、炙热，而且在不断地膨胀。后来宇宙中又产生了原子核、分子、原子等。

1929年，埃德温·哈勃发现了一个奇怪的现象：不管从哪个方向来看，远方的星系离我们越来越远，也就是说，宇宙在不断地向外膨胀。哈勃认为，早先的宇宙星体之间可能距离很近，甚至会在同一个地方。哈勃的这个发现奠定了宇宙学的基础，同时也暗示了大爆炸理论的合理性。之后，科学家们对“大爆炸理论”不断地进行研究、补充。1932年，勒梅特提出，宇宙可能是由“原始原子”爆炸而形成的。在1948年前后，伽莫夫又提出了“热大爆炸”的理论。伽莫夫认为，宇宙的爆炸并不是我们常见的以某个点为中心，然后向四周不断地炸开的那种形式，而是在宇宙中每处空间都发生的。也就是说，爆炸充满了整个宇宙。1965年，美国科学家彭齐亚斯和威尔逊发现了微波背景辐射，这就有力地证明了“热大爆炸理论”。从那以后，大爆炸理论得到了众多科学家的认可。

然而，还是有不少科学家认为这种理论并不靠谱，漏洞非常多，为此他们争议不断，那么，大爆炸理论存在哪些漏洞呢？

第一，大爆炸理论说宇宙诞生前是个非常小的“点”，关于这个“点”的说法很多，有的科学家认为是没有体积的“点”，但若是没有体积的话，也就不存在“点”了。即使存在这个“点”，那么这个“点”为什么会爆炸呢？而且爆炸后还产生了时间、空间、物质呢？

第二，大爆炸理论认为宇宙从140亿年前爆炸后，就不断地膨胀，那么这里就会出现一个问题，那就是究竟是什么力量促使宇宙不断地膨胀下去的？我们知道，自然界中存在万有引力、电磁相互作用力、弱相互作用力、强相互作用力四种基本力，至于其他力，科学家仍在不断地寻找。而已知的四种基本力都不能作为宇宙膨胀的动力。因此，这也是让人疑惑的问题之一。

第三，关于时间和空间。按照大爆炸理论，时间和空间是随着大爆炸后出现的物质而出现的，即时间会随着物质一秒秒产生，空间会随着物质一点点出现。而现在宇宙已经膨胀了一百多亿年，目前还在不断地膨胀，膨胀到什么范围，什么范围内就会产生时间和空间。也就是说，未来还会有很多的时间和空间出现。

时间和空间是随膨胀的物质开始产生的，这个说法听起来很玄乎。因此有些科学家认为这很难让人信服。按照大爆炸理论，如果宇宙开始收缩，那么时间和空间也会逐渐收缩进而消失。而我们认为，时间是不断向前走的，不会倒退，即使宇宙开始收缩，也应当如此。因此，有些科学家便认为物质和时空是可以分离的，时间和空间是客观存在的，即使物质消灭（物质是不灭的），时间和空间仍会存在。

第四，唯物主义认为，宇宙中的物质是不可以被消灭的，只会转移、转化为另一种形式、形态。物质既然不灭，物质的运动就不会停止，而且运动的物体具有能量，同时运动需要时间和空间，要是没有时间和空间，物质运动就有些不可思议了。所以有科学家认为，时间、空间、物质、能量都是永远存在的。宇宙本来就是存在的，物质在宇宙中不断地变化，这些都不以人的主观愿望而发生改变。而大爆炸理论认为物质是会消失的，能量会消失，宇宙会消失，时间和空间也会消失，什么都会变成无。这两种观点是矛盾的、对立的、不可统一的。

第五，暗物质。暗物质是科学家为了解释恒星之所以高速运转，而没有分崩离析而推测出来的，但到目前为止，还没有发现暗物质的具体性质。对于什么是暗物质，目前还缺乏定论。如果认为看不见的、观察不到的就叫暗物质，那么宇宙中的黑洞、红外线、X 射线等是不是都可以称为暗物质呢？

目前已知宇宙中含量最多的元素是氢，而且科学家们又认为宇宙的 90%以上的组成部分是暗物质，按照这个比例，可以推测暗物质也可能是氢气和氢气演变物。宇宙原动力来自氢气物质，而物质又是不灭的，那么这就与宇宙大爆炸理论的观点相冲突了。

· 宇宙有尽头吗 ·

地球和太阳都是有尽头的，银河系也是有尽头的，那么宇宙有没有尽头呢？

如果宇宙有尽头，那么宇宙的尽头之外是什么呢？是一片虚无吗？如果没有尽头，难道宇宙就这样一直延伸下去吗？有人猜想，我们所处的宇宙不过就是某种生物毛发上的一粒灰尘而已，而只要这种生物甩动一下毛发，那么这粒灰尘就会落下来，宇宙就会毁灭。当然，这只是一种猜想，不过，我们对宇宙的探索不就是由猜想开始的吗？

抬眼望去，宇宙浩瀚无边，更有着数不清的类似于银河系那样的星系。随着科技的发展，人类所能观察到的宇宙范围也越来越广，2011 年天文学家发现离人类最远的星系，大约距离地球 137 亿光年。

由距离可知，这个星系是在宇宙大爆炸后不久出现的，它对于我们研究宇宙的起源、演化等都有着极其重要的意义。我们若想知道地球上几亿年前发生了什么，要依据什么呢？答案是：化石。这个星系就像化石一样，如果我们能够破解“化石”，那么将对我们探索宇宙产生深远的意义。

现在很多科学家都觉得宇宙并不是无限的，而是有限的，但是它的边界在哪里，却无法得知。因此有科学家认为，靠近宇宙尽头的时空都是扭曲的，我们能够靠近它，却无法到达。

按照被众多科学家认可的“宇宙膨胀说”来说，宇宙仍然在不断地膨胀着，也就是说宇宙仍然在不断地变大、延伸，因此我们无法得知它的尽头在哪里。也许有一天，宇宙不再膨胀了，我们就能得知宇宙的尽头在哪里了。当然，这还需要有未来的科技发展来支持，以目前人类的科技实力是做不到的。

宇宙有没有尽头？宇宙之外是什么？是另一个宇宙吗？

· 宇宙有中心吗 ·

宇宙浩瀚无垠，那么宇宙有没有中心呢？

从古至今，人类不断地探索、研究，关于宇宙中心的说法也在不断地演变，最早提出的是“地心说”。

地心说是由古希腊学者欧多克斯提出的，然后经亚里士多德、托勒密进一步发展而逐渐建立和完善起来。托勒密创立了完整的地心宇宙体系——托勒密体系。

地心说认为：地球是宇宙的中心，所有的星体大约 1 天围绕地球公转一周。这个理论符合人们的直观感受，因而很多人接受了这个说法，当时中世纪欧洲教会还利用地心说来为自己服务，控制人们的意识。地心说被当作正式的宇宙观，地球是宇宙的中心，这一说法延续了一千多年。

后来，随着科技的不断进步，科学家们对宇宙有了更深层次的认识，地心说逐渐暴露出很多问题，因此被科学家们质疑，但是由于这种观点得到了教会的认可，因而科学家们即使怀疑，也没有提出来，最后由波兰科学家尼古拉·哥白尼掀起了反对地心说的热潮。

1496年，哥白尼前往意大利求学，哥白尼勤奋好学，尤其喜欢古希腊的哲学著作，并且从中获得了关于太阳中心说的知识，这为他以后反对地心说奠定了思想基础。哥白尼在教堂担当牧师期间，为了研究宇宙，就在教堂的箭楼上设置了一个天文台。为了能够更好地观测宇宙，他还亲自设计制造了许多仪器。通过观察，他发现地球本身在不停地转动，太阳、月亮的升落也是地球自转的结果，一年四季有序变化则是地球公转的反映。根据观察结果，哥白尼编写了《天体运行论》，第一次提出“日心说”。日心说认为：太阳是宇宙的中心，一切星体包括地球都是围绕太阳运动的。

这种观点完全否认了地心说，而教会把地心说当作控制人们意识的手段，因而这种说法被教会当作邪说。哥白尼和他的学生经过多年努力宣传，这本书终于得以出版，但教会千方百计地禁止日心说的传播，迫害那些相信日心说的人。

不久后，意大利科学家的伽利略也加入了宣传日心说的行列。他制作了高倍率的望远镜，发现月亮、金星、木星等都围绕着太阳运动，这进一步证明了哥白尼日心说的正确。伽利略因为宣传日心说遭到了教会的警告，但是伽利略毫不畏惧，并且出版了《关于托勒密和哥白尼两大世界体系的对话》一书，由此，哥白尼的日心说得到了越来越多人的认可。

但是不久后日心说也遭到了人们的质疑，随着科技的进步，科学家们能够观测到更远的天空，突破恒星天层，发现银河系，这时科学家们觉得银河系才是宇宙的中心。银河系是宇宙中心的说法提出后不久，科学家们又发现了许许多多的河外星系，发现宇宙浩瀚无边，这段时间宇宙大爆炸理论、黑洞、宇宙膨胀说等观点相继提出，尤其是宇宙膨胀说彻底否定了银河系中心说的观点。众多科学家们开始认为宇宙是无限的，是没有中心的。

宇宙是不断地膨胀的，宇宙中的各个星系都在互相远离，离得越远的星系远离的速度越快，无论你处于宇宙中的任何一个位置都会发现，四周所有的星系都在不断地远离。宇宙就像不断扩展的房间，房间中的桌椅，即各种星体并不是固定的，而是在彼此不断地远离，无论你坐在哪把椅子上，都会发现，其他桌椅逐渐地远离你，而且位置越远的桌椅远离的速度越快。这是因为房间在不断地膨胀，这样的话，就无法知道房间的中心在哪里。

关于宇宙是否能够一直膨胀下去，科学家并没有给出明确的答案，因为按照现有的技术条件和观测结果还得不出确定的结论，科学家们只能根据已有的事实进行推断或者猜测。那么，假设一下，如果宇宙停止膨胀，科学家们也许能够找出宇宙的中心。当然，也有不少科学家根据很多星系的中心是黑洞，推断宇宙的中心也是个黑洞；有的科学家认为，宇宙的任何一个位置都是中心；还有的科学家认为，宇宙中心是纯正的暗物质；甚至有的科学家认为宇宙的中心是空气……科学家们众说纷纭，莫衷一是。

宇宙是否有中心，中心是什么，只能继续等待科学家们的研究。

· 宇宙的维度之谜 ·

“维度”在物理学领域内，指独立的时空坐标的数目。

假设你在打台球，球进了，那么这个球就看不到了，但是我们知道这个球是存在的，而如果换成一些昆虫来看，这个球就消失了。这是因为人们能够看到三维空间，而一些昆虫只能看到二维空间。我们可以再举个例子，以加深了解。如一只蚂蚁在地上行走，它只能向前向后，或者向左向右走，高与低对蚂蚁来说没有任何意义。而对我们来说，高和低是存在的、是有意义的，因为我们的世界是由四维组成的，但是我们也难以察觉到四维以外的维度。因而我们也难以知道宇宙到底是几维空间。

很多人认为宇宙是四维空间：一维空间是个直线坐标轴，类似于数轴；二维空间是个平面坐标轴；三维空间是个空间坐标轴，有长、宽、高；四维空间就是指在三维空间的基础上加上时间轴。四维空间得到了众多科学家的认同，这个理论是爱因斯坦提出来的。

宇宙真的是四维空间吗？还会不会存在五维空间、七维空间、十维空间？如果存在，依据又是什么呢？

事实上，在 20 世纪 60 年代科学家们就提出了弦理论，这个理论认为，在每个基本粒子内部都有一条细细的线，就像光线一样，科学家把它称作“弦”。科学家们认为，粒子的性质不同源于弦的震动模式不同，如弦震动得越厉害，粒子的能量就会越大；反之，则小。这一点很好理解，就是宇宙中存在着不少细细的线，这些线的能量非常大，甚至可以造成时空的巨大弯曲。

美国天文学家里查德·格特曾说：“宇宙弦的运动非常复杂，但它们又是非常简单的，它们都没有起始点，就像是一个圆环一样。两种弦理论是互不干涉的。由于它们都能够给时空带来弯曲，因而理论上为时空隧道的存在提供了依据。但是要掌握这点，是需要高级文明的才能实现，以人类的文明要发展到这点还有很远的道路要走，因为目前我们连地球上的能源都控制不了，如何掌握弦呢？”弦运动是非常复杂的，在地球这种三维空间是很难想象的。

如今，按照弦理论，有不少科学家推断出了十维空间结构，当然还有些科学家甚至算出了二十六维空间。

有科学家推断，其实宇宙是由三个平行世界组成的，即过去、现在和未来，三个世界一般不会相互影响，但是又存在着通道，而这个通道我们是无法看到的，人们把它称作“时空隧道”，地球上发生的很多离奇事件，最终只能用时空隧道来解释。这样，每个世界有三个维度，再加上一个时间维度，正好是四维空间。当然，这只是某些科学家的推测。

假设十维空间存在，那么就会产生一系列问题，即我们为什么只能感受到三维空间和时间呢？剩下的六维在哪儿呢？如何感知它们呢？事实上，这些维数也只是科学家们根据弦理论推算出来的，而宇宙中的维数和推算出来的维数是不是一样的，谁也不知道。甚至有些科学家认为，之所以感受不到其他维数，是因为它们隐藏起来了。当然，也有科学家质疑弦理论，认为这种理论是虚构的，会对真实世界产生一定的困扰。更有科学家推断，在宇宙逐渐膨胀的过程中，三维和七维的宇宙是最稳定的。

你可能很难理解这些维数，那么可以看一下这个例子：买车的时候，你会查看车子空间的大小，会看车子的发动机、变速箱、车型等，你可以把这些当作是宇宙的其他空间形式，这样就好理解了。

由此便可以知道宇宙是多维空间的，至少是四维空间。

· 宇宙中还有其他生命吗 ·

为了人类的可持续发展，科学家们一直在寻找除地球外的适合人类生存的地方。

地球是人类赖以生存的家园，人类的生存必须依靠地球上的各种资源，如水资源，然而很多能源都是不可再生的，即使是可再生的，其生长速度也跟不上人类消耗资源的速度，长此以往，人类必然会面临资源匮乏的局面。那么，在宇宙中，除了地球外，还有什么地方可能存在生命呢？

红巨星：人类能够在地球上生存，是因为地球上有水资源，而且地球的位置很恰当，即如果地球离太阳近些，那么地球上的水就会被蒸发掉；如果距离太阳很远，那么地球就会被冻住。科学家们在研究中发现，有个地方可能会存在水，那就是冰封的卫星或者外行星。但是既然是冰封的，该如何解冻呢？科学家们注意到在恒星寿命快到终点时，恒星会进入红巨星阶段，体积快速膨胀，产生辐射，辐射能够让冰封的卫星或外行星上的冰层融化成液态水，而水是孕育生命的必要条件之一。

陨石：目前关于陨石的记载有 2 万多份，科学家发现这些陨石中含有有机化合物，如 1996 年，有科学家称在火星陨石中发现了微化石的强有力证据，这一证据表明在火星上可能存在生命。不过至今关于火星上是否有生命存在还没有明确的结论。如果陨石所在的星体存在生命的说法能够得到验证，那么人类就有可能在这个星体上生存。

火星：在很多科学家看来，火星是除地球外最有可能存在生命的地方，但是长期以来，人们都没有在火星上发现生命，于是科学家开始寻找简单的生命形态。有不少证据表明，火星在过去的某段时间内蛮适合生命生存的，有极地冰盖、火山、干涸的河床以及只有在水中才会形成的矿物质。2008 年，美国宇航局“凤凰”号火星车传回了在火星上拍的照片，其中有张冰块照片，这个发现为火星存在水资源提供了有力证据。不久后，美国科学家在火星上发现了甲烷，而产生甲烷的微生物是地球上早期的生命形态之一，这表明火星上极有可能存在生命。

猎户星云：在银河系的一个恒星生成区，科学家们发现了生命存在的迹象。当然，这是通过望远镜观测到的，通过对观测到的数据进行分析，科学家们能够找到维持生命存在的物质分子信号，如水、氧化硫、一氧化碳等，这表明这个距离地球约 1500 光年的猎户星云很有可能存在生命，或者是过去曾经存在生命。

土卫二：当年，“卡西尼”号探测器在飞越土卫二表面时，发现了正在喷出冰和气体的间歇泉。科学家们经过研究发现，里面蕴含着碳、氢、氮和氧，这些都是生命能够存活的要素，同时从照片上可以推断，土卫二内部的环境可能更加温暖和潮湿，而这也是生命能够存活的重要因素。不过科学家并没有从土卫二中找到生命的存在迹象，土卫是否二真的可能是存在生命还需要进一步探索。

系外行星：目前已知银河系中约有 4000 亿颗恒星和数不清的系外行星，由此可以大致推断出宇宙中必然存在大量的可以适合生命生存的星体，尤其是太阳系之外的行星。科学家在不少行星上发现了甲烷、二氧化碳、水等物质的存在，这些都是生命能够存活的重要因素。

未知的宇宙空间：宇宙无边无际，光是星系就要以千亿计，所以存在生命的可能性是非常高的，但以我们目前的技术还无法发现它们。

科学家在寻找其他生命时，总是以人类自身作为参考标准，如我们总觉得生命是由氨基酸和 DNA 组成的，需要水才能存活。但是也许别的生命体并不是由此组成的，不是碳基生命，而是以其他形态存在的，所以我们可能就会寻错了方向。

不管怎样，科学家们仍然不会放弃寻找适合人类生存的星体。

第二章　时间和空间的奥秘

我们知道时间的存在，可以把“时间”戴在手腕上，同时我们也知道食物的生产时间、保质期等，那么时间是如何形成的呢？我们建造房屋时，常常会考虑多少平方要多大的空间，那么空间又是怎么形成的呢？

· 时空是怎么出现的 ·

按照多数科学家的说法，时间和空间都是在宇宙大爆炸后出现的。

按照大爆炸理论，宇宙爆炸时是从奇点开始的，当你按时间回溯，你会发现，宇宙越来越小，逐渐成为一个无限小的点。而时间和空间就是从这里产生的。时间和空间都有起始点，这让人感觉难以接受，人们也许会问：在大爆炸之前，时间和空间就不存在吗？这个问题很像人们问“南极的南边是什么”，这个问题是没有答案的，因为南极的南边根本就不存在。宇宙大爆炸前的时期也类似于此。

假设时间不是永久存在的，那么是不是像水龙头拧开后水就出来了一样，时间的开关突然打开后时间就出现了？如果是这样的话，那么就可以追寻到时间最早出现时发生的事情，一件事一件事地往前推，肯定会发现时间出现的原始时间，然而这个原始时间是无法找到的，因为不管我们追寻到哪个时间点，都会有一个时间点在它前面，所以无法找到原始时间。既然是大爆炸，那必然会有开始，有开始就会有时间，而现在通过已知的理论是推导不出爆炸的原始时间的。那么，时间和空间为什么会在大爆炸的那一刻突然出现呢？

我们相信生活中出现的任何事情都是有原因的，果树结出果实，那是因为我们种植了果树，并且施了肥料，因而果树能够快速成长，并开花结果；雪糕在夏天会融化，那是因为夏天的气温太高了；汽车会飞速地行驶，那是因为燃烧燃料后为其提供了动力……因此，我们也认为时间和空间的出现是有原因的。然而很多事情又似乎是没有原因的。根据量子理论，粒子通常无缘无故地出现，所以时间和空间能够突然出现也就不难理解了。

我们知道宇宙是不断膨胀的，那么空间也会不断地膨胀。按照这种说法，空间是开放的，是可以进一步扩大的，然而时间就像流水一样，慢慢流淌，不多不少、不增不减，因而有科学家认为时间是封闭的。

时间和空间都是由大爆炸产生的，因而可知二者是相互关联的，既不存在独立的时间，也不存在独立的空间，空间会随着时间的流逝而变化，而时间也会随着空间的变化而变化。

时间与空间是同时产生的，未来的某天也许会同时结束。

· 时空穿梭之谜 ·

动画片《哆啦A梦》中有个时光机，可以跨越时空，任意在过去或者未来穿梭。

现实中真的存在能够让人在未来或者过去任意穿梭的机器吗？答案是否定的。不过对于时空隧道是否存在这个问题，各个国家的科学家一直争论不休，尤其是现实中发生的很多神秘的事情，如委内瑞拉机场的神秘飞机，似乎只能用时空隧道来解释。

1990年的一天，天气晴朗，在委内瑞拉的卡拉加机场的控制塔上，人们突然发现有一架“奇怪”的飞机降临，之所以说奇怪，是因为这架飞机早已经被淘汰了，另外，机场的雷达也搜索不到这架飞机。对此，人们很是好奇。

机场工作人员上前询问说：“这里是卡拉加机场，你们是从何处来的呢？”飞行员听后惊讶地说：“我们是泛美航空公司914号班机，是由纽约飞往佛罗里达州的，怎么会飞到委内瑞拉呢？两地误差有2000多千米啊。”接着为了表明自己的身份，飞行员拿出飞行日志给机场工作人员看，日志上记载着这架飞机是在1955年7月2日从纽约起飞的。而现在是1990年，之间相隔了35年。

机场工作人员说：“这不可能，你这个日志是假的吧。”飞行员表示这个日志是真的，而且确实是1955年起飞的。机场人员查看飞行员的工作服后，认为确实像那个年代的服装。于是，机场人员便去核实。

结果发现，1955年7月2日，泛美航空公司914号班机确实从纽约起飞，不过这架飞机并没有到达佛罗里达，而是失踪了，当时美国耗费了不少人力、物力去搜寻，结果没有找到这架飞机，之后为飞机上的五十多名乘客赔付了死亡保险金。后来，这些人回到家里后发现家人已经老了，而且他们的孩子年纪都大了，而他们却和当初离开时一样年轻。

美国警察和科学家对这些人进行了仔细地检查，结果显示这事是真实的。

科学家们对类似的事件十分感兴趣，并且搜集了几十个案例，试图从空间原理、光学现象、物理性质等方面对这些事件进行深度挖掘，然而却得不到合理的解释，科学家们觉得只有用“时空隧道”来解释这些事件的合理性。

有的科学家根据爱因斯坦的物质总能量公式，认为物质总能量存在正、负两个值，那么我们对于负值的物质是怎样认识的呢？于是有科学家便把它与“反物质世界”联系在一起，认为时光隧道就是这种反物质世界。我们目前所了解的物质都是正值，而对于物质出现负值还无法了解。有科学家认为正、负物质相互接近并达到一定程度时，便会产生巨大的能量，从而产生“湮灭”的作用，因而就会有类似于飞机失踪的事情发生，而当能量逐渐减弱，“湮灭”消失后，失踪者便又出现了。这个说法遭到了很多科学家的反对，他们认为“湮灭”是可以解释失踪现象的，但是“湮灭”所带来的后果是永远消失，而不可能使失踪者再次出现。

另外，还有科学家认为，时空隧道和宇宙中的黑洞有关。黑洞是看不见的，那些失踪者被吸入黑洞后就什么知觉也没有了，因此也不知道在黑洞中待了多久，等到再次出现时，便忘记了在黑洞中的经历，所以所有的失踪事件都跟黑洞有关。这一说法也遭到众多科学家的反对。因为按照“黑洞理论”，黑洞是可以吞噬一切的，包括光线，被黑洞吞噬的东西也不可能从黑洞中逃离出来。

美国科学家约翰·布凯里教授对于“时空隧道”提出了几个理论假说：

第一，“时空隧道”是客观存在的，但是看不见、摸不着，并且“时空隧道”并不是一直都开放的，而是偶尔才开放。

第二，“时空隧道”里的时间计算方法和人类的时间计算方法是不一样的，“时空隧道”里的时间可以正转、反转，也可以相对静止。这样进入“时空隧道”的人便能在未来或者过去之间穿梭。

第三，由于“时空隧道”看不见、摸不着，所以失踪者进入“时空隧道”后，人们就无法找到他们的踪迹。因为“时空隧道”的时间是可以静止的，因此无论地球上过去了几年或者几十年，对失踪者却没有影响。

古时流传着这样一些话：“洞中才数月，世上已千年。”“天上一日，地上一年。”这些话在很多人看来是一派胡言，然而用“时空隧道”的原理来解释，也不是没有道理的。

若“时空隧道”真的存在，那么穿越到古代或者未来，也就不是难题了。

· 如何实现穿越时空 ·

当我们以超过光速的速度去运动时，空间就会膨胀，我们就会回到过去，看到以前发生的事情。

1971年8月，苏联飞行员亚历山大·斯诺夫驾驶飞机执行任务时，突然眼前一花，来到了古埃及，他看到了建造金字塔时的场面：在荒漠中，一座金字塔已经建造完毕，另一座金字塔正在建造，他看见了建造金字塔的人很多很多……

1994年，一架意大利客机正在飞行突然控制室的雷达屏幕上找不到它的痕迹了，工作人员很是着急，然而不久后，客机又重新出现在雷达屏幕上。

等到客机降落后，工作人员询问了飞机失踪的那段时间发生了什么。然而机长却说飞机一直在飞行，没有发生什么意外，更不可能失踪。工作人员调查后发现，每位乘客的手表都慢了20分钟。

这样的事情在人类历史上已经发生了很多次，那么，这些案例是否可以说明，时空是可以穿梭的？如果能穿梭，那么需要什么样的条件才能穿梭呢？

根据爱因斯坦的相对论可以得知，当我们能够以接近光速的速度去运动时，就会感觉到空间在缩小，这是因为外界的时间变慢了，空间缩小了。如果以光速去运动，那么空间就会消失，这是因为外界的时间停止了，所以空间消失了；当我们以超过光速的速度去运动时，空间就会膨胀，我们就会回到过去，看到以前发生的事情。

著名的科学家霍金认为，人类是可以制造出穿梭时空的时光机的，这在理论上是可行的，只需要找到太空中的“虫洞”或者制造出速度接近光速的宇宙飞船即可。之后，便可以穿梭时空，回到过去或者飞往未来。有些科学家认为，要是人类能够掌握“虫洞”，将它变大，使宇宙飞船可以穿越，那么时空穿梭就能达成。另外，要是条件足够，科学家们甚至可以去建造一个“虫洞”。

如果科学家能够制造出接近光速飞行的宇宙飞船，那么宇宙飞船便能够让时间变慢。科学家经过计算得出，飞行一星期就相当于地面上的一百年。但是要制造出接近光速飞行的宇宙飞船是非常困难的，霍金认为这可能是自然用来保护自己的方式，同时建议最好不要坐飞船回到过去，如果与自己相遇或者改变历史，那是违背自然规律的。

除了制造出接近光速飞行的宇宙飞船和“虫洞”外，科学家还想到了另一种穿梭时空的方式，即利用黑洞。通过一个时空隧道进入黑洞，然后重新出现在过去。但对于如何通过时空隧道，科学家们做出了很多设想，但是没有一个是可行的。众多周知，黑洞的吸引力是非常强的，时间会被无限拉长，在黑洞中存活的希望微乎其微。

从古代开始，人类就希望能够长生不老，秦始皇为了能够长生不老，专门派遣徐福率领着千名童男童女，跨洋渡海，寻找神仙。汉武帝晚年时，十分听信方士言论，不断地服用各种丹药。然而他们二人都失败了，都没能战胜时间。但从那之后，人类对于长生不老的渴望就没有终止过，如果能够穿梭时空，那么人类长生不老的梦想也许就会实现了。

人们总是希望战胜时间，而且为了能够实现这个目标，科学家们兢兢业业、鞠躬尽瘁，希望能够快点掌握“虫洞”技术，制造接近光速飞行的宇宙飞船，同时不断地尝试其他方法，所以，相信在未来的某天，穿梭时空将不再是神话。

为了解决这个问题，有科学家提出了“平行宇宙”的概念。

· 平行宇宙存在吗 ·

世上没有完全相同的两个人，也没有完全相似的两片树叶。

你有没有想过，眼前的这片树叶也许是无数片树叶叠合的，只因为它们的形状大小都一样，所以你只能看出一片树叶；又或者连你自己都有许多个，只不过他们和你一模一样，叠合在一起了，所以只能看到一个你。也许有天因为某些条件，会分出另一个你，只不过你不会看到他，因为他生活在另一个世界里，做着同样的事情，虽然你们处理事情的方法也许会不同，但他一生所经历的都和你非常相似，这就是所谓的“平行宇宙”。

有科学家提出，也许我们存在的这个空间并不是唯一的，而是另有一个或者多个同类的空间存在，它们就像是两个平面一样，彼此平行，互不干扰，但是这几个空间所发生的事情却是相似的。

平行宇宙是物理学中尚未被证实的理论，科学家们认为空间就是由无数个平行宇宙组成的。

在这些宇宙中，都有着属于自己的时间轴，但是事件的发生却是各不相同的，就好比一个树干，当时空进行到事件树干上时，就会有许多的树枝分叉通往不同的事件结果。而在众多的平行宇宙中，事件树干和树枝分叉是非常多的，因而也就造成了无数个不同的平行宇宙在同时运行。

我们都知道，通过克隆技术能够“克隆”出一个和自己一模一样的人，但是平行宇宙比起克隆来，更像是一种分身术，虽然这种说法让人难以置信，却有一定的道理，因为这是科学家根据观测结果和数据进行分析后得出来的结论。

1957 年，美国科学家休·埃弗莱特三世最早提出多世界理论。他通过试验得知，宇宙自从诞生以来，已经进行过无数次分裂。后来，埃弗莱特三世意识到“分裂”一词可能用得不正确，就提出了多世界理论。按照这个理论，宇宙中有数不尽的分支，选择任何一个分支，其命运都各不相同。埃弗莱特三世因此被人们称为“平行世界之父”。

多世界理论提出后，科学家们议论纷纷，有的否认，觉得荒谬；有的认可，认为这很好地解释了一些用常理难以解释的现象。随着科技的发展，尤其是“宇宙模型”出现后，越来越多的科学家相信在离我们相当远的地方有个和银河系一模一样的星系，而那个星系中也会有一个和我们长相相同、行为相似的人，而在整个宇宙中，这样的人也许不止一个，是很多很多个。但这样的人我们也许永远不会见到。

目前，科学家能够观测到的最远距离是137亿光年，这是科学家观测视界的极限。根据平行宇宙理论，必然存在另一个和我们所处的地球同样大小的球体，那里也会有和我们的科学家们长相一样的科学家们在研究宇宙之谜。

另外，科学家们还通过普朗克常数来论证平行宇宙存在的可能性。普朗克常数是物理学中最基本的能量表示单位。在平时，我们通常用原子来表示最小单位，但是每种物质都是有能量的，只是能量大小不一，因而能量也该有个最小单位，而这个单位就是普朗克常数。

假设我们所处的这个宇宙的普朗克常数为A，那么在另一个宇宙中，普朗克常数就可能是B，而且从A到B的过程中会有无数个可以取的值，也就是说会存在无数个宇宙。但是我们看不到它们，因为能量最小的单位值不一样，而每个宇宙又是“多重宇宙”的组成部分。

这种说法虽然得到了越来越多的科学家的认可，但毕竟还没有直接的证据，因为就目前的科技水平来说，谁也无法到达另一个宇宙去查看“另一个自己”。

或许，随着科技的发展，我们也能够像科幻电影里那样，在各个不同的平行空间里穿梭。

· 我们能碰触到空间吗 ·

当压力大于物体的承受力时，物体就会变弯。

我们可以轻易地把一把直尺弄弯曲，只要我们稍微用点力；一座横亘在大河上的桥梁，如果桥上的重力增加如车子超载等，超过了桥梁的承受能力，那么桥梁就会弯曲，甚至有坍塌的危险。那么，直尺和桥梁为什么会弯曲呢？那是因为压力大于它们的承受力了。

生活中，我们常常会看到各种各样的弯曲物件，但是你有没有想过，空间也有可能会弯曲。你可能会感到迷惑：空间怎么会弯曲呢？毕竟我们都生活在空间中，如果空间是弯曲的，那么我们为什么没有感觉到，或者碰到空间呢？

物理学中把曲率不处处为零的空间称为弯曲空间。宇宙中常常见到的一种弯曲空间叫作黎曼空间。

我们之所以感受不到空间弯曲是因为，在地球上空间弯曲是可以忽略不计的。但是我们可以设想一下，假设空间弯曲成一个封闭的球面，我们从空间的任何一个位置出发，不断向前走，必然会回到我们刚开始的那个位置上。这种情景就像是地球围绕着太阳运转一样，所以说弯曲空间是存在的。

人站在地球上为什么不会掉下去？地球为什么不会离开太阳？太阳为什么不会离开银河系？牛顿认为那是因为有引力的存在。然而，虽然牛顿知道"万有引力"，却不知道万有引力是如何产生的。爱因斯坦认为引力并不是一种真正的力，而是由于空间弯曲造成的。

1915年，爱因斯坦提出了著名的广义相对论，解释了引力在空间弯曲中有什么样的作用，并指出之所以会产生弯曲，是因为物体质量很大，而时空曲率又能产生引力。爱因斯坦认为，光线经过一些质量较大的物体时其路线会弯曲，就是因为物体使空间产生了弯曲。这一点通过黑洞得到了证明。黑洞的质量是非常大的，所以其空间弯曲程度比较厉害，甚至连光线都无法逃逸出来。

我们可以这样来理解：在一张弹簧床的床面上放一块石头后，你会看到弹簧床会稍微下沉，虽然从表面看起来弹簧床还是挺平坦的，但是它已经产生弯曲了，如果再放置石头，你会看到弯曲程度更加厉害。石头越多，弯曲程度越厉害。这样的道理也适用于宇宙中的弯曲空间。当宇宙空间承受较大的重量时，就会发生弯曲现象，质量越大，弯曲程度越厉害。

当我们在平直的路面上行走时，我们的行动轨迹也是平直的；当我们在弯曲的路面上行走时，我们的行走轨迹就是弯曲的。同样的道理，当星体在平坦空间中运行时，那么其运行轨迹是平坦的；当星体在弯曲空间中运行时，它将会沿着弯曲的轨迹前进。如果星体的质量过重，那么原本平坦的空间也许就会弯曲，而原本就弯曲的空间将会更加弯曲。

因此，通过爱因斯坦的广义相对论，我们可以更好地理解弯曲空间：质量越大，离物体位置越近，那么空间弯曲的曲率就会越大。最靠近地球的大引力场是太阳引力场，根据广义相对论，爱因斯坦计算出从远方而来的星光如果经过太阳表面，就会发生1.7秒的偏转。

1919年，在英国天文学家爱丁顿的提议下，英国派出了两支远征队去观测日全食，观测的结果显示：星光经过太阳表面时确实发生了1.7秒的偏转。这是证明爱因斯坦广义相对论正确性的有力证据。

然而，随着科技的发展，人们能够观测到的范围更广，也更加精准，这时，人们却发现爱因斯坦的引力理论并不是万能的，产生了许多用相对论无法解释的问题。

但是我们相信，随着科技的发展和人们对宇宙认识的加深，这些问题最终都会得到解决的。

· 时间也能弯曲吗 ·

爱因斯坦提出，物体在强引力场中以接近光速的速度运动时，时间就会发生变化，出现时间弯曲现象。

人类一直都希望能够从宇宙中找到高级的生命，然而从目前的探索结果来看，人类并没有发现高级生命的存在，科学家曾发现在距离地球40光年的“蓝月亮”上有富含水的大气层，可能有生命存在，但这样的动物是无法来到地球上的，因为根据爱因斯坦的相对论，任何物体的运动速度只能接近光速，而不能达到或者超过光速，即使是离地球最近的“蓝月亮”，也需要40光年才能到达地球，那么那些距离地球更远的外星人要如何来到地球上呢？

针对这种情况，科学家们提出了一种新的理论，那就是时间弯曲理论。时间，在我们的理解中，总是一秒一分、一天一周、一月一年地走掉，不快不慢，对于生活在三维空间里的我们来说，时间弯曲似乎并不那么容易理解。当然，如果时间弯曲，比如一天弯曲成一月，甚至一年，那么我们只需要一天的时间便能走完过去需要一月、一年才能走完的路。因此科学家猜测，假如地球上有外星人，那么外星人可能就是通过时间弯曲到达地球的。

在生活中，如果乘坐飞机去很远的地方，往往需要倒时差，这也是一种时间弯曲，因此，我们可以这么理解时间弯曲：就是表示“时间是可变的”。

如物体做自由落体运动时，其速度是质量场密度的力学反映，而且质量场的密度越大，其自由落体加速度就会越大。当物体开始做自由落体时，随着时间的流逝速度会越来越快，这是把“时间”当作参照物得出的结论。在这个过程中，时间没有弯曲，而速度是不断变化的。这时，如果把“速度”当作参照物，那么时间就不会固定不变，而是有变化的，由此就出现了“时间弯曲”现象。

很多时候我们认为光速是不变的，然而在不同密度的质量场中，光速是不一样的，密度越大的质量场，光速越慢。因此，如果把光速当作一个固定值，那么在不同的质量场中就会总结出“时间是弯曲的”这样的结论。

如果你还是不能理解“时间弯曲”，那么你可以试着把时间想象成一根弹簧，在正常的情况下，弹簧是均匀的，就像我们总是认为时间也是如此一样。当弹簧受到压力时，它就会收缩，原先均匀的状态就会改变，变得非常紧密，这时时间就会比平常要多很多；而受到拉力时，就会变得非常宽松，这时时间就会比平常少很多。这就是“时间弯曲”。

在物理学上，四维空间是指除了长、宽、高之外，再加上时间，时间就是第四维空间。当你从一个地方走到另一个地方时，四维空间都发生了位移，即长度、宽度、高度都发生了位移，就连时间维度也发生了变化。

有科学家认为，人们可以在长度、宽度、高度三个维度上来去自由，但是对于时间维度，却只能向前，不能倒退，而且作为一个“四维时空”体，也许我们永远都无法看到时间弯曲的现象。因为在自然界中，我们是无法找到时间的。

时间究竟能不能倒流，则需要科学家在未来加以证明了。

第三章 无情的黑洞

黑夜中，我们常常会看到天空中繁星闪烁，这些会发光的繁星，在宇宙中是微不足道的，而且宇宙中还存在一些并不会发光的天体，如黑洞。与别的星体相比，黑洞是十分特殊的，因为它是无法看到的。

· 吞噬者——黑洞 ·

如今，公认为发现黑洞的是位叫拉普拉斯的科学家。

黑洞是如何被发现的呢？18 世纪的欧洲还没有专门的科研机构，因而科学家要进行研究，就需要大量的钱财去购买器材、药品等，而卡文迪许可以说是当时科学家中最富有的、有钱人中最有学问的人。在 1784 年，一个叫约翰·米切尔的人写信给卡文迪许说：“如果有个星星比太阳的质量要大 500 倍，那么这颗星星发出的光就会被引力拉回去。”然而，卡文迪许没有注意到这封信，或者是不感兴趣，以至于与“黑洞”擦肩而过。

拉普拉斯用了 25 年的时间编写了一本《天体力学》，这本书为他带来了极大的声誉。在他 47 岁时，提出了太阳系是起源于星云的说法。直到 1798

年，拉普拉斯才提出了一个观点：“太空中存在着不少黑暗的天体，这些天体有恒星那样大，数量也非常多，假设有个和地球同样密度，但是直径是太阳250倍的星球，这个星球即使发光，我们也看不到，因为它发出的光都被自身的引力拉住，而不能往外逃脱。因此，宇宙中可能存在大量这样的天体而我们却看不到它。”这是人类最早提出的关于“黑洞”的概念，是由牛顿力学推导出来的。

1972年，美国人贝肯斯坦提出黑洞“无毛定理”：星体坍缩成黑洞，最后只剩下电荷、质量、角动量在起作用，而其他的一切密度、磁场、温度等都失去了作用。这一定理得到了很多科学家的证实。

为了研究太空中的光线，美国宇航局专门组建了专门的天文观测系统。在这种系统的帮助下，人们惊讶地发现，那些看不到的星体甚至会发出比太阳更加耀眼的光，而这些光都是不能直接观察到的，因此这就证明了宇宙中确实存在看不见的“黑洞”。

当然，如今的黑洞概念，是科学家们根据爱因斯坦的相对论推导出来的。霍金是黑洞研究的领袖之一，在一天晚上，霍金突然想到，如果有个人不小心掉进黑洞，那么他的能量、动量都跑到哪里去了？如果两个黑洞相碰的话，会产生什么样的后果？后来，霍金对“黑洞”下了一个定义：如果太空中存在这么一个区域，它无法和无穷远处发生因果联系，那么这个区域就是黑洞。

黑洞是个非常“与众不同”的天体，它能够吞噬一切，包括光线，不论是自身发出的光，还是其他天体给予的光。我们都知道，光线是直线传播的，但是在黑洞中光线是扭曲的，这是因为黑洞有超强的引力，让光线偏离了原来的位置。这是符合广义相对论的，即空间会在引力场作用下出现扭曲现象。如此一来，这个星体就隐藏起来了，就像是具有“隐身术”一般。当然，在地球上这种引力是非常小的，所以我们看到的光线都是直线传播的。

如今，有些科学家们将黑洞分为三类：微型黑洞、恒星级黑洞以及巨黑洞。微型黑洞是由霍金提出来的，霍金认为这些微型黑洞是宇宙大爆炸的产物之一，和一粒米一样大小，而质量却是地球的几百倍；恒星级黑洞是由大质量恒星坍缩形成的；巨黑洞是指质量可以达到太阳的几百万倍以上的黑洞。

在黑洞的周围，是一个无法侦测的事件视界，标志着无法返回的临界点。

· 黑洞的成因 ·

宇宙中最不可思议的是黑洞，因为至今没有人看见过黑洞。

黑洞的神秘之处在于即使站在黑洞的边缘，也无法看清黑洞内部的真实情况。退一万步说，即使有人能够站在黑洞边缘，恐怕也会被黑洞强大的吸力拖入黑洞中，再也无法出来。那么，黑洞是如何形成的呢？

我们知道，宇宙中存在很多恒星，恒星是个气体球，温度很高，因而对外辐射的压力也很大，当压力与恒星物质间的引力达到平衡时，恒星就能保持稳定的状态，如我们所看到的太阳。目前，太阳对外辐射的压力和太阳间的引力是平衡的，因而我们还能够看到太阳。

恒星是靠能量来维持平衡的，然而能量总会有耗尽的一天，当这一天到来时，如果恒星的表层反应仍很激烈，那么恒星就会像气球一样不断地膨胀，此时由于恒星的能量得不到有效的补充，恒星发出的光就不再像以往那般耀眼、炙热，光会一点一点地减弱，呈现出暗红色，温度也会随之下降。恒星能量逐渐减少，却不断地往外膨胀，等到对外辐射压力抵抗不了恒星的吸引力时，恒星便开始由核心不断地坍缩。

根据牛顿的“万有引力”定律，引力与质量是成正比的。也就是说，相同条件下，质量越大的物体引力越大，且和距离的平方成反比，也就是距离越远，引力越小。恒星不断地坍缩，距离就会逐渐缩小，引力就会不断增大，因而坍缩就会更为严重。就这样，恒星逐渐变得越来越小，密度越来越大，从而让恒星坍缩的速度越来越快。在坍缩的过程中，由于摩擦加剧，恒星的温度会越来越高，甚至可以达到一亿摄氏度。

当温度达到极点后，恒星就会像气球那样爆炸，无数的碎片撒向宇宙，甚至会落到地球上。在这个过程中，质量较小的恒星会成为白矮星，不会成为黑洞，只有那些质量超过太阳三倍的恒星，由于最后没有什么能够与自身的重力相抗衡了，因而会再次发生坍缩。

在这一过程中，恒星的直径会越来越小，直到成为一个小“点”，这个点就是“奇点”，以奇点为中心的范围内的引力是非常大的，任何东西包括光线都会被它吞噬。光线在这个范围内产生扭曲，所以我们就无法看到恒星了，这样黑洞便形成了。

黑洞有多大呢？以我们较为熟知的太阳为例来解释一下吧。以太阳的质量是不会形成黑洞的，但如果太阳坍缩成黑洞的话，这个黑洞也就是个直径不到 2 厘米的球体，体积这么小，可以想象它的密度有多么恐怖，所以，所有的物质进入其中都会被吞噬掉，连光线也不例外。

科学家相信在很多星系的中心都存在黑洞，银河系也是如此。宇宙即使不会被一个黑洞吞噬，也会消失在成千上万个黑洞中，甚至还有一个更令人震撼的说法是宇宙本身就是个无限大的黑洞。

很多人甚至认为，现在之所以在别的星球上找不到生命的存在，找不到外星人的存在，就是因为它们被黑洞吞噬了。

· 黑洞能存在多久 ·

地球是有寿命的，太阳也是有寿命的，那么黑洞呢？

经过前面几节的介绍，我们可以得知黑洞是宇宙中最为独特的星体。它拥有超强的吸力，吸引着周围的物质，就连宇宙中跑得最快的光都难以逃出。看起来，黑洞不仅强大，而且会永恒存在，然而这是错误的，黑洞其实也是有寿命的。

1974 年，伟大的科学家霍金第一次发现黑洞并不是只吸纳物质，黑洞也会发出辐射，这种辐射被称为“霍金辐射”。当黑洞逐渐膨胀得越来越稀薄，它所吸纳获取的质量小于它所辐射的质量时，就会逐渐被蒸发。当然，黑洞被蒸发掉的时间是难以估算的，但是一些质量较小的黑洞几乎在几秒钟内就会被蒸发掉。

低质量的黑洞一半都是在宇宙早期形成的，而且黑洞的质量越小，蒸发的速度就会越快，奇点的质量损失就越快，温度也会越来越高。温度越高，辐射越大，那么蒸发就会越快，循环往复，最终会发生黑洞爆炸，至此黑洞的寿命也就到头了。

宇宙中存在不少比宇宙还长寿的黑洞，这些黑洞质量非常大，因此蒸发速度慢，奇点质量损失就慢，温度就低。同时，这些黑洞质量的增长速度比蒸发质量的速度要高很多，所以存在的时间比宇宙还要久。

黑洞的寿命是无法测算的，主要原因有：第一，黑洞有超强的吸力，就连光线都无法逃脱，所以我们凭借望远镜研究黑洞是没用的，事实上我们也看不到它。目前黑洞的存在，是科学家们根据紫外线和X射线在被黑洞吸入前的信息推测出来的，对黑洞的性质等还缺乏清晰的认识。第二，时间观念不同。目前我们处在三维世界中，时间观念是根据广义相对论建立的四维空间，而在黑洞中，由于黑洞表面的曲度是可以无限大的，所以我们所用的时间观念并不适合黑洞，这样一来，也就无法进行测算了。

黑洞既然是会蒸发辐射的，那么它的寿命就不是永恒的。

· 白洞是什么 ·

根据世间万事万物都有对立面的哲学原理，宇宙中也必然会存在一个与黑洞相反的物质，这种物质是什么呢？

科学家们经过大胆想象和猜测后，把这种物质叫作白洞。白洞与黑洞有相似的地方，如两者都有类似封闭的边界。但白洞的性质与黑洞是完全相反的，黑洞是吞噬一切，如光线进入后便再也无法逃匿；而白洞里的物质则只能不断地向外运动，白洞外的物质是无法进入白洞的，即使是光线也无法进入。通常，光线接触到白洞的边界时便会受到阻挡。

白洞就像喷泉一样，不断地向外喷射各种物质和能量，却不吸收外面的物质和能量。

对于白洞是否可以旋转，是否带有电荷，科学家们争议很大。有很多科学家认为，白洞因为不断地向外喷射物质，从这一点上来说，没有强大的斥力是无法做到的，因而这种强大的斥力会迫使白洞不带有任何电荷，否则很容易被排斥。至于是否可以旋转，大多数科学家认为是不可能的。当然，到目前为止，白洞还是科学家们根据爱因斯坦的相对论推导出的，还没有证据或者观测到白洞的存在。

有科学家认为，白洞只是想象中的一种产物，如果白洞不吸收任何物质，还不断地往外喷射物质，那么即使这个白洞的质量很大，它的物质也会很快被喷射光。目前针对白洞的讨论，很像以往科学家们探讨是否有永动机存在一样，当然结果证明永动机是不存在的。

不过根据科学家的最新研究表明，白洞很有可能就是黑洞。也就是说，黑洞一边不断地吸纳各种物质，另一边不断地往外喷射各种物质，进入黑洞的物质，最后会从白洞里面出来。而且科学家还证明了黑洞是有可能向外发射能量的，而能量和质量是可以互相转化的，所以说黑洞就是白洞是非常有可能的。

当然，如今对于白洞、黑洞还在不断地进行研究，究竟其中隐藏着什么奥秘，白洞是不是黑洞，现在还没有明确的结论。

· 什么是暗物质 ·

隐身术，是一种可以让身体隐形而不被他人看见的幻术。

关于隐身术的传说可以追溯到秦朝。秦朝时，秦始皇一心想长生不老，因而宫中聚集了不少方士，《史记》中这样记载：“宋毋忌、正伯侨、充尚、羡门高最后皆燕人，为方仙道，形解销化，依于鬼神之事。”当然，隐身术只是传说，然而在宇宙却存在这种“隐身术”。

宇宙浩瀚无边，其中存在不少看不见、摸不着、感觉不到的物质，科学家们把这种物质称作暗物质。宇宙中最重要的成分是暗物质和暗能量，其中暗物质大约占 25%，暗能量大约占 70%，而我们能看到或者观测到的普通物质在宇宙中只占很小的比例，约 5%。这些暗物质既然是看不见、摸不着、感觉不到的，那么科学家是如何发现它们的呢？

最早推断有暗物质存在的是瑞士天文学家弗里茨·兹威基，兹威基在美国加州理工学院工作了很多年，有着丰富的天文学知识，并对天文观测做出了卓越的贡献，尤其是通过观测推断出宇宙中有暗物质的存在。

兹威基在观测螺旋星系旋转速度时，发现星系的旋转速度非常快，而按照牛顿的重力理论，要想让星系不至于分崩离析，除非星系团的质量是能够看到的恒星数量计算值的 100 倍以上，否则星系团必然无法束缚这些星系。因此兹威基推断，在星系的周围必然存在大量的暗物质，而且在星系团中能够看得见的星系只占整个星系团质量相当小的比重，而 99%的质量是看不见的。

兹威基的结论在后来的研究中逐渐被证实。1972年，兹威基被授予英国皇家天文学会金质奖章以表彰他在暗物质上做出的贡献。

虽然大多数科学家都承认有暗物质的存在，但是一直没有确凿的证据，直到1978年才找出了一个证据，那就是测出了星系的总质量。地球的质量，是通过人造卫星运行的速度和高度计算出来的；太阳的总质量，是通过地球绕太阳的速度和与太阳的距离计算出来的；星系的质量，是由围绕星际运行物体的速度和距离星际的距离计算出来的。结果显示，星系的质量要远远超出能够看到的星体质量。因此科学家推断，星系中必然存在看不见的暗物质，并且推断出暗物质大约占宇宙总质量的25%。

科学家对暗物质的探索从来没有中止过。2009年，科学家在美国明尼苏达州的一座煤矿中发现了暗物质。有科学家则希望能够从美国费米太空望远镜找到宇宙中暗物质湮没的证据，但是目前还没有发现。

2013年4月4日，丁肇中教授在日内瓦欧洲核子中心第一次披露了对于暗物质的研究成果，即借助阿尔法磁谱仪项目团队发现了40万个正电子，这些正电子可能来自于人们一直寻找的暗物质。可这个发现也只能表明人类可能找到了暗物质的痕迹，而对于暗物质的性质是什么，目前还没有明确的结论。

关于暗物质，科学家们比较认可的说法是暗物质可能是某种或者某些相互作用极弱的重粒子，当然，这还有待于进一步证实。

暗物质是20世纪末、21世纪初最伟大的发现，也是现代物理学急需了解的奥秘，它的出现意味着物理学的又一次革命。

· 宇宙反物质真的存在吗 ·

有科学家认为，宇宙大爆炸后，形成了一正一反两个宇宙。

就像是两只对称的翅膀一样，正物质宇宙就是我们目前生活的宇宙，反物质宇宙目前还没能找到，是一个看不见、摸不着的世界。其实，反物质究竟存不存在，目前还没有证据来证明。不过有些科学家已经制造出很多反粒子，这是反物质存在的有力证据。

什么是反物质呢？就像你在照镜子时，如果镜子中的那个你真的存在，并且出现在你面前，那么镜中的你该如何称呼呢？可以把他称为“反你”。按照科学家的想法，有那么一个神奇的地方，是由反食物、反建筑、反桌椅、反恒星等组成的，因此被称为“反物质世界”。

物质是由分子组成的，而分子又是由原子组成的，原子是由原子核和电子组成的，原子核是由粒子组成的。我们所熟识的粒子并不少，如电子、质子、中子等，按照物理学中“等效真空理论”的说法，这些粒子也会有相应的反粒子，如反电子、反质子、反中子等。宇宙中既然有由正粒子组成的正物质，那么必然存在由反粒子组成的反物质，科学家们正是在反粒子的基础上提出了反物质的说法。

如今，科学家根据反粒子理论制造出了正负电子对撞机，并且得到了反电子，同时也制造出了反质子、反中子等，既然存在这些反粒子，那么反物质也应该是存在的。但是至今没有直接的证据能证明反物质是真的存在的。我们都知道，正、负是相反的两个方面，正粒子和反粒子要是碰到一起就会

"同归于尽"的，科学家把这种现象称为"湮灭"。那么，宇宙大爆炸后，那些反物质去哪儿了呢？

科学家们认为，离地球大约一亿光年的空间范围都是由正物质组成的，而没有反物质。根据这种说法，若是反物质靠近正物质组成的世界，那么正物质世界不就"灰飞烟灭"了吗？我们能否从宇宙中找到反物质？根据量子力学，能量是守恒的，宇宙大爆炸后既然有正物质产生，那么必然会产生相等的反物质。而且即使有反物质存在，也只能出现在离地球一亿光年以外的空间。

正物质和反物质所发出的光应该是一样的，所以很难从光谱上去寻找它们。科学家们想了很多办法去寻找反物质，却没有结果，只是发现了少量的反质子。

在医学领域，目前有一种利用反粒子原理的技术正在被广泛使用，那就是正电子断层造影。相比其他手段，正电子断层造影能够帮助医生对病情有更清晰的了解。由此可见，反粒子的作用是非常大的。

1928 年狄拉克预言存在正电子，1932 年安德森从宇宙射线中发现电子的反粒子——正电子，不过他们也许没有想到这一理论竟然能够应用于医学领域，而且发挥了巨大的作用。

反物质的作用当然不止于此，目前地球上的资源逐渐减少，人类急需寻找新的能源，而反物质就是被普遍看好的资源。反物质中蕴含的能量是非常巨大的，举例来说，制造星际航行火箭时，常常需要上百吨的液态氢和液态氧组成的燃料，要是用反物质的话，只需要 0.01 克就足够了，这是因为将氢和反氢混合湮灭时能够产生巨大的能量。

虽然科学家们目前还没有明确地发现反物质，但是反粒子的发现已经让科学家们看到了希望，相信随着技术的发展，发现反物质也就为期不远了。

如果有一天可以用反物质来代替地球上日益枯竭的资源，那该是一个多么美好的场景啊！

第四章 多姿多彩的天体

晴朗无月的夜晚，人们抬头可以看到许许多多的星星，一闪一闪的。这些星星仿佛是固定不动的，看起来颜色好像也是一样的，其实这些星星都在不断地运动着，而且它们的颜色并不都是一样的，而是有着各种各样的颜色，非常美丽。

· 五颜六色的恒星 ·

科学家说，一般人用肉眼可以看到六千多颗恒星，如果借助天文望远镜则能够观察到几百万甚至上千万颗。而据科学家推算，银河系中的恒星有上千亿颗，如与我们息息相关的太阳系的主星太阳就是一颗恒星。我们知道，恒星是气体星球，是能够自己发光的，不过由于白天有太阳照耀，所以我们无法看到其他恒星。

恒星起初是由星云形成的，然后逐渐演化，从主序星转化为红巨星、白矮星、中子星、黑洞等，当恒星处于主序星阶段时，色彩最为丰富，如有黄色、白色、蓝色等；当进入红巨星阶段时，恒星就会开始老化，变成红色；然后逐渐老化，等到变成黑洞时，就不发光了，反而会吸光。

在星云阶段，由于星云中包含的物质过多，在外界引力的影响下，星云会逐渐收缩并且分裂成好几个小团块，然后逐渐分裂、收缩，团块的中心就会形成核，等到温度上升能引起核聚变反应时，恒星便诞生了。

主序星是恒星以内部氢核聚变为主要能源的发展阶段，是恒星最为重要也是停留时间最长的阶段，占整个恒星寿命的90%以上。这个时期，恒星是非常稳定的，基本上不膨胀也不收缩。如太阳系中的太阳，目前就处于主序星阶段，太阳的质量、温度以及光度都很适中。

等到氢消耗殆尽时，氢聚变就无法继续进行，这时恒星中心就会收缩，温度快速上升；当温度上升达到氦聚变所需的温度时，氦聚变就会从恒星中心继续往外扩展，恒星的外层物质受热变得膨胀起来，由此转化为红巨星。像太阳那样的恒星，大概会在红巨星阶段停留10亿年的时间，到那时地球上的温度将会逐渐上升为如今的两三倍，也就是说可能会在100℃左右。

经过一系列的核反应后，因无法继续提供恒星能源，这时恒星就会由红巨星开始向白矮星、中子星转变，只有质量超过太阳1.44~2倍的恒星才有可能转化为中子星。如果超新星爆炸后核心剩余物质大于太阳质量的3倍，那么中子星就会继续坍缩下去，越缩越小，但是它的引力却在逐渐增大，甚至连光都无法逃脱。光被科学家视为宇宙的使者，如果连光都无法深入其中，那么这个天体必然会束缚住其他物质，天体就像是无底深渊，无情地吞噬一切。这个天体就是科学家们所称的“黑洞”。

恒星之所以会发光，是因为核心有核聚变反应，核聚变所释放的能量可传播到外太空中。恒星的颜色往往与恒星的寿命相关，年幼的恒星光会更亮，呈蓝色或者红色；之后，颜色就会出现变化，变成鲜红色或者肉红色；等到晚年时期，恒星将呈现多变的色彩。

除了和寿命相关外，恒星的颜色往往与恒星的温度相关。我们知道，不同温度的火焰其颜色是不一样的，以冶炼燃料的火焰为例，温度为600℃左右时，其颜色是暗红色的；在700℃左右时，火焰颜色是深红色的；等到了1000℃时，颜色就变成了橘红色；等到1500℃左右时，颜色就变成了纯白色。通过观测，科学家们发现如当恒星的温度高达20000℃以上时，恒星的颜色一般是蓝色的；当温度在10000℃~20000℃之间时，其颜色为白蓝色；随着温度降低，其颜色会逐渐变为白色、白黄色、黄色等，等到3000℃以下时，其颜色就变成了冷红色。这个标准，当然并不是适合所有的恒星，而只是一个大概的标准。

正是由于恒星的寿命和温度的不同，才使得恒星具有了各种各样的颜色，也让浩瀚无边的宇宙看起来不那么单调。

· 星云是什么 ·

天空中飘着形状各异的云彩，那么在浩瀚无边的宇宙中，是否也存在着云呢？

地球是银河系中一颗再普通不过的行星，而宇宙中像银河系这样的星系就有上千亿个，因而可以肯定，在宇宙中确实存在着这样的“云”。众所周知，地球大气中的云是由水蒸气形成的，而宇宙中的云则是由氢和氦气组成，虽然两者的成分不一样，但也有着相同点，那就是都非常的美丽壮观。

借助天文望远镜我们可以看到宇宙中存在着数不胜数的美丽的“云”，有的发出微弱的红光，有的是娇艳的红光，有的是蓝色的光。它们形状、大小不一，有的是圆环状的，有的是片状的，有的是不规律的；有的像书本，有的像动物，有的像人；有的看起来如指甲般大小，有的像太阳般大小……但是它们都非常美丽。

那么，宇宙中的“云”有哪几种呢？

一种是弥漫星云。这种星云面积很大，广度可达几十光年，没有规则，也没有清晰的边界，总质量很大，很朦胧，很美。弥漫星云又可以分为发射星云、反射星云和暗星云三种。

发射星云的辐射很强，可使云中的气体发生电离，因而这类星云总是熠熠生辉、光芒四射。最有名的发射星云就是猎户座大星云。反射星云本身是不发光的，但是它能够反射来自其他恒星的光，因而看起来也是非常耀眼的。暗星云中没有星星，会吸收掉来自其他恒星的光，在恒星以及星云的背景上那块暗黑的部分往往就是暗星云。

弥漫星云是恒星之母，恒星就是在这种星云中诞生的。

还有一种是行星状星云，这类星云往往呈圆环状，而且比较暗，得用高倍望远镜才可以看出它略带绿色。行星状星云中间有一颗中心星，温度很高。这种星云大多分布在银道面附近，多数被暗星云遮蔽而难以观测。

恒星的生命到达尽头时就会向外抛出气体外壳。这时气体就会发生电离，这些电离气体一面膨胀，一面吸收外来的紫外辐射转变为可见辐射，因此我们才能透过望远镜看到行星状星云，行星状星云可以说是恒星的坟墓。但是关于行星状星云，科学家们还没有完全了解，如一些行星状星云外围会有晕，科学家现在还不了解晕的来历和作用。

研究这两种星云是非常重要的，如研究弥漫星云，就可以知道恒星是怎样形成的，也就可以对太阳的形成有充分的了解；研究行星状星云，就可以知道恒星的死亡过程，知道恒星晚期的变化。如太阳，虽然目前来说，太阳还会存在相当长的时间，但是我们要懂得未雨绸缪，毕竟地球上的万物都是依靠太阳生存的，所以这点对我们来说非常重要。

相对于行星、恒星、彗星、星系等来说，星云是个美丽的存在，它没有规则，没有明确的边界，如果说星云像是春天的花朵，那么行星、恒星之类的星体就像是田野里的小草。因此，天文学家在起名字时会尽量贴合这些星云的特征，如玫瑰星云、环状星云、彗状星云等。

另外，还有一种星云值得注意，它就是超新星遗迹。恒星在快死亡时会发生超新星爆炸，而超新星遗迹就是超新星的剩余物质云。这种星云与其他星云不同，是由氢、氦组成的，含有非常丰富的非金属元素，如铁、钾、镁等。超新星遗迹密度很小，体积却非常大。

正是由于这些美丽的星云存在，宇宙才显得更加丰富多彩。

· 什么是类星体的红移 ·

20世纪60年代，科学家们从浩瀚的宇宙中发现了一种非常奇怪的天体——类星体。

类星体是目前人类观测到的距离地球最遥远的天体，最近的离地球有100亿光年，最远的有137亿光年。这里说的是目前能够观测到的，相信随着科技的发展，会有距离更远的类星体被发现。天文学家之所以能够看到距地球

137 亿光年的类星体，是因为类星体释放的能量非常大，且以光、X 射线、无线电波等形式释放能量。有些类星体虽然比星系小很多，但是释放的能量却远远超过星系。另外，类星体的数量非常多，目前已知的就有几千个。

最让天文学家们感到不可思议的是，类星体是非常小的，但其能量却非常大，而且类星体是宇宙中最明亮的天体，比普通的星系要明亮上千倍，因而天文学家们把类星体称为“宇宙的灯塔”。有些天文学家猜测，类星体之所以如此明亮，是因为它的中心是一个黑洞，利用超强的引力，不断地吸取各种物质，释放大量的能量所形成的。

按照宇宙大爆炸理论，所有的星体都在不断地膨胀，不断地向四周扩散。天文学家们发现类星体也存在类似的现象，而且它们的红移量非常大，达到每秒几十万千米，甚至有的类星体以接近光速的速度红移。

红移现象是很好理解的。如在生活中，我们看到一辆警车鸣笛而过，那么你听到的鸣笛声是一直没有变化的吗？肯定不是。随着警车远去，鸣笛声肯定会越来越弱。但如果警车停在你面前，那么鸣笛声是不变的，这是因为声源没有移动。这种现象很符合物理学中的“多普勒效应”。“多普勒效应”是指由于波源和观察者之间有相对运动，从而观察者会感到频率的变化。当观察者靠近波源时，观察者会感到频率增大。例子中的声源类似于波源。

若把光线当作波源，那么红移就是指离波源较远，即天体正在远离你，使得光的波长变长。当天体向你运动时，就是蓝移。而现在这些类星体就在以非常快的速度进行红移。对于这种现象，天文学家们有多种解释。

多数天文学家认为，类星体的红移是宇宙学红移，即这种红移是类星体退行产生的。宇宙大爆炸后，各种星体都在不断地膨胀，类星体也是如此。而且天文学家还从和类星体靠近的星体上发现，这些星体的红移速度也是非常快的，这可以作为宇宙正在急速膨胀的证明。

也有不少天文学家认为类星体红移不是宇宙学范畴的。天文学家在对类星体进行研究时，发现了“多重红移”现象。多重红移是指光谱中的不同吸收线有不同的红移量，而且吸收线的红移量与发射量也不相同。

还有天文学家认为这种红移属于“多普勒效应”。

持各种观点的天文学家都有各自的理由、各自的根据，谁也说服不了谁，但这些观点都没能对类星体红移做出最恰当的解释，因此还需要进一步地观测和总结。

如果天文学家能够了解所有星体的红移原因，那么人类就会更加了解宇宙的结构，甚至可能从这点出发找到破解宇宙之谜的钥匙。

· 什么是三星系统 ·

北方天空中有一颗最靠近地轴的星星，这颗星的亮度和位置都相对稳定，人们把这颗恒星称为北极星。

在古时，北极星就备受天文学家的推崇，因为在他们看来，北极星是固定不动的，众星都围绕着它旋转，因而北极星也被认为是帝王的象征。除此之外，北极星还被人们赋予了很多其他的象征意义。比如，北极星对待身边的星体总是不离不弃，就像是最忠实的恋人，因此北极星常被情侣拿来当作爱情的象征——忠贞不渝，执着守护。

当然，北极星还有个非常重要的作用是指示方向。由于北极星位于最靠近正北的方位，从古时开始，海上航行的人就已将北极星视为“灯塔”，夜晚迷航时抬头看一下北极星，就能很快分辨出方向来。北极星所在的地方永远是北方，因此即使遇到罗盘坏掉、导航仪坏掉等情况，仍能靠着北极星找到回家的方向。用北极星寻找方向的做法也适用于沙漠、森林等恶劣的野外环境中。

北极星是一个三星系统，位置较近的伴星因为距离北极星太近，而且太暗，因而很难看到；而距离较远的那颗伴星，使用小型望远镜就可以清楚地观测到。三星系统中的三颗恒星与别的恒星相距很远，因而受到其他星体的引力很小，可以忽略不计。另外，三星系统并不是指位置离得最近的三颗恒星，事实上，三星系统中各个恒星之间的距离都是非常远的。

我们知道，宇宙中存在很多由两颗恒星组成的双星系统，但是宇宙中也有不少三星系统。这看起来很神奇，那么三星系统有什么神奇之处呢？

和双星系统一样，三星系统也同样做着相对运动。可以分为三种运动方式：第一种是三星系统中的三颗恒星在一条直线上，两颗恒星围绕着中间的恒星运动，就像地球围绕太阳运转一样；第二种是三颗星组成一个三角形，相对于中心以相同的角速度转动，众所周知，三角形是最坚固、最牢不可破的，因此这种运动方式也显得最稳定；第三种，我们知道双星系统很多，那么难免就会存在一颗恒星和双星系统组合，从而形成三星系统。

简单地说，三星系统是由彼此相距较近，而离其他恒星较远的三颗恒星组成的，整个系统都围绕着某个中心点匀速转动，各个恒星做圆周运动，而且角速度和周期都是相等的。三星系统之所以如此稳固是因为存在着向心力，向心力是由三星系统内的 3 个恒星间的相互吸引而形成的。

宇宙浩瀚无边，三星系统也有很多，它们形成的年代不同，恒星质量不同，研究三星系统对于人们探索宇宙奥秘有着重要的作用。

· 脉冲星是什么 ·

长久以来，人们用各种办法来寻找外星人，其中一种就是接收无线电波。

人们认为就像人类很难登上较远的星球那样，也许外星人也存在同样的困扰。外星人可能也会想办法来传达关于自己的信息，而无线电波无疑是最好的方式。起初，人们接收到了一些奇怪的无线电波，还以为是外星人发来的，后来才发现，发出这种无线电波的是一种恒星。

最先发现脉冲星的是一位名叫贝尔的研究生，她在研究星体的过程中，发现狐狸星座上有一颗星能发出一种规律性、周期性的电波，后来科学家们根据这种天体能够不断地发出电磁脉冲信号，而把它命名为脉冲星。

脉冲星的发现引起了巨大的轰动。因为脉冲星的脉冲强度和频率只有像中子星那样的星体才能达到，而中子星的概念虽然在20世纪30年代就提出了，但是一直没有得到证实。脉冲星的发现证实了宇宙中是有中子星的，脉冲星就是其中的一种。

宇宙中能够发射电波的恒星不少，但是像脉冲星那样能发射周期性的电磁脉冲信号的星体很少。所谓脉冲就是像人的脉搏那样，一下一下很有规律地跳动，而在脉冲星上就发现了这种短而稳的脉冲周期，那么，这种脉冲是怎么形成的呢？

科学家们通过研究得出了脉冲产生的原因：脉冲星是快速自转的中子星，而正是由于快速自转所以才能够发射电磁脉冲。就像我们拿着手电筒来回有规律地晃动时，会发现手电筒的光会有规律地照在物体上，一会儿明亮，一会儿黑暗。脉冲星发射电磁脉冲就和这个相似，脉冲是一断一续的，很有规律。

我们所处的地球是有磁场的，因而在大海上才能靠着罗盘指引方向，而罗盘寻找方向利用的是地球磁场原理。和地球一样，宇宙中的恒星也有磁场。地球在自转，恒星也在自转，那么恒星和地球也能够发出脉冲吗？其实不然，要像脉冲星那样发射电磁脉冲，需要有很强的磁场，而只有体积越小、质量越大的恒星，它的磁场才越强。而只有中子星才能够满足这样的条件。

一般来说，恒星的体积越大、质量越大，那么它的自转周期就会越长，如地球自转一周需要 24 小时，而脉冲星的自转周期非常快，在 0.01 秒以下，宇宙中能够达到这个速度的恐怕只有中子星了。

脉冲星是恒星晚期超新星爆炸后的产物，超新星爆炸后，只剩下一个坚硬的核，体积很小，但是转速很高，在转动的过程中，就会向外发射电磁波，因而脉冲星也被视为“死亡之星”。脉冲星发射的电磁波是有规律的，因此也被视为宇宙中“最精确的时钟”。

研究脉冲星对于我们了解恒星在晚期超新星阶段发生了什么很有帮助，它能够帮助我们了解恒星晚期的演变过程，使我们从中发现关于恒星的一些奥秘。

虽然脉冲星发射电磁波是很有规律的，但是这种规律并非永远不变的。随着中子星不断地自转和发射电磁波，中子星自身的能量会减少很多，旋转速度会因此慢下来，这样，随着时间流逝，它的旋转速度会越来越慢，慢慢地，就会因为转速过低而无法发出电磁波。当然，科学家们可以算出每次自转所损失的能量，并由此推断出脉冲星还能存在多长时间。

另外，脉冲星之间存在共性，当然也会存在“个性”，每颗脉冲星都有着与众不同的地方，如有的脉冲星相比其他脉冲星转速更快；有的脉冲星体积很大，但是质量稍小；有的属于双星系统，具有伴星等等。脉冲星的这些个性加深了科学家们对宇宙的了解，为科学家以后研究宇宙提供了翔实的资料。

脉冲星星际有机分子、类星体和微波背景辐射被称为20世纪60年代天文学“四大发现”。

· 天狼星为何会变色 ·

在我们眼中，天狼星是我们所看到的恒星中最亮的一颗。

天狼星好像一直都在闪烁着白色的光，然而《史记·天官书》中却这么说：“狼角变色，多盗贼。”就是说天狼星的芒角改变颜色的时候，就会盗贼四起。其中还有这么一句：“白如狼，赤比心，黄比参左肩，苍比参右肩，黑比奎大星。”意思是说，像天狼星是白色的，心宿二是红色的，参宿的左肩是黄色，右肩是苍色的，而奎大星是黑色的。这里记载的天狼星的颜色和我们所看到的是一样的。古人认为天狼星是会变色的，那么，为什么我们没有发现呢？天狼星真的会变色吗？如果是，为什么会有这种变化呢？

在古罗马书籍中，天狼星是红色的。每年7月，当天狼星第一次出现在地平线上时，古罗马人总是用红毛的狗作为天狼星的祭品，因而那时天狼星也被称为天狗星。有人这样描述：“火星的红光太温和了，天狗星的颜色也是红色，但是比火星鲜艳多了。”不只古罗马人，古巴比伦人也在书籍中记载天狼星是红色的。

公元 577 年，法兰克王国的主教格里哥利编撰了一部编年史，为了让教徒们都遵循相同的时间来祈祷，格里哥利便用一些星座从地平线上升起的时间作为祈祷时间，其中一颗星就是天狼星。这颗星被格里哥利称为“卢比奥拉”，也就是“红色”的意思。然而在 400 年后，在阿拉伯天文学家阿尔·苏菲所作的星表中，“红色星”一列里并没有天狼星，因而有科学家猜测，可能在这 400 年的时间内，天狼星改变了颜色。

天狼星会变色的说法得到了众多科学家的认同，但是也有科学家认为，就像太阳一样，之所以在每天傍晚的时候变成红色是因为大气折射造成的，而天狼星的变色也是如此。

随着科技的不断进步，在 19 世纪，科学家们发现天狼星不是单星而是双星，在距离天狼星不远的地方有颗伴星，科学家为其取名为天狼星 B。天狼星 B 是一颗白矮星，它的表面温度很高，超过 20000℃，所以在颜色上呈现白色或者蓝白色，而天狼星的亮度是非常微弱的，我们之所以觉得天狼星比较明亮，就是因为这颗伴星在起作用。

按照星体演变理论可知，白矮星是天体中变化较快的星体，它前期是红巨星，温度非常高，亮度很高，因而在它的照耀下，天狼星也是非常明亮的。然而到了中期和后期，白矮星逐渐暗淡下来，天狼星也随之暗淡了。

所以，有科学家认为，古代人看到天狼星时，天狼星 B 正在成为一颗红巨星，受其影响，天狼星也发出红色的光，再加上天狼星自身的光，因而十分明亮，这就是古代人记载天狼星为红色的原因。但是问题又来了，一颗红巨星演变为白矮星至少需要 10 万年的时间，而在格里哥利和阿尔·苏菲两人相距的四百年间天狼星就由红色变成了白色，这段时间太短了，红巨星不可能演变为白矮星，唯一合理的解释就是天狼星 B 突然间坍缩了。如果是突然坍缩，那么这个过程应该有类似于超新星大爆炸的事情发生，然而科学家却观察不到天狼星 B 曾经爆炸的痕迹。假设天狼星 B 真的爆炸了，那么这段时间内，天狼星将会变得十分耀眼。这么反常的现象，不可能没有人注意到，然而科学家们翻遍了书籍都没能找到关于这件事的记载。

有科学家猜测，天狼星是因为自身原因产生的红色，但这个过程是漫长的，至少要数千年，所以其变色不可能是由自身颜色改变造成的。又有科学家假设，天狼星附近还存在一颗星，称为天狼星 C。但经过推断，天狼星 C 只能是褐矮星或者红矮星，是不能让天狼星产生色变的。

天狼星光谱中含有丰富的金属，如它的大气层中铁的含量是太阳的 3 倍。有科学家认为，或许能由此解开天狼星的变色之谜。

· 没能成为星体的星 ·

2014 年，美国科学家借助宇航局广域红外望远镜和斯皮策空间望远镜发现了一颗褐矮星。

经过观察后发现，这颗褐矮星的气温非常低，几乎和地球上的北极一样冰冷，这是目前已知的褐矮星中温度最低的一颗。通过推算得知，这颗褐矮星距离太阳约为 7.2 光年，是目前已知距离太阳第四近的天体。对于这个发现，美国天文学家凯文·鲁曼认为，这颗褐矮星的温度如此之低，或许可以为我们提供一些关于行星大气方面的信息，也许我们可以从中找到办法来解决地球温度逐渐上升的问题。

褐矮星早期演化时，与恒星相似，都是因为燃料燃尽后气体云团在引力作用下开始坍缩。由于褐矮星的质量很低，远远低于太阳的质量，甚至还不到太阳质量的7%，因而褐矮星无法引起核聚变反应产生光热辐射，使自身发光，成为一颗真正的恒星。同时由于温度很低，它的构成中应该有大量的甲烷和氨，通过天文望远镜可看到褐矮星呈褐色，这也是褐矮星名字的由来。

从质量上来说，褐矮星与木星之类的气体行星很相近，但是二者在形成原因以及构造方面的差别很大。褐矮星从内到外都是由气体构成的，然而木星类的气体行星的中心不是气体，而是固体。褐矮星相对独立，而行星则是围绕着恒星进行公转的。

由于褐矮星无法发光，所以即使用天文望远镜也很难发现它的存在，但是随着科技进步，尤其是大型天文望远镜、高性能红外线照相机的出现，使得天文学家们能够通过天文望远镜发现一些以往不能发现的天体。据观察，银河系中存在的褐矮星可能有千亿之多，另外还有很多无法观测到的。有些科学家认为，宇宙中的黑暗物质极有可能就是褐矮星。

广域红外望远镜之所以能够发现一些普通望远镜发现不了的天体，就是因为它在红外波段进行了多次扫描。普通望远镜可能无法发现褐矮星这样的低温天体，因为这些天体没有反光或者反光很少，但是广域红外望远镜能够发现这些天体的热辐射。另外，如果注意观察，还能够发现这些天体的运动趋势。这些天体的运动速度很慢。这很好理解，就像是从你身边奔驰而过的汽车往往比远处的汽车看起来速度更快。

科学家们第一次发现褐矮星是在1995年，这颗褐矮星体积很大，看起来更像是巨行星。褐矮星可以分成两类：L型和T型。L型褐矮星从光谱上来看更加接近于温度最低、质量最小的恒星。T型褐矮星的光谱和巨行星很相似，但是质量要比巨行星大得多。

自从发现褐矮星以来，褐矮星便成了科学家们研究的重点，因为这种天体十分特别，既不属于恒星，也不属于行星，可以说它是宇宙中“没能成为星体的星”。

研究褐矮星有利于加深我们对恒星和行星的了解，并且能够填补我们对宇宙了解的空白。

·　共生星之谜　·

天文学家在20世纪30年代便发现了一种奇怪的天体，之所以说奇怪，是因为这种星体一面温度只有几千摄氏度，而另一面却高达几十万摄氏度。

我们知道一杯水要么冷要么热，从来没有见过一杯水前半部分是冷的，后半部分是热的。冷和热共生于同一天体上，而且差别巨大，这种天体就成了一个难解之谜。

1941年，科学家把这种天体称为“共生星”。共生星的主要特征就是同时呈现高温和低温，为了能够解释这种现象，很多科学家穷尽毕生精力，却仍然没能解开怪星之谜。而且在不断研究的过程中，这种共生星出现的越来越多，目前已经发现了约100个。

起初，有些科学家试图将共生星当作单星，认为这种共生星其实是由两部分组成的，即单星的核心是属于红巨星之类的冷星，因而温度较低，而单星外是一层高温星云。这种说法似乎能够勉强地解释高温和低温之谜，然而人们并不认可这种说法，因为包围单星的星云温度非常高，那么这种高温是由什么提供的呢？要知道，有的恒星温度之所以高是因为核聚变，或者吸收来自其他恒星的能量，而共生星温度高显然不符合这两种情况。

后来，科学家们提出了“双星”的说法，即共生星是由一颗红巨星和矮星组成的，红巨星温度非常低，通常低于3000℃，而矮星密度大、体积小、温度非常高，这种说法看起来也能够说明温度高低共存的原因。随着科技的发展，科学家们能够更加清晰地观测到共生星的情况，发现了不少共生星的双星围绕同一个中心旋转的现象，而这也成为证明共生星是双星的有利证据。从那以后，越来越多的科学家接受了“双星”的说法，并且多数科学家认为共生星是由一颗低温的红巨星和一颗高温的热星以及包围它们的热星云组成的。

我们知道，如果某地空气冷热不均，那么就会产生气流，即热空气和冷空气不断地进行移动。有科学家认为共生星可能也是这种情况，由于两星位置离得比较近，红巨星不断膨胀，物质外溢，因为引力而奔向高温的矮星，然后被外围的热星云所包围，因为共生星距离我们太远，所以利用天文望远镜望过去就像是一颗恒星。

当然也有一些科学家质疑双星的说法，他们的理由是从来没有观测到共生星中的热星，这些只是根据理论推断出来的。因此，也许只有等到科学家们能够观测到热星时，双星的说法才能够真正让人信服。

共生星是宇宙星体中较为奇怪的存在，对于研究恒星物理和恒星演化都有着积极的作用。

· 彗星之谜 ·

彗星在民间一向被视为“灾星”，人们常常把彗星的出现与战争、灾难、瘟疫等不幸联系在一起。

公元1066年，诺曼人开始入侵英国，当时天上出现了哈雷彗星，诺曼人心情很是复杂，因为他们认为彗星的出现代表着警戒。后来，诺曼人付出了惨重的代价才征服了英国。从那以后，彗星被视为不祥的象征。当然，这只是迷信而已，彗星与吉凶没有任何联系。

古代书籍中最早记录彗星的是《春秋》：鲁文公十四年（公元前613年），“有星孛入于北斗”。《春秋》中记录的是哈雷彗星，比欧洲早600多年。

彗星是在扁长轨道上绕太阳运行的一种云雾状小天体。最早被发现的彗星是哈雷彗星。英国天文学家哈雷在1705年认识到哈雷彗星是有周期性的，并且推算出其周期约为76.1年。人们根据这个周期来推算彗星经过太阳的时间，结果都观测到了，说明这个周期是正确的。

彗星所发出的光是反射的太阳光，在远日点时，彗星的亮度很低，随着运动，彗星离太阳越来越近，这时彗星的亮度开始逐渐增加，光谱也开始急剧地发生变化。科学家们经过研究发现，产生这种现象的原因是彗核突然发热并且达到足以蒸发的温度，蒸发后的气体形成了彗发，同时太阳的紫外光又使得这种气体发光。彗星的体积并不固定，科学家发现，彗星在离太阳较远时，其体积很小；越靠近太阳，彗尾变得越长，彗发变得越来越大，体积也越大，不过虽然体积很大，但是质量非常小。

由多年的观测结果表明，彗星的轨道并不是唯一的，而是有椭圆、双曲线、抛物线三种。其中，椭圆轨道彗星的运转周期是有规律的，可以分为短周期彗星和长周期彗星。双曲线和抛物线轨道的彗星被称为非周期彗星。

一般彗星是由彗头和彗尾组成。彗头的形状和组成部分是有差别的，可以分为球茎形彗头、锚状彗头、无发彗头等等。彗头是由彗核和彗发两部分组成的。随着科技的发展，科学家们通过人造卫星以及宇宙飞船对彗星进行详细的观测，结果发现在彗发的外面还围绕着巨云，科学家们把它称为“彗云”，这样彗头就多了一种组成部分，即彗云。值得注意的是，并不是所有的彗星都有彗核、彗发、彗云、彗尾。

彗核是指彗星的最核心部分，一般由石块、冰块、甲烷、铁等物质组成，直径非常小。彗发主要是由彗核周围的气体组成的雾状物，直径比彗核要大出很多，有的彗星彗发半径能够达几十万千米。彗发主要由氢、氧、硫、碳、一氧化碳等组成，其主要成分是中性分子和原子。虽然看起来体积非常大，但是它的密度很小。

彗尾一般是在彗星开始靠近太阳时才开始出现的，离太阳越近，彗尾就越长。彗尾的方向一般总是背着太阳，如向近日点靠近时，彗尾出现在后面；当离开近日点，远离太阳时，彗尾就变成了前导。不同的彗星其彗尾的长度和宽度也有很大的区别，一般彗星长在 1000 万至 1.5 亿千米之间，有的长得让人吃惊，可以横过半个天空，如 1842I 彗星的彗尾长达 3.2 亿千米，可以从太阳伸到火星轨道。一般彗星宽在 6000 至 8000 千米之间，最宽达 2400 万千米，最窄只有 2000 千米。

彗尾一般分为三大类：一类是离子彗尾，顾名思义就是由离子气体组成的，如氢、二氧化碳、一氧化碳、碳等。这类彗尾有个特点，就是细而长。

第二类是尘埃彗尾，主要是由微尘组成的。第三类是反常彗尾，这种彗尾以扇状或者长钉状的形式向太阳系方向不断延伸。通常一颗彗星的彗尾是由两条以上不同类型的彗尾组成的。

那么，彗星是如何形成的呢？事实上，一直到今天，彗星的起源仍然是个未解之谜。有科学家提出，在太阳系外围有个叫“奥尔特云”的地方，那里有上千亿颗彗星。众所周知，所有的星体在宇宙中都会受到来自其他星体的引力影响，彗星也是如此，受引力牵制，这些彗星一部分进入太阳系内部，一部分逃离太阳系。有科学家认为，彗星是在木星或者类似的行星附近形成的；也有些科学家认为是在离太阳系很远的地方形成的；还有科学家认为彗星是太阳系外的来客。通过观察发现，彗星是不断瓦解的。也就是说，必定存在一种方式让新彗星代替老彗星。因此，假设在太阳系外会有一个彗星群，彗星群中的某些彗星绕太阳做轨道运动，在运动过程中，受到恒星的引力影响，有些彗星便被吸入太阳系内，代替那些瓦解的老彗星。但是如今还没有发现远离太阳系的超大彗星群。

宇宙大爆炸时，太阳系的大部分水都被赶到星系外围地区，所以木星、土星、天王星、海王星以及彗星中存在水就不足为奇了，但是比较奇怪的是地球上也有水，那么地球上的水是怎么来的呢？据科学家猜测，地球上的水资源可能是由于彗星撞击地球时带来的，因而彗星被他们称为“地球的送水工”。之所以提出这种猜测，是因为发现某些彗星上的水中含有与地球的水中相同的化学物质，这个发现也为以往地球生物灭绝是由彗星撞击造成的说法提供了依据。

目前还不能把彗星撞击当作过去地球生物灭亡的原因，因为这个证据不够充分。

· 神奇的流星雨 ·

流星雨被视为浪漫、爱情的象征。

狮子座流星雨大概是我们最熟悉的了，在每年的 11 月 17 日前后出现，平常年份，这种流星雨中的流星数量非常少，一小时也就十多颗，但是据科学家观测，狮子座流星雨大概每隔 33~34 年就会出现一次高峰期，这段时间的流星数量非常多，一小时可能会超过数千颗。流星雨看起来像是流星从某个地点产生的，我们把这个地点叫作流星雨的辐射点，因而我们通常用辐射点所在的天区星座给流星雨命名，用来区别来自不同方面的流星雨。如狮子座流星雨就是从狮子座天区发出的。有名的流星雨还有很多，如金牛座流星雨、双子座流星雨、天琴座流星雨，猎户座流星雨等等。

一般认为，流星雨的产生与彗星没有必然的联系，是流星体与地球大气层相互摩擦的结果。流星体通常是由行星际空间的尘粒和固体块组成的，如果流星雨在大气中没有被燃烧尽，那么它们就会落到地面成为“陨石”。流星体原先是围绕太阳运动的，但在经过某一点时（比如近日点），受到太阳引力的吸引而改变了原先的轨道进入地球大气圈，然后与大气产生摩擦，发热发光，形成流星。

流星是单个出现的，而流星雨的出现往往与流星群有关，流星群通常是由彗星分裂的碎片产生的，成群的流星就形成了流星雨。流星雨的规模也是不一样的，有的一小时也就十几颗流星，有的一小时能够达到上万颗。流星数量特别多或者表现异常的流星雨通常被称为流星暴，其每小时出现的流星数量超过一千颗。1833 年 11 月的狮子座流星雨，每小时下坠的流星数量达 35000 颗，那是历史上最为壮观的一次流星雨，就像烟花般绚丽多彩，美丽动人。

流星雨有个很重要的特征，就是所有流星的反向延长线必然会在辐射点相交。大多数流星雨都是有规律、有周期的，但也有些流星雨是随机发生的。流星的速度是非常快的，因而我们能够在离流星非常远的地点看到其亮光。

流星雨的颜色也是各不相同的，之所以颜色各异，是因为流星体的化学成分受到高温时的反应是不同的，如流星体的主要化学成分是钙时，那么就会呈现紫色；主要成分是钠时，就会呈现出橘黄色；主要成分是铁时，呈现的是黄色；主要成分是硅时，呈现的是红色等等。

一般来说，流星雨出现时是没有声音的，所以我们常常会错过流星雨，因为我们根本就不知道空中刚刚出现过流星雨。

如果有幸观看过流星雨，那么我们看到流星在下坠的过程中留下痕迹，颜色多为绿色，持续的时间不是很长，一般为 1~10 秒左右。有人说，那么多流星不断地往下跌，要是跌落在地球上砸到人怎么办？事实上，流星的质量是非常小的，进入大气圈后，与大气产生摩擦，绝大部分都会被烧掉，因而不会对地球上的人带来什么危害，但是会对太空中的航天飞行器产生威胁。

太阳系中不止地球上会出现流星雨，事实上，只要是有着像地球那样适当且透明的大气层的星体，都是有可能出现流星雨的。如火星上就曾出现过流星雨。当然，火星上的流星雨与地球上有些不同，因为火星和地球的轨道是不一样的。

另外，要注意的是，观察流星雨时不一定非得用望远镜，因为观赏流星雨需要有广阔的视野，使用了望远镜反而会有些限制，而且只能看到流星一闪而过，甚至都看不清。所以观察流星雨时，最好站在视野宽阔的地方，然后用眼睛观察流星可能出现的上空就可以了。

通过研究流星雨，科学家们便能推测出流星雨的周期性，这样就可以尽量在航天飞行器升空时避开流星雨，保障航天飞行器的安全。

第五章　探秘太阳

地球上的万物都依赖太阳生存，太阳也是人类生命的源泉，太阳给地球带来了生机。如果没有太阳，地球上的万物将会遭受灭顶之灾，到时再也没有白天黑夜，再也没有春夏秋冬，所有的植物都会因为没有光照而枯萎，所有的动物最终也会因为没有食物而灭亡。当你每天看到太阳时，你有没有想过太阳的结构是怎样的？它还能存在多久？

· 解剖太阳 ·

太阳的结构可以分为内部结构和大气结构两大部分。

太阳的内部结构从里往外又可以分为核心、辐射区、对流层三个部分，而大气结构按照由里往外的顺序可分为光球、色球和日冕。

太阳的核心是产生核聚变的地方，是整个太阳的能量之源，所以这个地方温度非常高，压力也非常大。核心区的温度有个特点，那就是与太阳中心的距离越远，温度越低。太阳的辐射层指的是从 0.25 个太阳半径往外到 0.86

个太阳半径的区域，占了太阳体积的一大半，太阳核心核聚变产生的能量是由辐射层往外传输的。辐射层外部就是对流层，由于温差悬殊而引起对流，内部的热量就通过对流的方式向外传输。

抬头望去，太阳就是个模糊的圆面，这就是太阳光球。之所以模糊，是因为光球是气态的，而且其光线很刺眼。光球密度非常小，但是非常厚，所以我们看到的光球并不是透明的。光球大气层并不像看起来的那么稳定，如果用望远镜观察的话，会看到光球表面有许许多多的斑点状结构，很不稳定。光球上有个很显著的现象——太阳黑子。黑子是光球层上的大气流旋涡。其实太阳黑子并不黑，相反是非常明亮的，之所以说它黑，是因为它的温度相对较低，光球很明亮，因而显得黑子比较黑。

太阳大气中的第二层就是色球。色球也是非常耀眼的，有的地方会有明亮而宽大的斑块，人们把它称作耀斑。耀斑很亮，能发出相当高的能量，然而我们在平时却看不到色球，因为地球大气会分散光线。色球的温度很不均匀，在与光球层顶接触的部分为4500℃左右，而最外围则能达到几万度，温差悬殊。色球磁场很不稳定，因而导致色球层屡屡动荡。

日冕是太阳大气的最外层，分为内冕、中冕和外冕。日冕发出的光比较弱，但是其温度非常高，在高温下，氢、氦等原子都会被电离成电粒子，电粒子的运动速度非常快，因而会有电子不断地挣脱太阳的束缚，形成太阳风。

根据科学家的推算，太阳的寿命约为100亿年，如今太阳大约度过了一半的时间，如果比作人的话，太阳目前正处在稳定而旺盛的中年期。等到了晚年，太阳的大部分氢就会转化为氦，然后转化为碳、氧，最后转化为铁。在这个过程中，其温度会不断升高，达到原先的10倍，这时，所有的物质都会成为气体。

核聚合在爆炸时开始产生，到时太阳的直径会扩大100多倍，从地球上看的话，整个天空几乎被太阳铺满，那情景想想也是很可怖的。但是随着其直径增大，温度反而会降低，表面的颜色开始从白色变成红色，就像红巨星那样。最后聚合成铁时，由于所消耗的能量和产生的能量是相同的，所以没有多余的热量来让太阳保持现有的温度，其温度会逐渐降低，太阳开始收缩，而由于收缩，太阳中心会产生很强的压力，直到太阳成为白矮星，然后会继续冷却收缩，成为黑矮星，太阳的寿命到此为止。

根据科学家推算，如果恒星有太阳质量的10倍，在聚合的过程中就会出现超新星爆炸现象，然后恒星会变为中子星；如果恒星质量是太阳质量的30倍，那么超新星爆炸后，可能会形成一个黑洞。

虽然太阳不会形成黑洞，但是它会成为一个红巨星，到时太阳传输到地球上的能量就会非常多，地面的水就会被蒸发掉，海洋也会成为荒漠，而这对人类来说，就是世界末日。50亿年的时间看起来非常漫长，但是为了人类的前途打算，仍然不得不小心应对，因而科学家们开始积极寻找能够适合人类生存的另一个家园。

由于人类过度开采资源、砍伐树木，使地球疲惫不堪，而且由于温室效应，地球的温度逐渐升高，照此下去，究竟是人类先消亡还是太阳先消亡就不得而知了。

· 太阳能量来源之谜 ·

夸父与日逐走，入日；渴，欲得饮，饮于河、渭，河、渭不足，北饮大泽。未至，道渴而死。弃其杖，化为邓林。（《山海经·海外北经》）

夸父在逐日的过程中为什么会死呢？因为太阳的能量非常高，夸父很渴，在找不到水源的情况下才渴死了。那么，太阳的能量是从哪里来的呢？

太阳给地球带来了光和热，让地球不至于处在无尽的黑暗和冰冷中，地球大气层表面垂直于太阳光线的一平方厘米每分钟接受的太阳能量约为 8.24 焦耳，而据科学家推算，地球接受的能量大约只占太阳辐射总量的 22 亿分之一。农家在做饭时，往往通过烧柴来获取能量，柴火越多，能量越多，那么太阳要产生那么大的能量需要消耗多少物质呢？

1836 年，有科学家根据观测到的太阳数据进行推算，认为在近 100 年的时间里，太阳的直径缩小了约 1000 千米。也就是说，在 100 年的时间内，太阳为了发出能量大约缩小了 0.1%。有人提出，太阳之所以能够不断地散发能量，就是因为太阳的体积足够大，但是如果按照这个消耗速度算的话，太阳很明显不能提供超过亿年的能量，然而地球已经存在几十亿年，所以这种假说是不成立的。

关于能量的来源，科学家的猜测很多，比如，有的科学家根据流星现象来推算，流星运动快，动能非常高，要是落在太阳上，必然会产生相当多的能量。然而事实是，太阳要想持续发出那样的能量，需要源源不断的流星来支持，但哪有那么多流星呢？即使有，要想落在太阳上也是需要一定条件的。

探寻太阳能量来源的道路仿佛被挡住了，科学家们久久未能再往前踏一步，直到 20 世纪 30 年代末，爱因斯坦相对论以及原子核物理的发展，将探寻太阳能量路上的阻碍清除，科学家们才得以继续寻找太阳能量的来源。

爱因斯坦认为，质量和能量是可以相互转化的。有科学家经过计算得出，大约四个氢原子核在高温、高压的情况下，会变成一个氦原子核。原子核都是带电的，四个氢原子核要想聚合在一起，就要具备很高的速度、温度，这样才能克服静电斥力，产生核聚变。氢原子核产生聚变所需要的温度相对于太阳内部温度来说低很多，因而氢原子核可以在太阳内部产生大量的核聚变。

由于核聚变反应是在太阳内部进行的，因而内部以外的氢原子几乎没有什么作用，而按照太阳内部的氢原子来计算，大约能够支持太阳在 100 亿年中发散能量。我们知道，太阳是一颗典型的主序星，按照主序星的演化过程，太阳的演化可以分为五个阶段，即主序星前阶段、主序星阶段、红巨星阶段、氦燃烧阶段、白矮星阶段。太阳目前正处在稳定的主序星阶段，这一阶段大概能够持续 50 亿年，所以说太阳内部的氢原子核聚变产生的能量足够维持到太阳进入红巨星阶段。

当太阳内部的氢消耗完毕后，将会成为一个氦核。

· 太阳活动的危害 ·

看过科幻灾难电影《2012》后，我们不禁发问：太阳真的会发怒吗？

2006年12月，太阳突然“动怒”，先后发生了两次X级耀斑和多次M级耀斑。不久后，在日面上发生了X3级耀斑，这次耀斑导致短信、广播、探测等电子信息系统发生大面积故障，许多卫星因此而失控。不能看电视、不能听广播；手机没信号，不能打电话；科学家一直在观测的星体突然间就找不到了；电力供应出现大面积故障；如果这段时间正好发射卫星，那就惨了，卫星会像只无头苍蝇似的在太空中来回乱蹿；客机飞行员在降落时接收不到地面的信息……

虽然看起来太阳圆乎乎白亮亮的，很可爱，但是千万不要被它蒙蔽了，平时温和的太阳一旦发起“脾气”来，是非常恐怖的，而我们也经常在媒体上看到关于太阳“动怒”的新闻，如“最近几日将会发生超强太阳风暴”、“太阳黑子活动异常，最近手机信号可能受到影响”、“太阳近日活动异常活跃”等等，这些新闻常常会让人感到不安。

所以说，太阳发怒并不是什么新鲜事，太阳每隔9~14年就会有一次周期性的爆发，大多数人之所以感受不到太阳发怒，是因为地球具有自我保护作用，地球的磁场能够驱散太阳发射的大部分带电粒子。当然，仍会有一些带电粒子进入大气层，给我们的生活带来困扰。幸亏，只是一部分带电粒子，否则，人类就会有大麻烦了。火山爆发、地震和太阳发怒比起来，简直是小巫见大巫。

一般来说，在太阳黑子活动的高峰时期，太阳活动也是最频繁的，如耀斑、日冕物质抛射等。太阳会在短时间内释放出大量的带电粒子流，以超高的速度闯入太空，如果是朝着地球方向而来的，只要几分钟便能到达地球。科学家把其中对地球造成影响的活动称为太阳风暴。

耀斑是常见的太阳风暴现象，耀斑的范围不大，持续的时间也很短，一般只有几分钟，个别耀斑可能会长达几小时。耀斑会释放出大量的能量，同时向外辐射大量的紫外线、X射线，据科学家估算，一次耀斑产生的能量相当于太阳一秒钟发出的能量。耀斑发射的大量高能粒子会对地球造成严重的破坏。

发生耀班时，大量的、高速运转的粒子，短短几分钟就可穿越长达1.5亿千米的空间，到达地球，并从地球的磁极长驱直入。进入地球后，便会严重干扰电离层对电波的吸收、反射，这些粒子也被称为“电子杀手”，它们可以轻而易举地侵入电子内部，破坏电路，破坏内部构造，使其无法继续工作，而对于它们的破坏，人类却无力阻止。

耀斑多发生在黑子表现异常的时候，两者有着同样的变化周期。科学家还发现耀斑大多发生在黑子群附近，太阳黑子多时，耀斑就会经常发生；太阳黑子少时，耀斑就很少发生或者不发生。太阳黑子一般发生在太阳的光球层上。科学家认为，黑子其实是太阳表面的一种气体旋涡，温度很高，但是和太阳光球层温度相比要低一些，所以显得有些暗。太阳黑子的形成周期很短，一般形成后几天到几个月内就会消失，然后又会有新的黑子产生，以此形成循环。

太阳黑子会发射带电粒子，破坏地球高空的电离层，对地球磁场也会产生一定的影响，因而我们就会看到很多异常的现象：指南针不再一直指南，而是在乱动，不能正确地显示方向，影响轮船的安全行驶；对无线电通讯造成严重的破坏，会对飞机、人造卫星、手机等产生一定的影响等等。

1801年，威廉·赫歇耳指出，地球的年降水量与黑子有关，当黑子大而多时，地球气候就会比较干燥；当黑子小而少时，则地球空气潮湿，暴雨成灾。后来有人统计了一下地球的年降水量变化，发现是有周期变化的，其变化周期和黑子的变化周期是一样的。另外，研究地震的科学家发现，当黑子多时，地球上的地震就多，而且地震的次数和黑子的变化周期也有一定的关联性。

当然，和我们联系最密切的是，黑子数目变化会影响到我们的身体健康。科学家发现，流行性感冒往往在黑子数目多的年份发生；人体血液中的白细胞数目变化也和黑子存在一定的关系；黑子会影响到人们的心血管功能。其中一项有趣的发现是，黑子少的年份，人们感到肚子饿得比较快。

太阳发怒时虽然会产生影响，但一般都比较小，人们需要格外注意的是紫外线。

· 真的有"复仇星"存在吗 ·

宇宙中存在许多双星系统，也有许多三星系统，对于太阳，人们通常认为它是一颗单星，然而事实真的是这样吗？

美国古生物学家劳普和塞普科斯基在经过多年的研究后发现一个现象，那就是在地球过去的2.5亿年间，大约每隔2600万年就会发生一场严重的灾难，这场灾难会给地球上的生物带来灭顶之灾。同时，两人还指出了灾难之所以发生的原因，即由彗星的攻击造成。可是，这些彗星是从哪里来的，它们的攻击为什么会这么有规律呢？

1984 年，物理学家们又提出了一种新的理论，那就是太阳并不是单星，而是有一颗伴星相伴。与太阳滋养万物不同，这颗伴星可以说是地球生物的杀手，正是由于它的存在，所以每隔 2600 万年便会有彗星攻击地球，让地球生物灭绝。据推测，恐龙之所以灭绝，就是因为地球遭受了彗星的攻击。基于此，科学家为这颗伴星取名为“复仇星”。

“复仇星”理论提出后，引起了科学家们极大的兴趣和热情，因为毕竟“复仇星”和太阳一样，都是与人类休戚相关的，如果人类不能够破解“复仇星”的奥秘，那么地球可能会再次遭受彗星的攻击，到时人类恐怕就会像恐龙一样灭绝了。根据开普勒定律推算，复仇星的轨道半长轴约为 1.4 光年，是地球轨道半长轴的 88000 倍，从这个距离看，它离太阳非常近。不仅如此，还推断出了“复仇星”可能就是很暗的红矮星，所以科学家们才没有发现它的存在。

如果“复仇星”真的存在的话，那么它在哪儿呢？

为了能够找到“复仇星”，科学家利用最新的天文望远镜进行观察，每隔一段时间就拍下暗星照片，希望能够从中找出“复仇星”来，但到目前为止，还是没能发现“复仇星”的痕迹。

1985 年，有科学家假设“复仇星”真的存在，他用一种新的方法来计算“复仇星”的轨迹，经过长期观察、仔细推测，他确定了大多数彗星的运动方向都与太阳系行星运动方向相反，并且计算出“复仇星”的轨道与黄道近乎垂直，这为寻找“复仇星”提供了方向。

另外，有科学家认为，“复仇星”可能是受到其他恒星引力的影响，因而改变了原来的运行轨迹。要知道，在宇宙中，距离较近的两颗星体难免会受到彼此引力的影响，就像地球和太阳一样，地球受太阳的吸引，因而围绕着太阳运转，又因为自身的重力和引力相平衡，所以才没有被太阳吸附过去，然而其他行星体就不会有这样的好运了。有科学家指出，“复仇星”的寿命最多为10亿年。也就是说“复仇星”是在太阳形成以后出现的，因为二者距离很近，所以太阳的引力将“复仇星”吸引了过来，然而由于受到其他星体的引力影响，又逃出了太阳引力的范围。又有科学家认为，即使没有受到其他星体引力的影响，“复仇星”也不可能在那么长的时间内轨道没有任何变化。

目前，太阳系中有八大行星以及卫星、彗星等等。美国物理学家韦米尔和梅梯斯认为，在冥王星的轨道外存在一颗X行星，而且在海王星外的太阳系平面中存在一个彗星带，当X行星进行周期运动时，便会从彗星带旁经过，破坏彗星的轨道，从而使大量的彗星转移方向，有些向太阳系内部运动，甚至奔向地球，因此造成了地球生物的灭亡。美国科学家海尔斯则通过计算得出，“复仇星”在过去的2.5亿年中，其轨道周期发生了变化，而且变化比例应为15%。

关于“复仇星”的说法很多，针对“复仇星”轨道的说法也有很多，但是不管是哪种说法，都存在一定的偏差，因为科学家们缺少详实有用的资料来进行判断，因此不要苛求关于“复仇星”的周期、轨道的说法有多准确。

约翰·马特斯、帕特里克·威特曼和丹尼尔·威特米尔等科学家则从研究彗星着手研究彗星。他们认为，以往既然给地球生物带来灾难的是彗星，那么研究彗星也许会有新的发现。他们研究了八十多颗彗星，发现了一个奇怪的现象：彗星的运动轨道似乎都受一种位于冥王星以外、太阳系边缘的星体的引力影响，所以才会呈带状分布排列。那么，这些彗星是受什么星体的影响呢？会不会就是太阳的伴星呢？约翰·马特斯等人认为，最好的解释是冥王星以外、太阳系边缘地带可能存在一颗不为人知的太阳伴星——褐矮星，褐矮星和太阳相互围绕着运转。但是褐矮星的说法也只是一种猜测，太空望远镜还没有发现它的存在。

科学家威特米尔认为，褐矮星之所以未被人们发现，是因为它处在太阳系的黑暗地带，受不到太阳光的照耀，因而也就没有光线反射。地球上的生物之所以灭绝，就是因为这颗褐矮星。褐矮星在经过彗星地带时，由于引力作用，一些彗星便会被吸出，落在地球上或者其他星体上。地球上的生物每隔2600万年灭绝一次，就是因为褐矮星每隔2600万年经过彗星地带附近一次。

有些科学家对“复仇星”的说法存在质疑，并且认为，即使真的有“复仇星”存在，那么彗星攻击地球也不一定都是2600万年。无论如何，科学家们对此都不能掉以轻心。

如果能够发现复仇星的踪影，那么离破解太阳伴星之谜也就不远了。

· 假太阳是怎么回事 ·

逮至尧之时，十日并出……（《淮南子·本经训》）

传说在上古时期，天上曾经有十个太阳，他们都是东方天帝的儿子，每天轮流在天空中遨游。可是后来他们觉得日子很无趣，便约好一起出现在天空中，这样空中就出现了十个太阳，使得地球上的热量一下子增大了十倍。太阳烤焦了大地，烧死了许多动物和人类，田地出现裂缝，庄稼也种不活了。人们白天只能躲在屋内，即便如此，还是有不少人被热死，晚上则出来寻找水源。然而由于天气太热，大海中的水都被蒸发掉了，鱼类死在干涸的海底，人类面临着严峻的生存危机。

东方天帝知道后，就派遣后羿下凡，让他帮助人类解决困难，也让他教训下几个不听话的儿子。后羿本想跟太阳们好好商量，希望他们能够和往常一样轮流在天空中遨游，但太阳们根本不听后羿的话，还是一起出现在天空中。后羿很生气，于是拉弓搭箭，朝着天空中的太阳射去，箭无虚发，一连射下了九个太阳。地球上终于不再炎热，人们可以出来活动了。可是天帝知道后，责罚了后羿，不准他再回天庭，同时命令剩下的那个太阳天天在天空中遨游。

这是“后羿射日”的故事，虽然是虚假的，但是也给人们留下了疑问：为什么古代人会想出这样的故事呢？难道古代人曾经见过有多个太阳同时出现在天空中的情景？两者比较，很明显，后者更让人信服。古时科技不发达，古人见到多个太阳，而后来多余的太阳又消失了，他们不知道发生了什么，便想到是有神仙用弓箭把太阳射掉了，于是便有了“后羿射日”的故事。

然而在现实中，确实有人曾经看到过五个太阳，那么，多余的四个太阳是从哪里来的呢？它们都是真实的太阳吗？它们会像是神话故事中所描述的那样轮流遨游在天空中吗？

1985 年 1 月 3 日，黑龙江省绥化市大雾弥漫，将近 11 时，突然出现了一幅奇怪的景象：天空中出现了五个太阳，抬头望去，只见中间那个太阳最大，呈火红色，边缘是金黄色，在这个太阳的两侧各有两个小太阳，小太阳也很明亮，只不过和中间那个太阳相比要弱很多，一个近乎透明的白色圆环把五个太阳连贯起来，看起来就像是一条项链上的几颗珍珠，十分美丽壮观。

天空中为什么会出现这样奇怪的景象呢？天文学家认为，其实所谓的五个太阳或者十个太阳中，只有一个太阳是真实的，其他的太阳是假的。其中假太阳是太阳光通过不同形态的冰晶所形成的光亮点，往往会对称出现，有时数量可以达到八九个。这种现象是不容易形成的，对太阳光通过在冰晶的位置以及冰晶的形状有着很严格的要求，所以在平时很难见到这种现象，也难怪古人会把这种现象跟神仙联系起来，因为这种情况确实很怪异。另外，这种情况很难持久，一旦光线改变，或者冰晶的形态改变，这些假太阳就会散去，只留下一个真实的太阳。

这种现象虽然罕见，却在不少地方被发现，如美国学者曾经拍摄了一张“方形太阳”的照片，这位学者名叫查贝尔，他是在观看日落时发现的这种奇怪的现象：太阳正在西沉，不知怎的，慢慢地变成了椭圆形，然后逐渐演变，出现了四个棱角，竟然成了一个方形太阳。查贝尔把这个过程拍摄了下来。这组照片出来后轰动一时。

其实，这种方形太阳是因为太阳光发生折射、反射而形成的。由于大气层的厚度、密度不一样，所以光线在通过大气层时会出现折射或者反射等现象，所以我们就会觉得仿佛是太阳改变了形状，形成了方形太阳，其实太阳还是圆形的，只不过是经过大气层折射、反射后，落入人们的眼中就成了方形太阳。

无独有偶，还有人拍摄到了绿色的太阳。1979 年 7 月 20 日傍晚，一艘帆船正在航行，船上的人突然看到西边本来变得通红的太阳发出了耀眼的绿色，绿色光出现的时间很短，几乎是一闪而过，那么绿色的太阳是怎样形成的呢？

所谓绿色的太阳，其实是太阳光被大气层折射、反射形成的。我们知道，太阳光是由红、橙、黄、绿、蓝、靛、紫七种单色组成的，由于大气层的密度不均，就会产生“气体三棱镜”，然后太阳光照射在“三棱镜”上时就会被分解为七种单色，七种单色经过折射或者反射后，有的光线会被挡住，有的光线却会逃逸出来，有时光线经过大气层后便消失了，只有绿光穿过大气层，所以人们便看到了绿色的太阳。

事实上，假太阳是可以出现多个的，而假太阳的形成大多是太阳光和大气层互相作用的结果。

第六章　走进太阳系

太阳系是由太阳、行星及其卫星、小行星、彗星、流星和行星际物质构成的天体系统家族。在这个家族中，离太阳最近的行星是水星，向外依次是金星、地球、火星、木星、土星、天王星和海王星。

· 太阳系是如何形成的 ·

地球上之所以能有生命存在，首要功劳应该属于太阳。

人们对太阳很是关心，也关心和太阳有关的太阳系。太阳系比其他星系更加重要，因此科学家们都热衷于探索太阳系的起源，那么太阳系是如何形成的呢？目前主要有以下几种说法。

大爆炸说：按照大爆炸理论，整个宇宙都是在大爆炸中形成的，爆炸后其碎片速度膨胀，体积逐渐增长了几倍、几百倍，甚至上万倍、上亿倍。在膨胀的过程中，产生了气团，气团又产生了核聚变，恒星便由此形成了。而在恒星逐渐成长的过程中，会因为引力被其他恒星吞噬或者吞噬碎片来壮大自己，太阳就是这样形成的。太阳形成后，周围的碎片还有很多，这些碎片会逐渐膨胀，与其他碎片因为引力而相遇、相撞，有些会以固态的形式保存下来，固态物质会不断地吞噬其他较小的物质，然后不断壮大，成为较大的物质，直到形成行星和卫星的系统。而在这个系统中，其他碎片会在漫长的岁月中逐渐稳定下来，并且在引力的牵制下找到了适合自己的位置，太阳系由此形成。

星云说：根据恒星演化理论，太阳系中的物质都是由一团星云形成的，这团星云大约在46亿年前形成，主要成分是氢分子，经过不断地收缩冷却，星云的中心部位形成了太阳，而星云的外围部分则形成了各颗行星。这个说法是由康德提出来的，康德认为太阳先形成，然后是行星，而法国的拉普拉斯则认为是行星先形成，然后是太阳。虽然他们的说法有差异，但是他们都认可太阳系是由星云形成的。

灾变说：这种说法认为太阳系是由于灾变而形成的。在某次灾变中，有颗恒星或者彗星从太阳附近经过，由于受到太阳引力的吸引，两者相撞，一部分物质在碰撞中被分离出来，而这些物质就形成了后来的行星。这种说法具有取巧性，即先要有太阳那样的恒星存在，然后有恒星或者彗星经过，这是两个必要的条件。按照这个说法，太阳系的形成是偶然的，但是整个宇宙中星系非常多，行星更是数不胜数，不可能都是偶然形成的。另外，如果撞击太阳的星体质量很小，那么它不可能把太阳中的物质碰撞出来，反而会被太阳吞噬。相反，如果是质量比太阳大的星体，那么就更不合理了，根据引力定律，应该是太阳被质量大的星体吸引过去，所以这种说法是不可能的。

俘获说：这种学说的前提是太阳首先存在，然后一些星际物质恰好经过太阳附近，被太阳引力吸引过去，即被太阳俘获，然后这些物质开始做加速运动，就像滚雪球般不断地壮大，最后成为行星。

通过以上几种假说，我们可以看到它们之间存在一个共同点，那就是对太阳系中行星是如何形成的很重视。根据他们的猜测，行星的形成方式大致有五种：第一种，先形成质量很大的原行星，然后演化为行星；第二种，根据德国物理学家魏茨泽克的“旋涡说”，先形成湍涡流的规则排列，然后在次级涡流中形成行星；第三种，先凝聚成大小不一的固体块，即星子，然后由星子进一步凝聚成行星；第四种，先形成环体，然后形成行星；第五种，先形成中介天体，然后再结合成行星。这五种形成方式是根据科学家的猜测提炼出来的，并不是说行星一定是由这五种方式形成的。

就目前来说，“星云说”是较为科学的说法，但这种说法也有很多不足之处。

· 距离太阳最近的水星 ·

水星，也被称为辰星，是太阳系中公转速度最快的行星。

水星也是八大行星中体积最小的行星，虽然小，但是仍比月球大 1/3。在太阳系的行星中，水星拥有最大的轨道离心率和最小的转轴倾角，大约 88 天便能够绕太阳一圈。

在公元前 5 世纪，水星被认为是两颗不同的行星，因为水星经常交替出现在太阳的两侧，因此古代人还给它起了两个名字：当它在傍晚出现时，被称为墨丘利，这也是水星英文名字的由来；在白天出现时，被称为阿波罗，是为纪念太阳神阿波罗的。直到毕达哥拉斯指出这两颗行星是一颗行星时，人们才发现了以往的错误。

水星是太阳系中很独特的行星，之所以说它独特，是因为以下几个方面：

首先，水星是太阳系中最接近太阳的行星，距离为5790万千米，这个距离是太阳到地球距离的0.4倍。到目前为止，还没有发现与太阳更近的行星。按说离太阳这么近，水星应该是非常明亮的，从地球上观察的话，应该很容易被看到，而事实上却不是这样，水星离太阳太近，除非有日食，否则一直被太阳的光芒笼罩着，是很难被发现的。所以，在北半球通常只能在凌晨或者黄昏时看见水星，又或者等太阳直射点转移到赤道以南时，人们才能在黑夜中看到水星。

其次，水星是八大行星中最小的一颗，引力也非常小，但是水星却像地球那样有一个大气层，不过这个大气层相当稀薄，而且在太阳的照耀下，水星大气层被迫转移到背阳的一面，因而导致了水星表面的温差非常大。向阳的一面，由于没有大气调节，温度非常高，可达到430℃；而背阳的一部分，在夜间温度最低为-160℃，昼夜温差接近600℃。昼夜温差如此之大，因而科学家推测水星上不可能有生物存在。

水星的地貌也很独特。表面跟月球很相似，布满了环形山、大峡谷、高山、平原、悬崖峭壁等，其中环形山大约有上千个，跟月球的环形山相似，不过坡度比月球要舒缓一些。水星上最热的地方是卡路里盆地，直径为1300千米，当水星运行到近日点时，太阳直接照射在这里，因而温度非常高。科学家猜测这个盆地很有可能是因为行星撞击产生的。水星的地势起伏很大，造成这种现状的原因是起初水星核心冷却收缩时引起了外壳起皱。由此可以推断，火星表面上比较平坦的地区，都是后来形成的，或者是因为熔岩灌入导致的。

太阳系中，除了地球外，水星是密度最大的行星。水星从表面上看，和月球很相似，然而内部却像地球一样，分为壳、幔、核三层。科学家推测水星的外壳是由硅酸盐构成的，中心有个由铁、镍和硅酸盐等成分组成的内核，所含有的铁的百分率超过目前已知的其他行星。科学家推算，水星中铁含量为2万亿吨，按照地球目前的年产量来计算的话，水星上的铁足够人类开采千亿年。由此可知，科学家提出去其他星体上寻找地球的替代能源是非常有道理的。

按照水星的成分来说，水星的质量应该更重一些，但它并没有那么重，这可能是由于被微星体撞到后失掉了一部分。还有个说法是水星存在的时间可能比太阳还要长久，在太阳爆发能量之前，水星就已经很稳定了，那个时候的水星质量大概是现在的两倍，但是由于原恒星坍缩，温度上升，水分蒸发，形成岩石蒸气，被星系风暴卷走，因而导致质量下降。

由于水星距离太阳很近，受太阳引力影响，其轨道运转速度比其他行星要快许多。据科学家推算，其速度为每秒48千米，人若按照这个速度，只需要15分钟就能围着地球跑一圈。同时，水星的公转速度也是非常快的，绕太阳公转一周只需要约88天，而地球绕太阳公转一周需要365天。

虽然绕太阳公转的时间很短，但是水星的“一天”却十分漫长，和地球做对比的话，地球自转一周就是一昼夜，水星自转三周才是一昼夜。据推算，地球上过去了176天，水星才过去一个昼夜。这倒应了“天上一日，人间一年”的说法，但对于日出而作、日落而息的地球人来说，是很难适应水星上的昼夜变化的。

随着科技的发展，科学家从太阳系中发现的卫星越来越多，然而水星没有自然卫星，唯一靠近过水星的卫星是美国探测器水手10号。水手10号在1974—1975年探索水星时，只拍摄到水星大约57%的表面。

很多人通过望远镜见过“水星凌日”的现象，即当水星运行到太阳和地球之间时，我们就会看到太阳上有个小黑点穿过。这个原理和日食、月食很相似，水星和地球绕太阳运行的轨道不在一个平面上，而是有一个倾角，当水星和地球的轨道在同一平面上，水星、地球、太阳又处在同一条直线上时，就会发生“水星凌日”的现象。只不过水星离太阳太近了，能遮挡的太阳面积很小，因而不能让太阳光减弱，所以人们用肉眼通常是看不到“水星凌日”的，只能借助于望远镜。“水星凌日”可能发生在一年的 5 月 8 日左右或者 11 月 10 日左右，但是由于水星和地球的公转轨道存在一定的夹角，因此这种天象每一百年大概发生 13 次。

水星是太阳系中非常独特的一颗行星，它身上仍然有不少的秘密等待着人们去挖掘、去了解。

· 小型地球——火星 ·

火星的上空飘着淡红色的云彩，整个天空呈橙色，而不是地球上我们看到的蓝天白云。

火星的大气层很稀薄，主要是二氧化碳，如果你想在火星上行走，那么至少需要一个氧气罐。另外，你会看到火星的表面是坑坑洼洼、荒芜原始的，这会让你想起“盘古开天辟地”时的场景，你也会看到上千个大小不一的环形山，以及巨大的峡谷，其中最大的峡谷叫作“水手谷”。峡谷十分陡峭，你甚至能通过痕迹推断出这里曾经发生过陷落或者山崩。

在赤道地区，你可以看到不少干涸的河床，河床宽阔而弯曲，最长的约

1500千米，宽达60千米，你甚至可以看清一些大河的支流，你会觉着这里曾经有水流过，或者是个湖泊，也许这里曾经森林茂密、鸟语花香，珍禽异兽数量很多，也许还会有“火星人”存在。

环绕火星的卫星证实了巨大的陨石坑曾经是一个火山湖。火星车在一个水流的沉积物成扇形的三角洲着陆而发现了它。这个65千米宽的陨石坑，虽然已经彻底干枯了，但是种种迹象表明古老的火星上曾经很湿润。三角洲位于火星南部高地的厄伯斯华德陨石坑，看起来像是一个向右边凸进的半圆。它是在37亿年前一次小行星的猛烈撞击下形成的。陨坑只有右边是完整的，其余的被一个由后来陨石猛烈撞击形成的更大的霍尔登陨坑所掀起的碎屑覆盖。这就是原始的火山湖。

在火星的两极地区，能看到“极冠”，极冠是白色的，因而显得很突兀，夏天的时候，它会收缩变小；等到了冬天，又会扩大。近年来有科学家确认，极冠是由干冰组成的。极冠看起来很像是覆盖在火星南北两极上的冰雪。

火星上还有另一种独特的现象，那就是尘暴。在一年之中，火星至少有四分之一的时间看起来像是一片橘红色的云，这是因为火星土壤中铁含量非常高。火星几乎每年都要刮一次特大风暴，在地球上，我们更熟悉的风暴是台风，台风的风速是每秒60多米，而在火星上则能达到每秒180多米。尘暴会逐渐蔓延开来，致使整个火星狂沙飞舞。科学家经研究发现，之所以产生尘暴，是因为火星运行到近日点时，太阳对火星表面的加热作用较大，导致热空气上升，尘埃扬起；等到太阳加热作用减弱，火星上温差减小后，尘暴就会慢慢地平息下来。

1877年，美国科学家发现火星有两颗卫星。火卫一离火星不到10000千米，运行速度非常快，从火星上来看，它是西升东落的，而且一般每天有两次西升东落的过程。但是由于它距离火星太近，所以无论站在火星的什么位置都无法从地平线上看到它。火卫二离火星稍微远一些，有20000多千米，从火星上看，它是由东升西落的，而且通常五天多的时间才能看到它东升西落一次。这两颗卫星形状都不规则，运行轨道也不稳定，火卫一有不断加速的现象，而火卫二看起来正在慢慢地远离火星。

行星中最让科学家感兴趣的就是火星，因为火星和地球有着很多相似之处，有“小型地球”的称号。虽然火星上昼夜温差较大，空气中二氧化碳浓度太高，缺少足够的氧气，但是科学家已经根据火星的情况提出了“千年改造计划”，即首先对火星加热，使其升温，制造温室效应，改善火星的空气，多种树，建立火星生态系统，增加氧气的含量；其次是建立火星农业、工业等体系，让生活在火星上的人能够自给自足；再次是建造房子等生活基础设施；最后是火星旅游或者火星移民。

目前已经在火星上发现有水的痕迹，等到时机和技术条件成熟时，火星也许会成为人类移民外星的第一选择。

· 火星上有生命吗 ·

一直以来人们被认为火星上可能存在生命。

火星和地球存在着许多相似之处，如都有昼夜之分；自转周期和地球相近；都有四季变化；都有大气层等。多年来，人类总是不断地向火星发射探测器，希望能够在火星上发现生命形态。

自20世纪60年代中期至今，人类对于火星的探索就没有中止过，美国和苏联相继发射宇宙飞船，从飞船传回的照片来看，火星表面坑坑洼洼，很像月球，而且还有许多的环形山。检测火星大气时发现，空气中含有氧、氮、氢、碳等基本元素，这些元素都是生命存在的必要元素。

不久后，美国科学家发现，火星上有两个地方可能存在水分。从“海盗号”着陆器传回的资料来看，这两个地区的水蒸气相比火星其他位置要多十倍，因而科学家断言火星上有地下水，但是没有发现液态水。有科学家根据火星上的大气构成、河床等猜测，火星上有生命存在过，至少有低级的生命形态。

美国于2003年发射了“勇气”号和“机遇”号火星车，2007年发射了“凤凰”着陆器，2011年发射了“好奇”号核动力火星车，这些先进的探测器可以帮助科学家们进一步了解火星。虽然目前还没发现生命存在，但是探测器在火星上发现了冰冻水，而水是生命存在的必要条件，没有水就没有生命。

科学家们发现火星上有许多干涸的河床，这似乎暗示了火星上曾经有过河流，然而现在只剩下了干涸的河床，如果曾经有水存在，那么那些水去哪里了呢？科学家指出，在火星早期，火山频繁爆发，喷出了大量气体，这些气体让火星温暖如春，因而火星上的冰层被融化；但是后来火星上火山爆发的强度越来越弱，次数越来越少，使得火星上变得又干又冷，所以才会河流枯竭只留下河床。但不管怎样，冰冻水的发现让科学家感到很兴奋，这表明火星是很有可能存在或者曾经存在过生命的。

冰冻水的水域面积有近6万平方千米，水深近300米，大约有114个青海湖的水量。据估计，在火星上，不同位置的冰冻水的深度是不相同的，在火星南纬60°的地区，向下挖60厘米才能看到冰冻水，而在南纬75°的地区，只需向下挖30厘米就能看到冰冻水。除了南半球，火星的北半球也有类似的冰冻水。

科学家还在火星上发现了一种叫作“斯蒂文石”的土矿，这说明火星上可能曾有生命存在。这种土矿曾在地球上发现过，只有最早期的微生物才能形成这种土矿，因而科学家猜测，火星上可能存在类似的微生物。将微生物与土矿联系在一起的是澳大利亚科学家鲍勃·布尔纳，在此之前，科学家认为“斯蒂文石”土矿只有在极端条件下才能形成，因而布尔纳的这个发现引发了科学家对火星是否存在生命的一系列疑问。

布尔纳说：“从表面上来看，火星上的‘斯蒂文石’可能是由于极端环境形成的，比如火山爆发等，但是我们在研究中发现，这种黏土矿也是可以由微生物形成的。这个发现，或许能够帮助我们探索火星上是否存在过生命。”

另外，有研究人员发现，在火星上似乎只有一些最简单古老的生物才能存活，这种生物能够利用二氧化碳和氢进行新陈代谢，产生甲烷，因而被称为“产烷生物”。这种生物不需要氧气便能存活，经常生活在比较潮湿的地方。

目前，科学家正在做一个试验，他们选择了两种产烷生物——沃氏甲烷嗜热杆菌和甲酸甲烷杆菌，按照火星上的气温条件进行试验。负责这项试验的丽贝卡·米科尔说：“之所以选择这两种产烷生物，是因为一种是超嗜热菌，能够在高温的环境中生存，另一种是嗜热菌，能够在温暖的环境中生存。火星上的温度变化幅度非常大，如果它们能够通过这项试验，那么至少说明产烷生物是可以在火星生存的。”

如果产烷生物能够在火星生存，那么火星上存在生命的说法将会更加让人信服。

火星上存在水，而水是碳基生命诞生的源泉，因而科学家们总是循着水的痕迹去寻找生命。

· 金星为什么没能成为第二个地球 ·

在古典小说中，可以经常看到太白金星的传奇故事，而太白金星便是现在的金星。

金星是太阳系的八大行星之一，是太阳系中唯一没有磁场的行星。古代人之所以称金星为太白金星，是因为传说中太白金星是位童颜鹤发的老神仙，常常奉玉皇大帝的命令查看人间万事。

金星在夜空中的亮度仅次于月球，排第二，要比除太阳外最亮的恒星天狼星明亮大约 14 倍，即使傍晚望去，它也像一颗钻石那样熠熠生辉。金星之所以这样亮，首先是由于周围有着浓密的大气和云层，可以反射太阳光；其次是除水星外，金星到太阳的距离最近，所以接受的太阳光很多，再加上大气的反射，使得金星看起来非常明亮。在日出前和日落后，金星的亮度才能达到最高。由于在地球上看金星与太阳的视界角度最大为 48°，所以很难整天看到金星。而且金星出现在太阳之前，所以金星的出现就意味着太阳也要出来了，因而被称为“启明星”；当太阳落山后，金星又出现了，因而又被称为“长庚星”。金星出现的位置也有规律，一般是在天空的东侧或西侧。

因为质量与地球相似，所以有人将金星称作是地球的姊妹星。金星与地球确实存在很多相似之处，如金星的半径、体积、质量与地球的相差不大，金星上也存在闪电现象，地形也和地球很相似，如有相当高的山脉，也有平坦的平原。根据探测器传回的照片和数据显示，金星表面上 70%左右的地方是玄武岩平原，高地约占 20%，剩下的都是凹地，坑洼不平。

金星和地球也有许多差异之处，如金星的表面温度非常高，最低温度 465℃，这是因为金星大气中氧气很少，二氧化碳占据了 95%以上。二氧化碳就像是温室大棚上的膜，把金星遮得密不透风，再加上太阳照射，所以金星上的温度越来越高。金星降雨时落下的不是水，而是硫酸，而硫酸是腐蚀性非常强的液体。金星的大气压是地球的 90 倍左右，如果人站在金星上，恐怕瞬间就会被压扁。金星上没有四季变化。从这些方面来说，金星上恐怕很难存在生命，同时也表明金星和地球是截然不同的两颗行星。

金星的自转方向和地球是相反的，和天王星相同——自东向西。在地球上，人们常用“太阳从西边出来”来形容难以做到，或者非常意外的事情，而如果站在金星上，你会发现太阳确实是从西边升起，从东边落下的。金星公转的轨道是个接近圆形的椭圆形，离心率小于 0.01，其周期为 224.65 天，公转速度约为每秒 35 千米。而金星的自转周期是八大行星中最慢的，约 243 天。也就是说，金星的恒星日比一年还要长。要想在金星上看到一次日出和日落，需要地球上的 116.75 天。

从太阳的北极来看太阳系的所有行星，你会发现除了金星外，所有的行星都是以逆时针方向自转的，只有金星是按顺时针方向自转的。自从发现金星以来，金星自转的缓慢以及逆行都令科学家百思不得其解。当金星刚开始形成时，一定和其他行星一样都是逆时针方向自转的，速度一定比现在要快很多。有科学家猜测之所以会这样，很有可能是因为其他小行星与金星相碰造成的。还有另一种说法，就是受金星大气层上的潮汐效应影响，金星的轨道处于地球轨道的内侧，在两颗行星相距最近的时候，潮汐力便会减缓金星的运转速度，慢慢地演变成如今的状况。

科学家们认为，在刚开始时金星是非常像地球的，如果不是因为某些意外情况，金星也许会成为第二个地球，如今金星非但没有成为生命的乐园，反而成了“地狱”，这是为什么呢？因为金星上二氧化碳过于浓郁，产生的“温室效应”使金星表面温度不断上升，如今地球上由于人类砍伐树木，大量燃烧煤炭、石油等，“温室效应”正在加剧，使得地球的温度也在不断上升，是同样的道理。

如果不加以遏制，恐怕地球会成为下一个金星。

· 小行星带是如何形成的 ·

据统计，小行星的总数大约 50 万颗。

1766 年，德国天文学家提丢斯发现了一个数列：（n+4）/10，将 n=0、3、6、12、……代入，就可以测算出行星与太阳的距离。起初这个定则并没有得到人们的注意，直到 1781 年，英国天文学家赫歇耳发现了天王星，通过计算得出天王星与太阳的距离为 19.2 个天文单位，按照提丢斯定则计算得出的结果是 19.6 个天文单位，两者之间的差别不大，提丢斯定则由此被天文界广知。

天文学家利用这个定则计算各个行星的距离，结果相当准确地测出了很多行星的距离，然而在“2.8”处却没有行星，按照法则，这个地方是该有行星的。天文学家百思不得其解，直到 1801 年，皮亚齐在例行的天文观测中，突然间发现了一个新天体，经过计算，它距离太阳大约为 2.77 个天文单位，后将其命名为谷神星。

谷神星的发现，让越来越多的人相信提丢斯定则是正确的，然而不久后，人们又有个新的疑问：经过测算，谷神星的直径并不像火星、水星那样很大，相反它是一颗很小的行星，这是什么原因呢？1802年，德国医生奥伯斯又发现了一颗小行星——智神星，智神星的距离和用提丢斯定则计算出来的基本一致，人们更加相信提丢斯法则。不久后，第三颗“婚神星”、第四颗“灶神星”……相继被发现，到了20世纪90年代，已经发现和登记在册的小行星已有10多万颗。

这些行星绝大多数都位于火星和木星轨道之间，在离太阳2~4个天文单位的区域内活动，这个区域内行星非常多，但由于它们质量都很小，因此这个区域被天文学家称作小行星带。虽然说是行星带，行星数量众多，但并不是我们想象中的跟棋盘一样紧密分布，而是彼此间的距离非常远，基本上处于一种平衡状态，所以小行星彼此很难碰到。由于彼此间距离远，所以太空船能够安全通过而不会发生意外。当然，有的小行星会因为某些原因与其他星体相撞，比如与地球相撞，但是由于会与地球大气层相摩擦，所以真正能够进入地球的非常少。

事实上，我们对于小行星的了解也大多是靠分析这些落在地球地面的碎石，天文学家对这些碎石进行分析后，发现，其成分中最多的是二氧化硅，然后是铁和镍，天文学家把含二氧化硅较多的叫作陨石，含铁量大的叫作陨铁。

目前，天文学家把这些小行星分为三类。靠近木星轨道，在小行星带的边缘部分，有着含碳量丰富的小行星，数量非常多，占总数的四分之三以上，这些行星反射率很低，所以看起来非常暗淡，颜色偏红。这类行星被称为是C—型小行星。距离太阳2.5个天文单位附近的小行星反射率很高，这类行星表面含有硅酸盐和一些金属，但是碳质化合物成分不是很明显。我们知道，原始太阳系的成分是由碳质化合物组成的，也就是说这类行星可能不是在原始太阳系形成时出现的，或者是因为太阳系的溶解机制，而导致其发生了变化。这类行星被称作为S—型小行星，数量仅次于C—型小行星，约占17%。除这两者外，剩下的大多数行星属于M—型小行星，这类行星颜色偏白色或者微红色，天文学家从它们的光谱中发现其含有铁或者镍类的谱线。

目前为止，已经有不少探测器探访过小行星，从传回的照片来看，这些行星表面跟月球一样，崎岖嶙峋、坑坑洼洼，有裂谷、有深坑，大多是由于碰撞而形成的。小行星的质量很小，因此在演化过程中不会像其他大行星一样发生大的变化。也就是说，小行星目前的状态很接近于太阳系刚形成时的形态。这些小行星上记载着很多太阳系刚形成时的信息，研究这些小行星，对研究太阳系起源有着很重要的意义。

目前关于小行星带是如何形成的，说法很多，如有天文学家认为，在太阳系刚形成时，各颗行星都分布有序，火星和木星之间本来应该有颗大行星，但是由于引力等原因，这个区域的物质并不能相互吸引、相互碰撞，而是形成了数量众多的小行星；还有天文学家认为，在小行星带附近原先有颗大行星，但是后来发生了爆炸，爆炸后产生的大量碎片逐渐演化为了小行星；也有人认为，在火星和木星之间存在着8颗左右的谷神星大小的行星，但是这些行星在漫长的岁月中不断地碰撞，然后分裂出的物质形成了一颗颗小行星；还有个“半成品”的说法，太阳系形成初期，由于缺乏某种条件，火星和木星间不能形成大的行星，而是形成了大行星的“半成品”，即小行星。

关于小行星带的起源目前尚未有一个统一的说法。天文学家正在积极地研究其起源之谜。

· 独特的木星 ·

木星为太阳系中从内向外数的第五颗行星，是太阳系中体积最大、自转速度最快的行星。

木星的卫星数量非常多，目前发现的已有 68 颗。木星和太阳系中其他行星不同的是，木星的质量很大，超过了其他七大行星质量的总和。还有一点不同之处，那就是木星不仅能发出红外线，而且还能发出强大的无线电波。

太阳系中其他行星的无线电波很短，属于短波，然而木星不一样，木星发出的无线电波波长有长有短，目前发现短的只有 1 毫米左右，长的有几百米。由此可以看出，木星相比太阳系中的其他行星来说强出很多。

为了研究木星，科学家多次发射宇宙飞船到木星上考察，结果发现：木星上的磁场比较强，表面磁场强度达 3~14 高斯。这是非常强的，要知道地球表面磁场只有 0.3~0.8 高斯，也就是说，木星表面的磁场强度是地球的十倍不止。木星像地球一样是偶极，不过两者的偶极方向正好相反，即地球上的正磁极指的是北极，而在木星上指的则是南极。另外，木星磁层的范围要比地球大很多，磁气圈的分布范围超过地球磁气圈范围的百倍。不过，两者的相同之处也不少，如都有极光现象。

木星的射电波不像脉冲星那样稳定，经常会出现一些变化，如射电爆发，这时波长大约都要以米为单位，这种现象在太阳上也能够经常看到。不过至今科学家还没有弄清木星射电爆发的原因，有些科学家猜测可能是木星内部的磁场发生了变化；有的科学家猜测可能是受卫星运动的影响；有的科学家认为是木星内部积累能量过多，因而转化为射电。当然，这还需要科学家进一步进行研究，才能找到射电爆发的原因之所在。

木星内部很热，接近核心的地方可高达30500℃。众所周知，太阳的温度也是非常高的，然而太阳温度的来源是核燃料燃烧，而木星因为内部温度不足不能够引发核聚变，它的高温主要是由于冷却引起压力降低，从而导致木星收缩，而收缩的过程又会让木星核心被加热。这一点和土星、褐矮星相同。科学家们猜测，木星向外辐射的能量比从太阳吸收的能量还要多。

很多行星都会向外发出红外线或者射电波，这没有什么奇怪的，但是木星却能发出一种太阳系中其他行星没有的X射线，这种射线的特点是波长很短，但是频率很高。X射线在生活中应用很广，如医学成像诊断，但这种射线对人体是有伤害的。

我们都知道，太阳能够发出电子，但让人意外的是木星也能够发出电子，而且发出的电子比太阳发出的要强很多，而太阳系中的其他行星则不能发出电子，这也是木星的“例外”之一。

木星的自转速度非常快，因而导致木星上的大气很不稳定，变化倏忽。通过天文望远镜可以观测到木星表面有许许多多不同的风暴，其中靠近赤道地区有个“大红斑”，大红斑可以说是科学家们最为熟识的，这是一种逆时针方向旋转的风暴，存在时间最久，也最为显著。目前对于“大红斑”为什么是红色，是如何产生的，为何能够存在这么久等问题，还没有明确的说法。从宇宙飞船传回的照片来看，“大红斑”更像是一个巨大的旋涡，因此科学家们推断：“大红斑”是盘旋在木星上空的强大旋风，或者是下沉的气流。“大红斑”有3个地球大，外围的云系会围着大红斑转动，甚至会出现两个斑融合的情况。

当然，并不是所有的红斑都像大红斑那样能够长久存在，一般的红斑也就持续几个月或者几年时间，这些斑在北半球做顺时针方向旋转，在南半球做逆时针方向旋转。

木星和太阳系中的其他行星有许多不同之处，这让它成为太阳系中的一个特殊的存在。

· 太阳系中最美的行星——土星 ·

2014 年 5 月中旬，天空中出现了“土星冲日”的景象。

“土星冲日”是指土星刚好位于太阳的对面，从地球的角度来看，地球处于土星和太阳之间，三者在一条直线上。因此，太阳升起的时候土星刚刚落下，而太阳落下的时候土星就会升起来。如果夜晚人们细观察的话，就会很容易看到，冲日前后，土星离地球最近，所以土星看起来比平时更加明亮、更加大。

虽然冲日时土星看起来离地球很近，但实际上二者距离很远，即使是最近的时候土星离地球也有 13 亿千米，所以我们看到的土星不过是个乒乓球大小的星体。如果土星再靠近地球一点，会发生什么呢？如果像火星那样靠近地球，或者是让它从地球和月球之间穿梭而过，会发生什么情况呢？

土星是颗非常巨大的行星，有九个地球那般大，如果土星突然向地球奔来，它的引力和潮汐力会将地球扯碎。地球会碎成亿万吨的碎片，然后受到引力影响，这些碎片会随之抛向四面八方，而土星则会继续向前奔走，地球是不足以拦住它的脚步的。好在这只是一种假想，土星是不可能靠地球这么近的。

太阳系的八大行星中，土星是非常独特的，因为土星带有明显的光环，从望远镜望去，土星就像是一顶草帽，周围有一圈很宽的“帽檐”，这就是土星光环，土星光环让土星成为太阳系中最美丽的行星，让人们不得不赞叹大宇宙的多姿多彩。

1973 年 4 月，“先驱者”11 号开始了它漫长的宇宙旅程，并在 1979 年开始飞临土星，成为第一个接近土星的人造探测器。这次收获颇丰，发现土星上有极光现象，有两道新光环，还发现了其磁场范围比地球的磁场范围要大。

不久后，美国又向土星发射了“旅行者”1 号、“旅行者”2 号飞船，根据二者发回的照片，科学家发现了一个奇怪的现象：在土星的北极上空有个六角形的云团，这个云团以北极点为中心，然后旋转，这个云团是什么呢？科学家们对这个现象很感兴趣，做了大量的研究。美国科学家戈弗雷认为六角云团是由快速运动的云团构成的，虽然处于运动状态，但是很稳定；同样是美国科学家的阿林森认为六角云团是罗斯贝波。也就是说，六角云团至少被一个椭圆形的涡旋所带动，但为什么是六角形，而不是五角形、四角形？科学家们至今还不能提供一个合理的解释。

但科学家对土星的探索并没有终止，不久后，又发射了“卡西尼”号太空探测器，这艘探测器在费时 6 年多、飞过 35 亿千米后，在 2004 年 7 月 1 日顺利进入环绕土星转动的轨道，从此开始对土星长达四年的科学考察。此探测器不仅考察了土星周围的几颗卫星，还拍摄了土星的光环、磁层和粒子，并观测到土星的极光现象，传回了大量珍贵的照片。

经过多年探索，科学家们对土星的认识逐渐清晰起来。土星是太阳系中第二大行星，绕太阳公转一周约29年。土星被一条美丽的光环围着，周围有数量众多的卫星，目前已知的有60多颗。土星虽然质量很大，但是密度非常小，如果把土星放在水中，它甚至会浮在水面上。由于土星光环的平面与土星轨道面不重合，所以从地球上看，能看到土星光环的面积是有变化的，它的亮度也是有变化的，当我们看到土星光环的面积比较大时，它会明显地更亮一些。

地球上的极光现象是由于带电粒子沿着地球磁场进入大气层后形成的，土星上的极光现象是由“太阳风”形成的，即带电粒子与土星大气层的分子发生反应。通过传回的图像，科学家观测到土星两极发生的极光有所不同，北极光光线更明亮些，但是明亮部分的面积相比南极要小。

土星的卫星数量非常多，备受科学家重视的卫星是土卫六。土卫六是人们发现的第一颗土星卫星，长期以来一直被认为是太阳系卫星中体积最大的，被称为“卫星之王”，但不久后科学家发现有比土卫六更大的卫星，那就是木卫三，不过人们仍对土卫六有着浓厚的兴趣。土卫六是唯一拥有大气的卫星，大气成分主要是氮，约占98%，甲烷约占1%，还有其他混合气体等。土卫六的温度很低，在-200℃左右，低温让氮气转化为了液态。科学家还在土卫六中发现了氢氯酸分子，对此有科学家说：“早期的地球上可能也曾发生过类似的过程。但在土卫六上发生的是生命前化学过程，因为那里的温度远低于水的冰点，大概是不会有生命的。”

自从发现土星以来，人们一直都在不断地进行探索，但关于土星的未解之谜却似乎越来越多，其实这并不奇怪，就像是学习一样，知识越渊博，越觉着自己知道的太少了。因此这恰恰表明，人们对于土星的了解更深了。

人的天职是勇于探索。—— 哥白尼

· 躺着的天王星 ·

天王星因为暗淡所以难以被发现，被发现后，又因其绕太阳转动很慢，因而被当作恒星。

在天王星被当作行星之前，已经有不少人观测到它，如1690年约翰·佛兰斯蒂德至少观测到了六次，然而他在星表中将它列为金牛座34。

1774年，赫歇耳成功安装了一架口径15厘米、焦距2.1米，能够放大40多倍的望远镜，通过这架望远镜，赫歇耳第一次看到了猎户座大星云。1781年3月13日，赫歇耳跟平常一样开始观察天体，当他观测到双子座时，发现了一个以往不曾见过的淡绿色的天体。

赫歇耳很吃惊，因为在星图上找不到这颗星。于是他开始用倍率更大的望远镜观测，发现这并不是一颗恒星。为了确认这个发现，赫歇耳连续几晚认真观测，后来他发现这个天体在慢慢地移动着。赫歇耳起初认为这是一颗彗星，但彗星在近日点时，彗尾会变得很长，而且边界很模糊，而这颗“彗星”却没有这样的特征，相反边界特别清晰，它的运行轨道看上去像是圆形，距离太阳比土星要远一倍。赫歇耳认为这不是一颗彗星，而是一颗行星。

天王星的发现轰动了世界，赫歇耳也因此一举成名，被英国皇家学会授予“柯普莱”勋章。

天王星有个很显著的特征，那就是它的运行姿态很特别，别的行星大都是侧着身子围绕太阳运转，会有一定的倾斜度，如地球的倾斜度为23.5°、火星的倾斜度是24°。行星的自转轴和公转平面都有交角，天王星的倾斜度几乎达到了 98°，可以说天王星几乎是倒在轨道平面上，就像是躺着那样。于是有人称呼天王星为“一个颠倒的行星世界”。

倾斜度如此大，导致天王星的四季变化和昼夜交替都跟其他行星有所不同。天王星的公转周期约为 84 年，在公转过程中，太阳会轮流照耀天王星的北极、赤道、南极，当太阳照耀北极时，天王星的北半球便处在夏季；当照耀南极时，天王星的南半球便处在夏季。天王星的夏季和地球上的不同，夏季时，在天王星上很难看到太阳会落下，因此处在夏季的半球没有夜，而天王星的另一半则处在无尽的黑暗、寒冷中，一直延续几十年。之所以会这样，是因为天王星几乎是“躺着的”，导致其受热不均。科学家推算，天王星上的每一昼、每一夜都要持续约 42 年才能换一次。对地球来说，这是不可想象的。

从外面看起来，天王星就像个淡绿色的巨球，这是因为天王星的大气主要成分是氢、氦，以及大量的甲烷。甲烷吸收红光后，会变成淡绿色。天王星是有光环的，看起来窄小而黑暗，其组成部分是岩石块和小固体。天王星目前已知的有 13 层光环，但是都非常暗淡，很难被发现。

由于天王星光线很弱，所以使用一般望远镜很难有好的观测结果。1986 年，美国的“旅行者”2 号探测器探访天王星时，发现了 10 颗新的卫星，而在这之前，人们只知道天王星有 5 颗卫星，这样一来，天王星的卫星就增加到了 15 颗。“旅行者”2 号的“天王星之旅”，收获很多，其中一项是对天王星卫星的密度进行了测定。结果显示，卫星的密度比天王星要稍微大一些，这个结果否定了科学家对天王星倾斜之谜的解释，即其倾斜度是由于天体和天王星碰撞而成的，其中的碎片就形成了卫星。按照这个说法，卫星的密度应该比现在的要大很多。

天王星上还隐藏着众多的秘密，等着我们去挖掘

· 遥远的海王星 ·

1612 年 12 月，伽利略首次观测并描绘出了海王星。

但是伽利略把海王星误认为是恒星，他在书中将海王星描绘成一个不起眼、黑暗的天体，从那以后，他多次观测海王星，记录下海王星相对于其他星体的运动轨迹。而海王星是不断运动的，结果有一天，当他用望远镜去观测海王星时，却发现找不到海王星的影子了，从此丢失了海王星这个目标。

海王星在 1846 年 9 月 23 日被发现，是唯一利用数学预测而非有计划的观测发现的行星。英国科学家亚当斯和法国科学家勒威耶利用天王星轨道的摄动推测出海王星的存在，虽然二人知道海王星可能存在的位置，但苦于没有相应的设备去观测。后来勒威耶说服了柏林天文学家伽勒去搜寻行星，并在 1846 年 9 月 23 日晚上发现了这颗蓝色的星球。海王星的位置与亚当斯的预测的位置差 10°，但和勒威耶预测的位置相差不到 1°。海王星的发现引起了轩然大波，尤其是英法两国为了谁发现海王星而争论不休，最后在舆论的压力下，只好宣布海王星是亚当斯和勒威耶共同发现的。

海王星发现之后，由于没有名字，国际上对于它的称呼很多，因而显得很乱，于是天文学家开始为海王星取名字。当时备选的名字有很多，亚当斯认为应该叫乔治，勒威耶认为应该叫海王星。最终，天文学家决定以“海王星”为名，海王星的英文名是 Neptune，海神的意思，翻译成中文就是海王星。

虽然海王星在 1846 年就被发现了，但是直到 1989 年，人们才第一次看清了海王星。1989 年 8 月 25 日，美国“旅行者”2 号探测器从距离海王星

4800多千米的地方飞过，海王星的神秘面纱由此揭开。“旅行者”2号总共拍摄了6000多张海王星照片，从照片中，科学家首次发现其有5条光环，3条较为幽暗、模糊，其余2条很明亮、清晰。科学家还发现了海王星的6颗新卫星，这样，海王星的卫星总数增加到8颗。目前已知海王星有14颗天然卫星。

科学家们在海王星的南极地区发现了一个巨大的风暴区，直径约有1.28万千米，看起来有地球那般大，就像是在海王星上放了一块巨大的黑布，科学家称之为大黑斑。这种风暴究竟是怎样形成的，科学家们并没有给出确切的答案，他们也只是猜测。如有人认为是由太阳风引起的，也有人认为是由于海王星内部的高压和高温形成的。因为大黑斑的存在，海王星上有太阳系中最猛烈的风，时速高达1600千米。同时“旅行者”2号还发现海王星是存在磁场的，并且也有极光现象。

科学家还发现海王星的大气层很不稳定，有着大面积的气旋，大气主要成分是氢气，其次是氦气和甲烷。由于大气中有甲烷，所以海王星看起来呈现蓝色，但科学家认为这只是使海王星呈现蓝色的部分原因。因为天王星大气成分中甲烷的占有量和海王星相差无几，但是天王星并没有像海王星这样蓝，因此科学家认为海王星之所以这么蓝，应该还有别的原因。

在地球上观测海王星会发现它是有光环的，是一条相当模糊的圆弧，“旅行者”2号拍摄到了海王星的光环，光环有各种各样的结构，如螺旋状结构等，但是照片也只能显示光环的外部特征，人们仍然无法知道光环的内部结构。

海卫一是海王星最大的卫星，它有一个逆行的轨道。海卫一的温度为-240℃左右，是目前已知太阳系中最冷的天体。海卫一的地形也很复杂，有火山、有坑洼地，有平原、有环形山等，其中有种“哈密瓜皮地形”最为奇特。这是由于地形看起来很像是哈密瓜的瓜皮，因而得名。这种地形目前只在海卫一上发现过，科学家猜测这种地形形成的原因可能是由于火山等掩盖造成的；有的科学家猜测可能是由于撞击造成的，但是在“哈密瓜皮地形”中又发现了很多洼地，这些洼地的形状都非常规则，不可能是由于撞击造成的，很有可能是因为固氮升华后又凝固造成的。

海卫一上也有一层大气，主要成分是氮，其次是甲烷。另外，科学家还发现海卫一上有磁场，而其他卫星上都没有发现磁场的存在，基于以上种种现象，有科学家认为海卫一是行星，而不是卫星。但是这样一来，就得找出相应的理由去解释，但科学家还没有找出这样的理由。因此，海卫一究竟是行星还是卫星，仍然有待证明。

海王星是远日行星之一，是太阳系八大行星中离太阳最远的，因而海王星的亮度很低，只有通过天文望远镜才能看到。海王星的赤道半径约为 24 750 千米，大约是地球赤道半径的 4 倍，质量和体积都远远大于地球。

海王星上还存在着许多奥秘无法解开，要是人类能够近距离地观察甚至登上海王星，这些奥秘也许就能解开。

· 被开除的冥王星 ·

冥王星的发现纯属巧合。一个后来被发现错误的计算“断言”：基于天王星和海王星的运行研究，在海王星后面还会有一颗行星。1930 年，美国亚利桑那州的洛威尔天文台的克莱德·威尔·汤博，因不知道这个计算是错误的，他根据这个计算对太阳系进行了一次仔细的观察，于 1930 年 2 月 18 日，发现了冥王星。

冥王星的发现，吸引了人们的注意，很快它就被当作太阳系的第九大行星。因为这些年来，人们一直在不断地寻找太阳系里的其他大行星，所以冥王星的出现，满足了人们的幻想，在教科书中人们把冥王星视为第九大行星，然而人们很快便发现了冥王星与其他大行星的差异之处。

其实，当初之所以把冥王星列为大行星，是因为错估了冥王星的质量，当时以为它比地球质量还大，但是经过多年的观测，人们发现冥王星的直径只有约2300千米，比月球直径还要小，质量只有月球的三分之一。其实，自从发现冥王星以来，人们对它的质疑就没有中断过。

1999年，国际天文学联合大会召开，对冥王星是否属于行星进行投票，这次投票差点使“冥王星”失去了行星的“宝座”。当时之所以会有这样的结果，是因为冥王星和其他行星差异太大：首先，冥王星的体积很小，质量很小；其次，其运行轨道过于椭圆；最后，冥王星的轨道倾角很大，达到了17°，而其他行星一般也就在1°~2°之间，即使轨道倾角最大的水星也不过是7°。因此，很多天文学家觉得不能把冥王星称作行星。

2006年8月24日，国际天文学联合大会召开，这次大会有个主要任务就是通过行星的新定义。大会上的争论非常热闹，提案也几易其稿，最终通过了行星的新定义。按照这个定义，要满足三个条件才能被称作行星：首先是必须围绕着恒星做运动；其次是质量要大，自身的吸引力要和自转速度平衡，本身近于球状；最后，其运行时不受轨道外围的物体影响。一般来说，行星的质量必须在50亿亿吨以上。按照这样的划分标准，太阳系中的行星就只有金星、木星、水星、火星、土星、天王星、海王星，以及我们所处的地球，总共八颗，而冥王星由于质量不足，被开除出行星之列，划入了“矮行星”。和冥王星一样被开除的行星还有谷神星和齐娜，冥王星、谷神星和齐娜之类的星体，天文学家称为“矮行星”。

要成为一颗矮行星，需满足五个条件：第一，要是个天体；第二，要围绕着太阳运转；第三，本身要接近于球状；第四，不能够像行星那样清除轨道周围的物质；第五，不是卫星。按照这五个条件，目前太阳系中符合的只有谷神星、齐娜、冥王星、鸟神星和妊神星。

在太阳系中围绕太阳运转，但是不符合行星和矮行星条件的天体，被称作太阳系小天体，其中包括星云、彗星和其他小天体。

目前为止，还没有探测器探访过冥王星，因为冥王星距离地球太远，甚至使用哈勃望远镜也只能看到冥王星的大致容貌。通过哈勃望远镜观测，人们可以看到冥王星的两极也有冰冠，这里有 12 个黑白反差很大的区域，按照科学家的推断，其中白的部分是甲烷形成的冰区，暗的地方则是氮气形成的冰区。同时还观测到海王星也有大气层，不过很薄，其成分主要是甲烷、氮。天文学家还根据冥王星的表面现状推算，冥王星的温度是非常低的，达到-200℃，在-40℃的地方，呵出的气体很快就会凝结成霜，在-200℃的地方，恐怕真的会出现“泼水成冰”的现象。由此可知，冥王星是个严寒彻骨的星体。

冥王星目前已知有 5 颗卫星，冥卫一是在 1978 年偶然被发现的，当时它在向着太阳系内运行时，在轨道的边缘被发现。冥卫一和冥王星的关系很特别，之所以说特别，是因为它们的自转是同步的，保持着同一面相对。对于冥卫一的起源，有人认为是像月球那样由撞击形成的。冥卫一出现以后，其他卫星也相继被发现，最晚被发现的是冥卫五，这颗卫星是在 2012 年被发现的，在 2013 年的国际天文学联合大会上被命名为冥河。

由于冥王星质量小、位置远，所以冥王星虽然被发现了很多年，但人们对它的了解仍然是有限的。20 世纪七八十年代，人们掀起了前所未有的探测热潮，当时冥王星还被认为是行星，但是没有探测器去探访过冥王星，而其他八大行星都被星际探测器探测过，因而可以说冥王星是秘密最多的“行星”。

美国在 2005 年已经发射了“新地平线”号探测器，估计在 2015 年 7 月可以到达冥王星，相信到那时会给我们带来更多关于冥王星的信息。

第七章　永恒的“地月恋”

地球与月球构成了一个天体系统，称为地月系。在地月系中，地球是中心天体，因此一般把地月系的运动描述为月球对地球的绕转运动。然而，地月系的实际运动是地球与月球对于它们的公共质心的绕转运动。

· 神秘的地球内部 ·

古代人认为地球的内部是十八层地狱和阴曹地府，当然，这是不可能的。那么地球内部究竟有什么秘密呢？

有些科学家相信，在地球内部存在着一个与地球人生活相隔绝的地下城镇，这个城镇中生活着许多外星人，这些外星人长相很吓人，但不可否认的是，他们比人类更加高级。这些外星人在人类还没有出现在地球上时，便在地球内部定居了，他们有着先进的机器，能够在地球内部自由穿梭，他们的城镇和地球表面上的城镇一样多，然而，不同的是那里的城镇建设得更豪华、更壮观，到处可以见到各种飞行器。这个说法是由美国科学家理查德·沙弗提出来的。后来有科学家进一步指出，这些外星人也许是居住在第四度空间，当地球磁场发生变化时，空间之门便可能打开。

报纸上曾经登出过这样一则新闻：1963年，两名美国煤矿工人在挖煤时，突然发现了一条通往地下的隧道，两人很好奇，于是沿着隧道一直走，隧道的尽头是一扇大理石门，推开门之后，是一道大理石楼梯，然而两人因为害怕，所以不敢继续走下去。英国也发生了类似的事情，煤矿工人在挖隧道时，突然从底下传来声响，工人们发现一个通向地下井的楼梯，沿着楼梯越往下走，声音越响，工人们很害怕，于是逃离了隧道，等他们再次回来时，通往地下井的楼梯却消失了。

这样的故事有很多，虽描绘得有声有色，但可信度不是很高。著名的科幻作家凡尔纳在他的小说《地心游记》中，讲述了一个教授和他的侄儿进入地球内部的所见所闻。当然，这个故事是虚构的。然而要想了解地球内部的秘密，最好的办法还是到地球内部去看一看，但这种想法是不现实的，因为目前人类的技术大概只能间接接触到地下15千米，而地球的半径是6378千米，这就像是橘子的外层皮对于橘子一样，无法深入其中。所以，时至今日，人们还无法知道地球内部的真实情况，但是地球是不断地活动的，人们可以通过火山运动或者地震来了解地球的内部情况。

火山爆发是地壳运动的一种表现形式，是地球内部热能向外喷发的途径之一，在爆发的过程中，岩浆等喷出物会在短时间内通过火山口向外喷出，等火山爆发结束，岩浆冷却之后，人们便可以研究岩浆的成分、组成、构造等，这样能够帮助人们了解地球内部的秘密，不过岩浆也不过是来自于几十千米或者几百千米的地球内部，所以要了解地球更深处的秘密要靠地震。

地震是由于地壳快速释放能量产生的，不论是天然的地震还是人为的地震都会产生地震波。之所以出现地震，是因为板块与板块之间相互挤压碰撞而造成了动荡。据说，地球上每年要发生几百万次地震，平均下来每天要发生上万次。当然，其中大多数地震是人们感受不到的，真正能造成危害的地震次数很少。地震发生时会产生地震波，地震波可以在地球内部进行传播，地震波传播的速度与地震波通过地区的物质性质有关，如通过固态物质时，传播速度就会减慢。

物质在地球内部并不是杂乱无章的，而是分成一个个层次，这些层次也被称作地球内部圈层。科学家把地球内部分为地壳、地幔、地核。当然，这些层次只是科学家们根据地震波以及温度进行猜测的，虽然没有真正见识过，但这种说法还是相当可靠的。

地球表面的温度大概都是靠太阳来提供的，如果没有太阳，地球恐怕会陷入黑暗和寒冷中，不过这只是指地球表面的温度变化，地球内部的温度好像与太阳没有太大的关系。地球内部的温度很高，而且越深，温度越高，通过观测，深度每往下增加 100 米，地温就会增加 3℃。到了 6378 千米的核心地区，温度要达到几千摄氏度。地壳虽然平均厚度有 35 千米，但是其温度并不是很高，相反，地壳就像是热绝缘体，隔断了地球内部的高温，所以地球表面的温度才不会很高。地壳中含有的氧和硅比较多，氧占整个地壳质量的 1/2 左右，硅大约占了 1/4。

一般认为，地核部分的上半部分是液态的，而下半部分是固态的，这是因为下半部分处于核心部位，所承受的压力达 300 万个大气压以上，在这么高的气压的压迫下，下半部分只能是固态的。地核部分的主要成分是铁、镍，所以也有人把地核称为“铁镍核心”。地幔部分是地球内部的主要组成部分，这个区域内含有的铁和镁比较多。

地球内部究竟是怎样的？里面有没有外星人？对此，目前谁也无法得知，因为人们还没有能力去地球内部看一看。

也许有一天，人们能够制造出可在地球内部穿梭的机器，到那时，人们就可以去地球内部旅行了，看看地球内部是不是像凡尔纳在小说中写的那样。

· 地球形成之谜 ·

地球的年龄已有46亿岁，然而这颗星球是怎样形成的呢？

关于地球的形成，人们起初以为是由“神”创造的，但这种说法很快遭到了人们的质疑。后来，有科学家认为，地球是由于彗星碰撞形成的，按照大爆炸理论，大爆炸后会有许多物质不断旋转，因为受到引力的作用而相互碰撞，起初的地球就是这样混沌的物质，然后经过上亿年的演化，初步具备了地球的形态。

18世纪，德国科学家康德通过观测和推断，提出了地球是由星云组成的，即“星云假说”。在没有太阳系之前，到处都是由气体组成的星云，由于温度过高和引力作用，一些星云逐渐碰撞，最终融为一体。大概在46亿年前，温度逐渐降低，气体随之收缩，然后星云就开始运转起来，根据牛顿的重力学理论，气体围绕着中心周转，星云就会逐渐变成圆盘状。在不断地收缩过程中，由于周围物质的离心力大于中心的吸引力，这时，周围物质就不会再向中心处收缩，反而会脱离，形成一个独立的天体，就这样，天体一个一个地出现，而原先的中心不断收缩，于是就形成了太阳，而脱离太阳的天体中就有一颗是地球。

地球刚形成时并不稳定，火山、地震等频发，逐渐形成了高山、深谷、悬崖、丘陵等地形，地球的面貌初步形成。火山爆发、地震等地壳地运动释放出了大量的二氧化碳、水蒸气等，气体上升后在地球外部形成大气层，水蒸气在大气层遭遇冷气流后就会形成降雨，落在地球上，便形成了原始的海洋。水是生命之源，会产生有机物，地球就这样成为一个适合人类居住的家园。

还有一种说法是“银河系大爆炸说”。按照科学家的推算，大约在66亿年前，银河系曾经发生过一次大爆炸，爆炸分离出来的物质在宇宙中到处飘荡，然后经过漫长的时间，这些物质逐渐冷却、凝固、聚合。科学家还推算出在50亿年前，一团庞大的气体与星云按逆时针方向旋转、收缩——这也是太阳系的初步形态——在旋转的过程中，质量较轻的物质就会被甩出去，就像我们使用洗衣机脱水时，当洗衣机运转起来后，衣服上的水就会飞出去，重的物质就会留下来，形成各种天体，而地球就是其中的一个。

关于地球的形成，还有很多种说法，如认为太阳系中本来有两颗恒星，只是一颗恒星后来不知怎的演变为各个行星，其中就包括地球。这其中最让人信服的仍是“星云假说”。但是“星云假说”也存在很多难以解释的地方，如卫星逆行现象。

原始地球形成后，形成地球的物质都带有很高的运动能量，而根据能量守恒定律可知，运动能量会转变为热能，热能让地球的温度空前升高，当时地球的大部分地区的温度都超过了铁的熔点，高温使得地球中的各种金属熔化，因为密度比较大，所以向地球的中心部位流动，形成了地核。同时由于各物质的熔点不同、密度不同，导致分层，即中心部位是地核，外面是由较的轻物质组成的陆核，陆核不断增生，就成了地壳。连接地核和地壳的是地幔。这样一来，地球内部构造就算形成了，即地核、地幔、地壳。由于地球内部处于热学和力学的不平衡状态，导致地球上不断产生火山爆发等现象，然后海洋和大气圈也形成了。

有科学家认为地球的板块起初并不是现在这样，很有可能是连在一起的，因为地壳运动，便分为几块，然后漂移形成现在的样子。如美洲、非洲和格陵兰岛原是连在一起的，大约在2亿年前开始分裂，向外扩张、漂移，在板块大地构造学说中，这种过程叫作“离散”；印度板块是在0.6亿年前左右才漂移到欧亚板块的，这种过程叫作“汇聚”。正是由于板块运动才形成了如今的地球。

另外，不少科学家发现了宇宙中有不少星体互相碰撞的现象，如1887年，有颗彗星在靠近近日点时，由于受太阳引力的影响，彗头被太阳所吞噬。也就是说，地球是由“彗星碰撞”形成的说法极有可能是正确的。当然，其他各种说法也有一定的可能性。

如今，对于地球是如何形成的仍然没有明确的结论，但是随着科技的发展，我们对宇宙、对地球的认识正在逐渐加深。

未来我们可能还会提出关于地球形成的新的说法，但总有一天，科学家会揭开这个谜底。

· 地球生命是如何产生的 ·

古人认为地球上的人类是神创造的。这是地球生命起源的第一种说法。

神创世纪的说法在古代流传过一段时间，但是我们知道这种说法是不正确的，这只是一种神话传说，并没有真凭实据，何况据科学家考察，人类的原始祖先是森林古猿。

第二种说法是宇生学说。这个学说有两个要点：第一是认为地球上的生物可能来自于星外天体，如火星等；第二是星外天体有形成新生命的可能。但直到今天，科学家们并没有在其他天体上发现有生命存在，虽然有些证据能够证明有些天体上曾经存在生命，但是都没有得到确认。并且这个说法会引起新的疑问，即“宇宙中的生命是如何形成的”，而这种说法是无法解释这个问题的。

第三种说法是热泉生态系统说。20 世纪 70 年代末，有科学家在考察中发现了几处深海热泉，热泉中生活着许多生物。如今，科学家已发现了数十个这样的热泉。科学家之所以猜测生命起源于热泉生态系统，是因为如今所发现的一些古老细菌大都是生活在与热泉类似的环境中，即高温、缺氧、偏酸的环境中。另外，科学家在热泉周围发现了一些硫化物，这和原始地球的环境很相似，所以有科学家认为热泉生态系统可能是孕育生命的理想场所。

第四种说法是自然发生说。即认为生命是自然发生的，是可以从非生物的环境中发生出来的，如腐草化萤。为了证明这种说法，有人进行了一系列实验，如往罐子里放一些食物，置于阴暗处，不久后，他打开罐子一看，竟然有蚂蚁出现了。

但在 19 世纪，法国微生物学家巴斯德做了一项“肉汤实验”，将肉汤放在烧瓶中加热，然后将其冷却，如果烧瓶口打开，那么肉汤中很快就会有微生物出现；如果一开始就封闭烧瓶口，肉汤中就没有微生物出现。这个实验表明，微生物是来自于空气，而不是自然发生的。这个实验否定了“自然发生”的理论。

第五种说法是化学起源说。原始地球刚形成时，大气中并没有氧气，而是充满着像 H_2、CH_4 之类的还原性大气，另外有科学家推测，能在地球大气层中产生作用的能源主要有紫外线、宇宙射线以及雷电等，而紫外线和宇宙射线中的可做有机合成的能源很少，倒是雷电每年都会发生很多次。基于以上考虑，美国科学家米勒在实验中模拟了原始地球还原性大气，然后制造雷电，并观测能否合成有机物。

首先，米勒将烧瓶中的空气抽出，往里加入了CH_4、NH_3和H_2等还原性大气；然后往烧瓶中注入了约500毫升的水，代表着原始海洋；最后给烧瓶加热，使水蒸气和还原性大气在管中循环，同时通过两个电极放电产生火花，模拟原始天空中的闪电。经过一周的实验，米勒在检查实验结果时发现，烧瓶里面还有很多不同的有机化合物，如氨基酸、氯氢酸。这个实验表明，在原始地球的环境中生命是可以出现的。

氨基酸、氯氢酸等有机物出现后，经过长期积累，在一定的条件下就会转化为原始的蛋白质分子和核酸分子。科学家将蛋白质、核酸等放在合适的溶液中，它们就会自动浓缩聚集为球状小滴，这种小滴被称为团聚体。科学家认为团聚体是可以表现出一些生命现象的，如分解、生长。另外，还有科学家提出微球体和脂球体等说法。

但是科学家也对米勒的实验提出了质疑：首先，米勒实验中的闪电是连续的，但是原始地球不一定能够提供这个条件；其次，目前已经证明氨基酸是可以在宇宙中存在的，有科学家认为氨基酸是由于彗星等撞击地球时带来的。

目前来说，化学起源说最令人信服，是被科学家普遍接受的生命起源假说，但是它也不是完美无缺的，仍存在很多疑团。

· 人类起源之谜 ·

物竞天择，适者生存。

1831年，一位年轻的学者跟随海军“贝格尔”号战舰进行环球航行，这位学者在战舰航行的过程中，每到一地，都要去考察一下当地的环境、动植物等，并把它们记录下来，等到五年后回国，这位学者对其资料进行总结，并且进行了大量的试验，总结出物种的形成是自然选择的结果。也就是说，能够适应自然环境的，就生存了下来；不能适应自然环境的，就被淘汰了——物竞天择，适者生存。这是学者提出生物进化理论的基础，在他所著的《物种起源》中指出了人类起源于古猿。

这个说法在当时引起了轩然大波，学者也因此而广为人知，这位学者的名字叫达尔文。经过激烈的争论后，人类起源于古猿的说法也逐渐被人们所接受。后来，生物学家通过对古化石的研究验证了达尔文的说法，他们认为人类是由古猿在漫长的岁月中一步步演化过来的，根据研究，人们推测地球生物的进化模式是无脊椎动物—脊椎动物—哺乳动物—灵长类动物—猿猴类动物—人类。后来马克思进一步补充说明，在古猿演化为人类的过程中，劳动所起的作用是非常大的。现在地球上的猿猴类动物仍然不少，它们之所以没能进化成人，就是因为缺少劳动。

现在普遍认为，人类是由古猿中的一支演化过来的，从古猿进化成人要经过四个阶段。

第一是猿人阶段。此阶段大概处于原始石器时代，猿人会制作一些简单的石器，平时靠打猎为生。如我国发现的北京猿人、元谋人都是在这个时期出现的。猿人由于长时间的劳动，已经开始摆脱猿类的一些特征，而出现了人的特征，随着劳作，猿人制作的石器越来越丰富。当猿人明白火的作用，知道如何使用火、保存火时，就可以说猿人进化成人了。

第二是早期智人阶段。这个时候的人被称作古人，大约生活在距今 20 万年至 5 万年之前。古人已经懂得简单地思考，懂得如何生火，懂得制作各种石器，懂得开始穿衣。

第三个阶段开始于 5 万年前，这时候的人类和现代人已基本上没有什么区别了，懂得进行绘画、雕刻，进行简单的装饰。

第四个阶段就是成为现代人，并且还会一直进化下去。

为了寻找人类的起源，科学家、古生物学家、哲学家等都做出了很大的贡献，找到了大量的资料，完善了进化体系，使得生物进化论成为当今世界最主流的思想之一。但是也有一些科学家怀疑达尔文的进化论，认为达尔文的进化论仍然解决不了一些难题，如人类的智力问题、种族问题。所以说，进化论从提出以来就一直处于争论中，按照进化论的观点，所有的生物都是经过自然选择、进化而来的，但是最初的生命又是如何开始的呢？后来人们又找到很多证据来反对进化论，如基因、化石、自然环境等。

既然达尔文的理论存在这么多的漏洞，那么人类的起源究竟是什么呢？以下是几种不同的人类起源学说。

海洋生物说：有些生物学家在考察海洋生物时发现，其特征跟人类有些相似，因而提出人类起源于海洋生物的说法。

“大四季”理论：我们知道，地球是围绕太阳旋转的，而且会出现四季变化，于是有科学家想到，如果太阳系围绕银河系旋转，也会出现四季变化，即大四季。人类在大四季的影响下，会根据四季的变化而改变生存方式。按照这个理论，在夏季雨水多的时候，人类为了能够适应这种环境变化，就会由陆生动物转化为水生动物；等夏季过去后，则由水生动物转化为陆生动物。

外星人说：很久很久以前，有一群外星人在探索宇宙奥秘时来到了地球上，有些外星人喜欢地球的环境，于是便留了下来，而更多的外星人则离开地球继续探索宇宙，留下来的外星人就成了人类的祖先。

这三种假说都存在不同的漏洞，相比起来，还是达尔文的进化论更容易让人信服些，这也是为什么这些年来人们一直把达尔文的进化论视为主流思想的原因。但从上面的假说中我们可以看出，人类起源可以分为两类：一类是人类是由地球上的生物演化而来的，一类是人类是由地球之外的生物演化而来的。

从目前来说，人类起源于地球更加让人信服。

· 地球上的水是从哪儿来的 ·

地球表面的70%左右是被水覆盖着的，因而有人说我们的地球应该称为“水球”才更加贴切。

据悉，全世界海洋总水量有13.7亿立方千米，所以有人感慨，那么多的水究竟是从哪里来的呢？

一开始，人们认为地球上的水是地球形成初期就存在的，由于太阳的照射，每年都会有不少水被蒸发掉，然后通过降雨又落下来，形成一个循环，这就是大气说。若是这样的话，地球上的水就不会有干涸的那天，那么，地球形成初期为什么会有这么多的水呢？

地球刚从原始星云演化而来时，并没有大气和海洋，是一个非常混沌而且没有生命的天体，地球上早期的水以结构水、结晶水等形式存在于地球内部。后来由于地壳运动频繁，如火山、地震等，地幔里的岩浆上涌喷出，同时喷出的还有二氧化碳、水蒸气等，这些气体上升到空中，水蒸气遇冷形成云层，开始降雨，雨水顺着地势流到低洼地区，形成了最初的河流。这些河流因为地势而不断地往低处流，汇聚到一起，就成了原始海洋。这就是岩浆说。这些因为火山爆发、地震等才出现的水被人们称为初生水。

然而在后来的调查中，科学家发现这些所谓的初生水并不是由于火山爆发而带来的，实际上，火山爆发所带来的是刚刚渗入地下的水，也就是地表的水。这些水并不是初生水。有科学家认为虽然火山爆发带来的水大都是地表的水，但其中也会有少量的初生水。

由于太阳的照射，地球表面的水会向太空中流失，这是因为在紫外线的作用下，水会被分解成氢原子和氧原子，当到达高空时，氢原子的运动速度就会越来越快，直到在太空中被蒸发掉。据科学家计算，蒸发掉的水和落在地球上的水大致是相等的，然而科学家在调查中发现，在近万年来，海平面上升了近 100 米，也就是说地球表面的水增加了不少。

过去，人们一直认为水来自于地球内部或者太空，从太空来的水，一般有两个途径，一是陨石撞击地球时带来的，二是来自于太阳质子形成的水分子。目前在太阳系中只有地球存在液态水，其他天体上可能有液态水，但是并未得到证实，因此陨石撞击地球之前就有可能携带着大量的冰封水。质子是带电的粒子，高能质子一开始受太阳磁场的引导，但是随着其不断运动，就会进入地球磁场，当地球磁场强度超过太阳的磁场强度时，质子就会进入地球的大气层，因为发生某种作用，质子就会形成一些水分子。

2007年，美国科学家又提出了一个新的说法，即地球上的水主要来自于彗星，尤其是由冰组成的彗星。地球表面水量不断增加，很有可能就是这些彗星撞击地球后而给地球带来了丰富的水资源。科学家曾经发现一颗名叫利内亚尔的冰块彗星，其含水量非常丰富，大约有33亿公斤，相当于地球上一个大湖泊的含水量，但是利内亚尔彗星并没有落在地球上，而是被蒸发掉了。科学家认为，可能会有不少像利内亚尔那样的彗星不断地落在地球上，在与地球撞击时，受到破坏的只是大气层的上层，而撞击时释放出来的有机分子却没有遭到损害。

有科学家从人造卫星发回的照片中发现地球图像上有一些小黑斑，这些小黑斑是会移动的，而且存在的时间很短，据估测其面积近2000平方千米。这些小黑斑就是由于彗星进入地球大气层后，由于受到摩擦，产生大量的热能，然后化成的水蒸气。科学家推算过，一颗平均直径为10米左右的冰状彗星，大约能够释放100吨的水。科学家认为每天都有相当数量的彗星落在地球上，而这也成了补充地球水源的重要途径之一。

但是"彗星"说遭到了很多人的反对，他们认为，地球上的水要想持续增加，就需要大量的彗星，虽然太阳系内的彗星数量非常多，但是能进入地球大气层给地球带来水的恐怕不多，何况地球已经出现了几十亿年，那得需要多么庞大数量的彗星啊！另外，科学家发现大多数彗星上的水和地球上的水并不是一样的，很不匹配。但是来自于其他行星的陨石上的水却和地球上的水很匹配。

以上三种说法虽然都有一定的科学依据，但也存在不少漏洞。相信随着人们对宇宙的不断了解，这些谜底早晚会被揭开。

· 地球的灾难史 ·

科学家经过研究后发现，地球至少经历过五次毁灭性灾难。

这些灾难导致地球上的生物遭到毁灭性的打击，但每次灾难过后都会赢得重生的机遇。这样看起来，地球似乎隔段时间就会发生一次毁灭性灾难。

第一次毁灭性的灾难发生在4.4亿年前，即奥陶纪末期。这个时期，地球上的海生无脊椎动物达到了繁盛时期，但火山运动和地壳运动频繁发生，还发生了大规模的大陆冰盖和冰海沉积，这进一步导致了灾难的发生。这一次灾难导致地球上约85%的物种灭绝。科学家通过化石等证据推断，这次灾难的产生是由于气候变冷造成的，大量的冰川让地球的温度快速下降，海水被冻成冰，破坏了原先的生态环境，生物链也被破坏了，沿海生物圈更是遭到了致命性的打击，很多物种因此而灭绝。

第二次灾难发生在约3.6亿年前的泥盆纪后期。泥盆纪时代是古生代的第四个纪，这个时候陆地面积在不断地扩大，陆生植物和鱼形动物得到了很大的发展，而且这个时候两栖动物开始出现。然而，由于太平洋突然喷出大量的火山灰，同时还有大量的二氧化碳从中逃逸出来，导致气温升高，海平面下降，海洋生物遭到重创。

第三次灾难发生后在距今约2.5亿年前的二叠纪末期。如果真有时空隧道，我们就可以到二叠纪末期的地球去看一看，那里的场景一定会让你非常吃惊，你会发现在周围几十千米内，你是唯一存活的生物。这是地球上至今发现的最为严重的灾难。这次灾难导致超过 70%的陆生物种和超过 90%的海洋物种消失，海洋中的无脊椎动物更是遭到了惨重的打击，原本数量很多的三叶虫也在这次灾难中灭绝。地球的生态系统几乎遭到了彻底的破坏。那么，当时到底发生了什么事情，为什么会产生如此可怕的灾难呢？

科学家认为是由于海平面下降和大陆漂移造成的，大陆漂移导致海岸线急速萎缩，大陆架随之也缩小，再加上海平面下降，很多生物失去了生存的空间，而地壳运动释放出的大量二氧化碳，也是对陆生动物非常不利的。这次灾难是地球从古生代转向中生代的转折点。

地球上第四次毁灭性的灾难发生在距今约 1.95 亿年前的三叠纪末期。大约有 75%的物种在这次灾难中惨遭灭绝，其中海洋生物的损失更为严重，除鱼龙外，所有的海生爬行动物全部灭绝，贝壳等无脊椎动物也损失惨重。很多恐龙也灭绝了，但是有些恐龙却幸运地生存了下来。这次灾难发生的根源目前还不清楚，据科学家推算，可能是由于盘古大陆分裂，导致了频繁的火山爆发；还有人认为是由于地球遭受了彗星、陨星等撞击而导致的。另外，科学家发现那个时期出现了大面积缺氧的海水，因为缺氧而导致了大量海洋生物的灭绝。虽然说法很多，但还没有一个确切的答案，事实上，这次灾难发生的时间都未必准确。不过这次灾难事件为恐龙的发展提供了机遇，因为从那以后，恐龙就成了地球上的霸主。

第五次毁灭性的灾难发生在距今约 6500 万年前的白垩纪末期。白垩纪时期是我们比较熟悉的一个时期，不仅是因为这个时期时间近，还因为这个时期生存着大量的恐龙，人类对于恐龙是非常好奇的。白垩纪时期的陆栖动物中，哺乳类动物还是比较少的，陆上的霸主仍是恐龙，而且恐龙的种类更加多样化：有能够飞翔的翼龙类，如披羽蛇翼龙；有大型肉食性恐龙，如食肉牛龙、暴龙；有植食性鸭嘴龙类恐龙，如赖氏龙；有地甲龙类恐龙，如戟龙等。在电影《侏罗纪公园》中我们可以看到很多恐龙的身影。然而在这次灾难中，在地球雄踞14000万年之久的恐龙全被“终结”了。

这场灾难的产生除了可能是火山爆发导致的外，还很有可能是由于陨星撞击地球，破坏地球生态平衡系统造成的。撞击使大量的气体和灰尘进入地球大气层中，遮挡了阳光，因而地球上的温度开始下降。没有阳光照耀，地球上的植物就不能进行光合作用，因而会大片大片地死亡。海洋中的藻类也是如此，植物一般处在生物链的底端，当底端被破坏后，会有大量的动物找不到食物，因而被饿死。这次灾难后，鸟类、哺乳类动物及腹足类动物等赢得了前所未有的发展机遇。

毁灭性的灾难，恐怕还会继续发生，那么到时会发生什么样的灾难呢，人类该如何应对呢？

· 月球的背面掩藏着什么 ·

月出皎兮，佼人僚兮。舒窈纠兮，劳心悄兮。

月光皎洁，夜空下的世界就像蒙了一层薄纱那般迷人。自古以来，月亮就被认定是爱情的象征，多少情侣曾经在月下许下了美丽的誓言……

在神话传说中，嫦娥偷吃了丈夫后羿从西王母那儿得到的仙药，于是，她成了神仙，飞到了月亮上，在广寒宫居住，月宫中还住着一个只会砍树的吴刚，和一只可爱的小兔子。虽然成了神仙，但琼楼玉宇，高处不胜寒，嫦娥因为思念丈夫常常泪流满面。

自古以来，人们就对月球充满着无限向往，然而“阿波罗”号登月之后，人们才知道月球并没有想象中的那么美丽，相反，其表面不过是块不毛之地。在地球引力的作用下，月球的自转和公转周期是一样的，也就是说从地球上望去，人们始终只能看到月球的半个球面。月球的另一半球面始终背对着地球，由于背对着地球，所以即便使用高倍率的望远镜也看不到月球背面。月球的背面到底有什么，是什么样的呢？

背面和暗面是两个截然不同的概念，月球的暗面是指太阳照耀不到的月球的部位。也就是说，当满月的时候，月球暗面和月球背面是一致的，但是一般说的月球暗面通常就是指月球背面。

有人说，月球背面也肯定是像正面那样，有着数量很多的环形山；有人说，月亮的背面可能会有水和空气，甚至可能有“月球人”；也有人猜测，月球背面的重力要大一些，也许是一片汪洋。关于月球背面的各种猜想很多，但是由于谁也没有见过月球的背面，所以谁也无法肯定这些猜想正确与否。

虽说人们只能看到月球的一半，但是由于天平动，人们可以看到的月球面积达 59%。也就是说，经过天平动，人们能够看到月球背面的一部分。人们发现月球背面有个“东方海”，这是一个盆地。虽然看到的背面很少，但毕竟离人们了解月球背面更近了一步。

1959 年，苏联发射了“月球”3 号的太空船，“月球”3 号到达月球背面的时候，正好是“新月”时期，月球背面因为太阳的照耀而十分明亮，“月球”3 号拍摄了许多不同比例的月球背面图。这是人类第一次拍摄大量关于月球背面的照片，通过这些照片，人们了解到了月球的背面究竟是什么样的。

月球背面和正面是一样的，崎岖不平，有很多环形山，也有海，但是很小。由于环形山数量很多，因而命名成了难题，后来有人提出用做出卓越贡献的科学家的名字来命名，于是月球便有了以我国张衡、祖冲之、郭守敬等人的名字命名的环形山。

1965年7月，苏联太空船“探测器”3号传送来许多张清晰的月球背面照片，通过这些照片，人们发现月球表面有着长达数百千米的陨石坑。1966年，从美国“月球太空船”2号传回的照片中，人们发现了很多圆丘。2010年12月，美国发射的月球勘测轨道器传回了一些非常清晰的月球远侧照片，从照片中，人们可以看到月球背面有大量的陨坑，相对较少的月海。

月球背面有很多让人难以理解的传闻，如有些照片显示月球上的环形山有明显的人工改造过的痕迹，戈克莱纽环形山就是其中一例。在其内部，有一个直角，整修痕迹很明显；还发现了一些类似于金字塔的建筑物，建筑的角度很符合几何学原理。宇航员在月球背面上还发现了许多脚印，和人的脚印类似，而在此之前，地球上还没有人类登上过月球呢。

另外，还有个没有得到证实的说法，阿姆斯特朗登上月球后，曾经和地面中心联系，他很吃惊地说：“这里有很多大得惊人的东西，就是那种宇宙飞船，它们排在火山口的一侧，正在注视着我们……”然而他的话还没说完，电讯信号就突然中断了。除此之外，还有很多资料都显示月球上有“其他人”存在。如在照片上曾发现一架“二战”时失踪的美式飞机，有人推测可能是外星人把飞机弄到月球上的。

对月球背面的了解越多，人们越发现月球背面有很多无法理解和解释的奥秘，尤其是其中有很多证据显示有外星人存在。

当然，究竟存不存在外星人，目前还没有确切的说法。期待科技进步能够早点解开这个谜题。

· 月球是空心的吗 ·

人们往往认为月球和地球一样，都是实心的，然而在20世纪60年代，有不少科学家指出月球是空心的。

这一说法出乎人们的意料，因而很多人并不相信。有些科学家认为月球是天然形成的，不可能是空心的；有些人怀疑月球是外星人建造的，甚至认为月球本身就是外星人的飞行器。一时间，人们关于月球是否是空心的而争论不休。

1950年，英国人威尔金斯在他所写的《我们的月亮》一书中说："月亮是个中空的球体，月球内部的空间很有可能有月球居民居住，那里面的各种建筑都很奢侈、豪华，有无数的结晶物散布于月球内部的洞穴壁上，就像是一棵大树一样，有很多树枝蔓延，或纠集在一起，或伸向月球表面，或与月球表面的缝隙相连。总之，这里看起来就像是月球人的家园。"至此，关于"月球空心"的说法越来越流行。

1969年，美国发射的"阿波罗"号飞船登上了月球，这是人类第一次登上月球，本来应该好好考察一下，但当时宇航员阿姆斯特朗在月球的活动范围十分有限，因为月球是个真空环境，要是不小心，很有可能就会永远飘荡在太空中。为了保护自己，阿姆斯特朗把一根绳子拴在飞船上，另一头绑在自己身上，这样一来，就免除了永远在太空飘荡的危险，但是也就是因为这样他只能在绳子的范围内活动。

在人类还没有登上月球前，科学家们已经根据望远镜观测的数据推测出，月球岩石的密度可能大于地球岩石的密度，当时阿姆斯特朗为了把一面美国国旗插在月球上，可是费了不少力气，用了很长的时间，也只能将国旗插入几厘米，这表明月球的密度的确非常大。后来阿姆斯特朗把月球岩石带回地球，科学家们经过测算，发现月球岩石的密度确实比地球岩石的密度大。

科学家还发现，月球岩石的密度并不均匀，越向内部其密度越大，科学家推算，因此月球的核心应该是个密度非常大的物质，这样的话，月球的质量就会非常大，引力是跟质量成正比的，所以引力也会非常大，但是让科学家们感到非常意外的是月球的引力只有地球引力的六分之一。因此，科学家推算，这很有可能是因为月球是空心的球体，所以质量就小一点，引力也小一点。这样看起来，月球空心说是非常正确的。

人类登上月球后，通常会在月球表面安置一种测量地震的仪器，这种仪器可以在宇航员回到地球后继续工作，把数据传回地球，这样人们就能通过月球地震的情况来进一步了解月球了。然而，月球上的第一次地震却着实把科学家震住了。地球上的地震时间是非常短的，然而月球上的地震却整整持续了三个多小时。虽然说这次地震是宇航员用无线电遥控飞船的第三级火箭撞击月球产生的，即人为制造的一次月震，但是它的表现也太出乎科学家们的预料了。没有人能解释为何月球上的地震会持续如此长的时间。

现在我们来总结一下，为什么有科学家觉得月球是空心的。首先是月球密度。月球岩石的密度要大于地球岩石的密度，因此月球的质量应该非常大，但是它的引力却非常小，这就自相矛盾了。其次，月球地震的时间。地震持续了三个多小时，如果像地球那样是实心的话，估计只能持续一分钟左右。最后，由探测器多次拍摄的照片显示，月球上有很多可能是由人建造的东西，这也是月球是外星人建造的说法的根据。因为根据宇航员安置的测量地震的仪器显示，地震波只在月球较浅的区域传播，而不深入月球内部，因此说月球是空心的，因为只有是空心的，地震波才无法传播下去。

然而，按照宇宙形成的理论来说，月球不可能是空心的，因为内部的压力非常大，就像地球那样，内部压力高达几百万大气压，把核心都挤压成固态了，所以有科学家认为月球不可能是空心的。

月球真的是空心的吗？月球上真的存在外星人吗？如果有外星人，他们是月球人还是星外之人呢？月球上那些疑似人类建造的东西会不会是远古的地球人建造的呢？

· 月球上的水是从哪儿来的 ·

月球上既然有水存在，那么是否会有生命存在？

有科学家想过：如果科技条件成熟的话，人们可以在月球上建立一个永久的太空基地，而建立太空基地的首要问题就是月球上要有水，充足的水资源可以为宇航员长期生活在月球提供条件，也可以为移民月球做好准备，同时还可以为航天器提供所需的氧气，甚至可以转化为燃料。所以说，探月寻水是人类研究月球的重要课题之一。

为什么科学家会猜测月球上有水呢？这是科学家根据地球的情况猜测的。地球上有水，而且地球上的水很有可能是彗星与小行星撞击地球时形成的。而月球的位置和地球如此之近，那么月球上也可能聚集着大量的水，但是月球的引力只有地球的1/6，于是大量的水就会汽化，向外扩散，只有少量的水会在引力作用下留下来。

人们对于月球水资源的寻找从来没有停止过。1994年，一艘名叫Clementine的宇宙飞船开始环绕月球飞行，并且拍摄了很多月球表面的照片，同时也对其表面进行观测，后来在一处陨石坑发现有无线电波传播，据科学家推断，这些无线电波可能是来自于月球上的水或者冰。科学家认为，月球上有水的话，应该是以固态的形式保存在月球内部，因为月球温度低，这是形成冰的条件之一，同时由于月球离太阳很近，接受的太阳光很强，如果水是在月球表面的话，很快就会被蒸发掉。然而科学家多次利用望远镜在这个陨石坑寻找冰时，却始终没有发现冰存在的痕迹。

1998年，美国发射了“月球勘探者”宇宙飞船，这艘飞船的主要任务是在月球上勘测是否存在水，飞船中安装了中子分光仪，经过扫描，发现月球表面确实存在氢原子，而氢原子是水的重要组成部分，或者说这些氢原子就是组成水分子的氢原子依据。科学家依据飞船传回的资料推算，在月球的南北极藏有非常丰富的凝结水。科学家认为，这些水是以前的彗星或者小行星撞击了月球后，把水也带到了月球上，在漫长的岁月中，大部分的水都被蒸发掉了，只有少部分水存留下来，因为月球温度很低，所以凝结成了冰。

为了能够进一步确认月球上是否真的含有水资源，宇航员遥控火箭撞击月球，希望能够溶解冰层从而发现水的存在，但是结果很令人失望。按照科学家的推测，火箭撞击月球后，能够产生高达9.7千米的尘埃，大约会持续几十秒的光亮，这些可以通过望远镜进行观测，但是科学家通过望远镜发现尘埃并没有想象中的那么高，而且也没有光亮出现。科学家推断，这可能是因为月球表面含有水，所以尘埃才没有扬起那么高。但是没有光亮该怎么解释呢？科学家分析，可能是由于光在水汽中发生了反射、折射等，所以通过望远镜观察不到。

2009年，美国的月球侦查轨道器和印度的“月船”1号都对月球水可能存在的形式进行了观测，结果证明月球上确实存在水，并且藏水量非常可观，这个消息公布后引起了轩然大波，多年的探月寻水终于有了结果，因此这一年注定是个值得纪念的年份。

在新闻发布会上，美国科学家格雷格·德洛里说：“相比以前，如今的月球因为发现有水的存在而变得更加有趣味和活力，未来的月球将会有无数的可能性。总之，现在的月球已经不再是过去我们所认为的月球了。”虽然探测器真的发现了水的存在，但人们心口仍然有疑问，那就是这些水究竟是从哪里来的。如果有水，那么月球上会不会有生命存在？

关于月球水起源的说法很多，下面就是广为人知的四种假说。

火山喷发而将水带到了月球的表面。这个假说的前提是月球刚形成时就存在丰厚的水资源，但是都隐藏在内部，后来随着火山爆发，气体迸出，而落在月球的表面，然后有些被蒸发掉了，有些则因为温度低而凝结成冰。

水是月球借助太阳的帮助自己形成的。太阳会喷射而形成粒子流“太阳风”，其中带电的氢离子在撞击月球的过程中，与月球土壤中的氧物质发生反应，而形成了水。

彗星和小行星撞击说。月球上的水很有可能是与它撞击的彗星或者小行星留下来的，撞击留下来的水大多数被蒸发了，但是仍有少量水保存在月球上。有科学家认为，一些水可能存在于阳光无法照射到的极地陨坑，这里温度很低，水只能以冻结状态保存。

月球水来源于地球。若真是此，那么地球如何将自身的水送往月球呢？科学家想出了两种方式，一种是行星或彗星撞击地球后，地球上的水被撞到太空中，而月球是地球的卫星，绕地球旋转，又离地球最近，是最有可能

“接收”这些水的。另一种方式是在某个时间段，地球是没有磁场的，太阳风把地球大气层中的水蒸气送到了月球上。当然，这两种说法都是猜测，发生的可能性非常小。

但不管怎样，在月球上发现水无疑是天文学史上一个里程碑，具有非常重要的意义。

· 月球是怎么起源的 ·

自古以来，人们就对月亮的来历非常好奇，它到底是怎样形成的呢？

目前，关于月亮起源的假说非常多。

分裂说：这一假说认为月球是从地球中分裂出去的。1898年，乔治·达尔文就认为在太阳系形成初期，月球本来是地球的一部分，当时地球处在熔融状态，由于地球自转速度非常大，离心力很大，一些物质从地球中分裂出来，后来这些物质就演化成了月球，甚至连从地球哪里分裂出去的都推测出来了，就是现在的太平洋地区。但是这个假说很快遭到了人们的质疑，因为要想把月球那样的物质分离出去，需要极大的运转速度，而地球是不可能有那样大的自转速度的。另外，如果月球是从地球中分离出去的，那么其物质成分应该和地球是一样的，但是根据宇航员从月球上带回的岩石检测发现，月球上的铝、钙等成分较多，铁和镁较少，和地球上的岩石成分相差很多。

碰撞说：这一假说认为，在太阳系刚形成时，空间中有许多质量很小的天体，因为引力作用，有些质量小的天体就会相互碰撞，在漫长的岁月中，相互融合而形成了一个像火星般大小的天体，天体质量逐渐增大，偶然被地球的引力所吸引，朝着地球奔去，二者撞击在一起，在撞击的过程中，有大量的物质分离出去，虽然分离出去，但是仍然没有摆脱地球的引力控制，在环绕地球运行的过程中，逐渐形成一个新的天体，就是月球。天体在撞击地球之前，地球已经趋于稳定，组成地球的元素如铁、镍等早已沉入地球内部，被分离出去的质量都是些较轻的元素。

但这种说法也遭到了人们的质疑，像火星那般大的天体撞击在地球上，必然会释放出巨大的能量，这些能量足以将地球的外壳熔化，让地球成为一片岩浆海洋。同样，若是月球与地球相撞，也会形成岩浆海洋，而且“海洋”的深度能够达到500千米以上，然而宇航员在月球上并没有发现这样的海洋。

同源说：这一假说认为月球和地球是由太阳系中的原始星云在漫长的岁月中逐渐演化而成的。太阳系刚形成时，有一个巨大的浮动的星云，因受到引力作用而不断地旋转，且不断地吸收其他物质，越来越大，等到离心力大于引力时，一部分物质就会被分离出去，这样星云就变成了两部分，其中一部分形成了地球，另一部分形成了月球。按照这种假说，先形成的是地球，后形成的是月球，地球形成时带走了星云中相当多的铁、镍等金属成分，因而地球的核心就由铁、镍等组成。等到形成月球时，星云中的金属成分已经很少了，更多的则是较轻的元素。

后来科学家根据检测从月球上带回的岩石发现，月球的寿命要比地球的寿命长很多，而同源说认为地球先形成，月球后形成，因此两者是相互矛盾的。

俘获说：这种假说认为，月球原本是太阳系中的一颗小行星，但是由于某些原因，月球运行到地球的附近后却被地球的引力所吸引，而开始围绕着地球运动，从那以后月球便成了地球的卫星，再也没能摆脱地球的引力控制。

有人指出，地球俘获月球这件事，至少要发生在30亿年前，因为只有那时才会有这样的机会，而且地球并不是在短时间内俘获月球的，而是经历了约5亿年的时间，才慢慢地将月球俘获的。

这种说法能够解释地球和月球岩石成分的不同、密度差异等，但是也有科学家指出，要俘获像月球那样的天体，地球的质量应该比现在要大很多，而且俘获一颗天体作为自己的卫星机会是非常小的。所以有人提出，俘获月球并不是只靠地球自身的吸引力，还要靠其他星体的帮助，即太阳的引力、潮汐力和大气阻力。当然，其中起主要作用的力就是地球的引力。

月球进入地球的引力范围后，受到地球引力的影响，则开始围绕着地球运转，同时受到太阳引力的作用，其运行轨道偏向椭圆形，但并不是完全的椭圆形。也就是说，月球还是有机会逃脱太阳和地球引力的控制的，但是由于大气的阻力，月球无法逃脱，但其运行轨道的半径会越来越小，如果没有潮汐力在起作用的话，月球恐怕会与地球相撞。

飞船说：这种说法认为月球本身是艘超大的宇宙飞船，是由外星人控制的。有科学家认为月球内部是空心的，那些外星人就居住在月球内部，科学家甚至还对月球内部构造进行了猜测。该学说是由苏联的两位科学家在1957年提出来的，那个时候人类还没有登上月球。但是后来人类登上月球后的所见所闻，反而对“飞船说”很有利。宇航员在月球上见到很多人造物体，如金字塔、圆弯形建筑，还有各种城市遗址，这一切都似乎表明月球上有外星人存在。尤其是后来很多登月宇航员在公开场合说曾经在月球上见到过外星人，虽然他们的说法有待考察，但自此相信“飞船说”的人越来越多了。

尽管“飞船说”的说法有些天方夜谭，但是科学探索本来就是一个去伪存真的过程。在初次探索宇宙时，难免会有些天方夜谭的想法，不过随着科技的发展，有些想法会被否定，有些想法也会被肯定。所以说不怕“天方夜谭”，只要有一定的依据就行。

有人问，月球既然是宇宙飞船，那么外星人为什么要把月球放在外太空那么久，而且宇宙飞船是非常消耗能量的，那么能量从哪里来呢？外星人难道就不担心会遭到陨石撞击而毁坏飞船吗？

虽然人们对于“飞船说”的疑问有很多，但是真相究竟是怎样的，还有待进一步考察。

雨果曾经这样描绘过月球：月球是梦的王国、幻想的王国，对人类来说，月球就像是充满迷幻的世界，这个世界里有太多的奥秘等待着人类去探索。

第八章　外星人传说

宇宙浩瀚无边，整个太阳系和宇宙相比，不过是沙漠中的一粒沙子。目前，宇宙中已知的星系就达50亿个，据估算，整个宇宙至少有上千亿个星系，在这种基数背景下，不可能只有地球上存在生命。我们之所以没有发现外星人，是因为人类的技术还不能察觉到外星人，或者外星人的生命形态并不是我们所理解的那样。

· 神出鬼没的外星人 ·

据美国科学家最新研究显示：在银河系中存在着500亿颗和地球相似的行星，这些行星都有支持生命存在的条件。

外星人应该是存在的，只是宇宙实在太大了，目前已知宇宙中最快的速度是光速，外星人要到达地球就要以光速跑上数年、数十年，甚至数万年或者更久，这是非常漫长的时间，因此人们猜测外星人的飞船（UFO）也许能够快过光速，但是至今没有可靠的资料能够证明UFO到底是什么。另外，关于外星人的长相，也只是根据那些目击者的描述而画出来的，是真是假也无从辨别。

来看一些有关外星人的传言和报道吧。

神秘的部落：1987年，几位在非洲考察的科学家在森林中迷了路，为了能够走出森林，他们按照北斗星的指示一直往北走，也不知走了多久，突然间发现了一个与世隔绝的古老部落，这个部落的人和平常所见的人有些不一样，很像是闯入地球的外来客。出于好奇，几位科学家打算留下来做调查。部落的人见到有外人来，却并不感到惊讶，后来，科学家们才知道，虽然部落与世隔绝，但是仍有不少人会在偶然间来到这里。

经过一段时间的相处后，科学家们发现这个部落的知识水平和技术能力要比外面的人高很多，尤其是他们对于宇宙很是了解，这让科学家们很惊奇。后来相处时间久了，部落的人才说，他们是火星人的后裔。大约在200年前，有一艘来自火星的飞船意外地撞上了彗星，导致飞船破损严重，为了安全起见，驾驶飞船的外星人将飞船降落在地球上，并与土著人生活在一起。

事实上，早在1977年就有一本畅销书提到过，在非洲某个地方，有个部落是天狼星人的后裔，这些人早在20世纪40年代就开始向世人披露关于天狼星的消息，而科学家最早拍下天狼星的照片却是在1970年。

不止如此，科学家还在很多古文明中发现了令现代人自叹不如的技术，那么这些高明的技术是不是外星人教给古代人的呢？

罗斯维尔事件：在“外星人事件”中，最有名气的要数“罗斯维尔外星人事件”了。此事件于1947年发生在美国新墨西哥州的罗斯维尔，这件事发生后，美国白宫很快下令封锁消息，但是已经有手疾眼快的记者将这件事报道出去了。一时间，人们纷纷赶往罗斯维尔，希望能够目睹外星人的风采，让人遗憾的是，除了军方很少有人知道详细的内情，就连本地人也只是知道发生了一件奇异的事件，但是详情却没有人能说得上来。

后来，美国空军迫于世界舆论只得去调查“罗斯维尔事件”，并在第二天发布了调查结果，调查上说这次事件并不是外星人事件，空中出现的三个不明飞行物也不是外星人的飞船，“罗斯维尔事件”和“莫古尔”侦察计划有关。这个计划是绝密的军事活动，按照计划，一些气球里面带着雷达反射板和声音感应器，主要目的是为了监视苏联的核子试爆。因此，美国空军给出的结论是：罗斯维尔所遭遇的事情以及飞船等，极有可能是“莫古尔”计划所施放的气球。

1995年，一部画面粗糙的黑白影片吸引了人们的注意，这部影片是由一个老摄影师提供的，按照他的说法，这部影片记录着1947年罗斯维尔空军基地解剖外星人的全过程，这是“罗斯维尔事件”发生以来第一个和它挂钩的影像资料，因为此影片证实了美国政府拥有外星人的身体，所以很快便引起了轰动。但是这部影片也遭到很多质疑，如罗斯维尔是空军基地，基地上并不缺乏成熟而能保守机密的摄影师，没必要从外面找个摄影师；当时美国已经很少用黑白影片来记录解剖过程了，取而代之的是彩色影片，而且还有声音；从影像来看，这部影片中的医生很不专业，罗斯维尔空军基地并不缺乏优秀成熟的医生，为什么要派一个业余医生去操作呢？而且解剖外星人也算是一件大事了，不可能如此粗心大意。

2011年，美国联邦调查局披露了一批秘密文件，其中一份就是关于“罗斯维尔外星人事件”的。这份文件是个备忘录，是由曾经担任联邦调查局局长的胡佛记录的，上面记载着“罗斯维尔事件”的一些细节部分，其中有这些内容：在新墨西哥州罗斯维尔市发现“三个不明飞行物”，在每个飞行物里面都有几具类似人形的尸体，他们穿着金属制作的服装，虽然是金属，但是很柔软、面料很好等。文件披露后，各家电视台、报纸等都竞相报道这个消息，世人的目光再次聚焦在几十年前的“罗斯维尔事件”上。至此，罗斯维尔事件似乎可以画上句号了。

墨西哥农场主发现外星人事件：德国的《图片报》曾报道过这样一则新闻：2007年某天早上，墨西哥农场主马拉·洛佩兹在田里劳作时，突然发现地上有个非常奇怪的“人”，这个“人”很矮，大约只有一米高，有着蓝色的眼睛，眼眶非常大，呈圆孔状；身上似乎穿着金属外衣，面目很狰狞，没有表情，口中吱吱呀呀地不知在说些什么。马拉·洛佩兹很害怕，于是将这个“人”溺死了。不久后，有几家实验室将外星人运走，进行进一步的调查，这几家实验室用了最先进的科技手段 从外星人身上提取了一些毛发、皮肤等样本，然后做DNA检测，然而科学家们无法检测出这个外星人的DNA。有人认为，之所以检测不出DNA，恰恰是因为他是个外星人，是目前科学家还未了解的物种。

几天后《图片报》，再次报道：马拉·洛佩兹在发现外星人几个月后，就被人发现，他离奇地死在自己的汽车里，墨西哥当地的警方曾投入大量的人力、物力去调查这件事，然而始终没有结果。后来有人指出，这个农场主是被非常高的温度烧死的，尸体都成了灰烬，而这个温度比平时所见的火焰温度要高很多。还有人认为，马拉·洛佩兹的死，很有可能是外星人的报复行为。

与外星人沟通事件：2009年11月，比利时的几位科学家突然宣称，外星人是存在的，而且还生活在地球上。目前，已经有外星人跟他们进行了沟通，在这次沟通中，科学家们回答了他们几十个问题。这几位科学家都是比利时科学院空间研究所的，该所的副主任还进一步证实了这些科学家的说法，并称，目前该所的科学家正在研究麦田怪圈，希望能够找到与外星人的联络方式。不过他也指出，目前人类和外星人还无法直接进行沟通，只能通过特殊的方式进行沟通。但是他相信在几十年内人类便能够直接、毫无障碍地与外星人对话。

总统会见外星生物：关于人类与外星人接触的案例并不少，也一直是媒体争相报道的重点，因为目前人们只能从与外星人见过面的人口中得知关于外星人的消息。2010年，已经退休的州议员亨利·麦克尔罗伊对外宣称，在任职期间，他曾经有幸看过一份文件，文件里记载着有外星人来拜访地球，并邀请美国总统艾森豪威尔前去见面。

1954年，艾森豪威尔曾失踪过一段时间，这段时间很有可能是被军队护送着去与外星人见面会谈了。当记者询问艾森豪威尔在那段时间的行踪时，艾森豪威尔说自己去看牙医了，然而熟悉艾森豪威尔的人都清楚，他的牙齿一向不错，怎么会突然去看牙医了？有人认为，看牙医只是个幌子，是为会见外星人打掩护的。甚至还有人曾经描述了艾森豪威尔所见的外星人的样貌：个子很高，看起来和人类非常相似，只是有些发白——头发白，皮肤白，嘴唇也白。

2010年12月28日，俄罗斯《独立报》报道，自从进入12月以来，不断有民众发现天空中出现了不明飞行物，其中有一天还发现了两个飞行物，其中一个是发光的三角形飞行器，另外一个飞行器外围有两个圆环物体，里面的那个圆环按照顺时针旋转，外面的那个圆环按照逆时针旋转，这两个不明飞行物出现的时间长达四小时之久。

接连不断地出现的不明飞行物，引起了民众的关注，就连卡尔梅克共和国的前领导人伊柳米日诺夫都说，他认为这件事再正常不过了，他曾经跟穿着宇航服的外星人接触过，不明飞行物到处都有，只不过是最近数量多了些，没什么异常的。

在接受电视台采访时，伊柳米日诺夫说，在1997年9月18日晚上，他正打算看会儿书然后休息时，突然听到有人站在阳台上喊他，他来到阳台，发现阳台上停着一个不大但光芒四照的飞行器，飞行器前门开着，有个类似于透明的阶梯，他沿着阶梯一步步走进这个飞行器。飞行器里面有很多穿宇航服的外星人，这些外星人通过意识与他进行沟通。在外星人的带领下，他参观了这个飞行器，同时外星人告诉他，他们其实一直生活在地球上，只不过把自己隐藏起来了，不与人类接触，因为目前的条件并不成熟。

这段采访播出后，有人认为伊柳米日诺夫“泄露了政治机密”，要求对他进行严查，不过这都是后事了。

外星人造访军事基地事件：这个消息是美国几位退役军官在新闻发布会上说的。他们说，外星人曾经造访过美国和英国的几处军事基地，尤其是对弹药、核武器、火箭等比较感兴趣。其中一位军官还详细地描述了外星人造访基地时的场景。

1967 年 3 月 16 日，正在执勤的军官突然发现远方的天空中出现了一个盘形飞行器，与基地的距离越近，飞行器变得越大，不过它的速度非常快，前一秒还像是玻璃球那般大小，转眼间就像是乒乓球、排球、篮球，等到像一个圆桌那般大小时，飞行器却停止不前了，只是不停地旋转，然后有光束发出来，围着基地照射了一圈，仿佛在寻找着什么，光束基本上是一闪而过，但当它扫描到弹药库时，却多停留了几秒，然后才把光束收回。军官很担心，因为这个基地是核导弹发射基地，一旦发生什么意外，后果将不堪设想。然后军官说他听到无线电广播说，有外星人在基地着陆。

“杜立巴石碟”之谜：1938 年，一支考古队在巴颜喀拉山脉考察，这个山脉与世隔绝，海拔非常高，因而人迹罕至。考古队就是因为很少有人来过这里，所以才猜想这个地方可能会存在一些“原始证据”，经过长时间地探索，他们在山洞中发现了形状奇特的遗骸和数百个神秘的“杜立巴石碟”。这种石碟形状很统一，科学家在观察中还发现，这些石碟的沟槽中存在着一系列的未知的象形文字，这些象形文字刻画得非常小，需要用放大镜来看，而且由于时间久远，有不少文字已经风化了。有科学家试着去解读这些象形文字，其中一段文字记载的是：杜立巴人来自空中，坐在宇宙飞船中，由于遭遇了一些意外，导致飞船坠毁，被迫降在地球上，但是他们中的很多人都被当地人杀害了，为了保命，杜立巴人只好去山上洞穴里躲起来。

据说，当时考古队还在洞穴的石壁上发现了很多雕刻的画，这些画看起来很像各种天体，如太阳、行星等。科学家认为这些都是杜立巴人在逃难时画的，因为在 12000 年前，人类还无法画出这样的图画来。

这些石碟究竟是不是杜立巴人的飞碟的组成部分呢？至今也没有明确的答案。

虽然杜立巴石碟目前还只能是个谜，但也许不久后，科学家就会破解这个谜。

· 海底是外星人世界吗 ·

有人在神秘的海底发现了一些“海底人”。他们是外星人吗？

关于这些“海底人”是不是外星人，争议非常大。对于这个问题，目前还没有明确的答案，因为人类对宇宙的探索还只是开始，认知能力非常有限，对很多现象都不能给出合理的解释，何况是生活在海底、更加神秘的“海底人”呢？不过有人认为“海底人”属于能够生活在水中的特殊外星人。

虽然目前还没有证据证明海底确实生存着“海底人”，但是关于“海底人”的信息却不少，而且这些信息都有理有据，可信度非常高。

人类最早发现“海底人”是在1938年，在爱沙尼亚的半明达海滩上，突然出现了一个看起来很像蛤蟆的人：“蛤蟆”有着圆圆的大脑袋，嘴很扁，四肢跟躯干很不协调……它正在海滩上悠闲地散步，当发现有人拍摄时，仿佛受了惊吓似的，一溜烟逃回了海里，速度非常快，拍摄照片的人几乎看不到它的双脚。摄影人拍摄的关于蛤蟆人的照片引起了很大的轰动，看着它的长相，人们想，蛤蟆人究竟是不是外星人呢？从那以后，人们便开始在海底世界寻找海底人，不得不说，人们的效率还是很高的，关于“海底人”的消息层出不穷。

1958年，美国国家海洋学会的罗坦听说了蛤蟆人的故事，于是便借助潜水装备，潜入大西洋3英里深的海底，并且拍摄到了一些足迹，这些足迹跟人的足迹很相似，但却不是人的足迹。

1963年，美国海军在波多黎各东面的海域进行军事演习，在演习的过程中，海军们突然发现了潜艇周围有个很大的怪物，从形状来看，很像是“一艘船”。船速非常快，把潜艇远远地甩在了身后，经估算，它的时速能够达到300千米。就目前而言，人类的科技远远达不到这个水平。

无独有偶，在1973年，也有人发现了类似于“船”的怪物，这艘“船”和美国海军所见到的有所不同，这艘“船”从外表看来就像雪茄烟，很长，呈条形。发现者是个叫丹·德尔莫尼的人，他说怪物看起来很庞大，因害怕与他相撞，于是便有意绕开它，然而它却仿佛在跟丹·德尔莫尼开玩笑，船向哪里转换方向，它便往哪里转换方向。眼看就要撞在一起，丹·德尔莫尼痛苦地闭上眼睛，然而什么都没有发生，等他睁开眼时，那怪物早已游远了。仿佛那怪物只是为了跟他“开个玩笑”。回去后，丹·德尔莫尼将此事讲给人们听，但是没有人相信他，都觉得他要么眼花，要么出现幻觉了，但是丹·德尔莫尼始终相信，自己确实亲眼看到了“怪物”。

美国有个摄影师叫穆尼，是个潜水爱好者，他每年都要去不同的地方潜水拍照。1968年，在海底潜水时，穆尼突然看到了前面有个由山石组成的通道，游过通道后，眼前便豁然开朗，前面不远处有个奇怪的动物正在伸展“躯体”，怪物的脸很像猴子，脖子很长，眼睛圆圆的、大大的……穆尼不敢打扰它，于是便悄悄地藏在通道旁边，那边有水草可以遮掩，以免被发现，然而当他行动时，那怪物便转过身来，在看到穆尼后，便加速，飞快地游走了。后来，穆尼将照片洗印出来，这些照片后来也成为“海底人”存在的证据之一。

西班牙沿海的渔民，曾说过在海底见到了一座庞大的海底城市，这座城市是透明的，虽然没有看到有人居住在其中，但是这些渔民认为这样的海底城市可能是由外星人建造的。事实上，类似于海底城市的建筑物很多，如百慕大三角区水下的金字塔、巴哈马群岛海下的“比密里水下建筑”，这些建筑都不是人类所能建造的，难道说在海底世界真的存在“海底人”？

地球上70%的面积是海洋，海底世界如此庞大，隐藏着无数的奥秘，需要科学家进一步去探索。神秘莫测的“海底人”到底存不存在？如果存在的话，他们真的是外星人吗？还是与人类不同的另一种生命形态呢？

目前已有不少科学家认为，“海底人”是真实存在的，他们是外星人的一种。人类不能因为自己的生命形态而否认其他生命形态，不能因为人类需要呼吸，就认为其他生命也需要呼吸，这种想法是很狭隘的。其他生命也许是以人类意想不到的形态存在着。

也有科学家认为，“海底人”是不存在的，那些所谓的“海底人”只不过是谣言，就像是目前已知的UFO案例中，至少有90%都不值得相信。

究竟谁是谁非，让我们拭目以待。

· 被外星人劫持的人 ·

曾有人提出，地球上每年有上万人神秘地失踪，他们很有可能就是被外星人劫持了。

近日有国外媒体报道，美国刚刚发现一个被外星人劫持的人，这个人突然出现在爱达荷州的公路上，是位看起来还很年轻的女士，名字叫做安·卡塔丽娜。她告诉人们，她是在1874年被外星人劫持的。人们对她的话将信将疑，UFO研究专家赞·马埃勒斯和她谈论了很久，安·卡塔丽娜的信息也一点点地被挖掘出来。

经过几天的调养，安·卡塔丽娜很快便恢复了记忆，当她得知自己身处地球上时，激动得泪流满面，很难想象，一个人在一个实验室中一待就是一百多年。待她情绪稳定后，她说："我曾经当过一段时间的中学教师。1874年，有一个外表看起来很像小孩子的陌生人来拜访我，我虽然不认识他，但是觉得一个小孩子没什么可怕的，于是便开了门，走了出去。刚走出门，就好像被一股引力吸引，然后我看到自己竟然飘在半空中，然后眼前一亮，便什么也看不见了。等我睁开眼时，发现自己身处在一个由金属造成的机器中，几个侏儒外星人正在对我做详细的医学检查，然后我便睡着了，等醒来的时候，才发现自己被带到了别的星球上。"

稍停片刻，她接着说："那颗星球和我们所处的地球是不一样的，是个很奇怪的星球，仿佛置身在高温中，处处都能闻到金属加热后的气味，整个星球被层层白雾包围着。星球上很安静、很荒芜，四周除了那几个外星人再也没有其他外星人了。关于那颗星球，我只了解这么多，因为后来我几乎算是被囚禁在实验室里了，再也没有离开过。直到有一天，外星人好像遇到了什么事情，他们都出去了，只留我一个人在实验室，我便趁机逃了出去，但是不久便迷了路。因为身体虚弱、惊吓过度，我昏迷了过去，醒来的时候，就出现在爱达荷州的公路上。这个名字还是我后来听说的，因为在我生活的年代，这片土地还是一片荒漠，没有被开发成公路。”

另外还有一件事，安·卡塔丽娜的额头上有个神秘的金属异物，她曾经想让医生帮忙取下来，结果医生在检查后发现，这个金属异物是不可能取下来的，因为金属异物已经成了她身体的一部分，外星的金属异物已穿透颅骨与其长为一体，要是强行取下来，安·卡塔丽娜必然会命丧当场。

自从提出“外星人”的概念以来，便有不少人自称或者是被发现被外星人劫持。可以说，目前外星人劫持事件仍是人们关注的焦点。

如今，被外星人劫持的故事层出不穷，如一位大学生曾说他在一次旅游时，因大雨滂沱而被困在了山顶，这时，他看见一个白点在远方的天空中越来越大，慢慢地演变成盘形，然后盘形飞行器便在离他不远的地方停了下来，从飞行器中走出了两个外星人，个子很矮，大约4尺高，有灰色的皮肤，没有鼻子，当两个外星人走在他面前时，彼此好像商量了一下，其中一个外星人手一挥，大学生便飘了起来，进到了飞行器中，被送到了一个陌生的星球，然后在上面待了几天，外星人又突然把他送了回来。

科学家曾做过问卷调查发现，大多数美国人都相信有人被外星人劫持过。

· 探秘 51 区 ·

在美国内华达州有一个神秘的地方，这个地方从不对外开放，这就是神秘的 51 区。

美国军方甚至要求任何民用飞机不得从这个地方的上空飞过，据说每一届美国总统都要巡视一次。关于这个地方的传闻很多，却没有人确切地知道里面有什么，于是关于这个地方的传言不断出现，其中流传最广的是这个地方保存着外星人的尸体，以及被捕获的外星人。

51 区被内华达试验场和内利斯空军靶场所包围，在军事地图上，内华达编号为 51，所以人们把这个地区称为 51 区。在它周围就是著名的格鲁姆空军基地，这个基地最初是用来研制侦察机的，但是自从这个项目结束后，便再也没有进行任何其他项目。于是有人猜想，这个基地有着价值数十亿美元的军事设施，美国政府不可能空着这个基地，很有可能是在秘密地进行着其他“不可告人”的项目，而这个项目很有可能跟外星人有关。

这些年来，不断地有人试图混进 51 区，想办法获取各种证据，以证明这个地方真的存在外星人，但时至今日，仍然没有任何公开宣布的关于 51 区存在外星人的证据。51 区禁止陌生人进入，驻守此地的美军更是拒绝向外透露关于 51 区的消息，这个地区可以说是美军保密程度最高的地区，面对世界人民的猜疑，美国政府多次否认 51 区存在外星人，可这种否认在人看来却有些欲盖弥彰。

根据卫星拍摄的51区的照片来看，51区就像是个普通的试验场，但是这个地区有个非常庞大的环形飞机跑道，跑道周围有很多飞机库，停着许多大型飞机和小巧的飞机。另外，这个地区还有根交通管制天线，这根天线非常高，而且看起来很壮观，按照UFO研究专家的说法，这里是地球与其他星体上“外星人”的联络站，他们认为罗斯维尔事件中所发现的外星人尸体和飞船就藏在这里。

出于对51区的怀疑，很多人常年关注着这个地区，他们在这个地区经常会发现一些球形、三角形和盘子形的UFO出没，他们拍摄的很多照片以及视频可以证明。这个地区本来是属于内华达州管理的，但是随着人们质疑的加剧，或者出于保密的需要，美国布什总统曾下令收回内华达州对51区的控制权，这个基地直接听命于美国政府。

30年来，人们知道的关于51区的消息仍然十分有限，但是越神秘，越能吸引人们的注意，于是有些人便在51区附近聚会，分享他们对于51区的猜测。他们提到了很多异常现象，如居住在附近的居民曾经感受到地面下的震动，持续很长时间，有时也能够听到从基地那边传来奇怪的声音。于是这些人更加坚定地相信，51区存在外星人的说法。

目前，美国政府仍未就51区所发生的神秘事情发表声明，51区对整个世界来说仍然是个百思不得其解的谜。虽然目前人们收集了很多关于51区的资料，但是这些资料很零散，似乎缺少一条线将它们串起来。同时，对于这些资料，往往是仁者见仁、智者见智，这样一来，情况就更加扑朔迷离了。

世上没有不透风的墙，只要是秘密，一定会有被揭露的那天。

· 月球背面是外星人基地吗 ·

传闻，人类第一次登上月球后就已经发现了外星人的存在。

据说，当阿姆斯特朗登上月球时，电视转播的信号突然中止。后来有人说，电视信号突然中断是因为阿姆斯特朗遇到了外星人，而且当时有不少人捕获了 NASA 和宇航员之间的通信内容，内容清晰地指出月球上是存在宇宙飞船的，也是存在外星人的。目前人类之所以得不到有关外星人的消息，就是因为美国和其他国家将这一事实隐藏起来了。

艾德格·米歇尔早年曾经搭乘“阿波罗”14 号宇宙飞船抵达月球，他在公开场合多次说外星人是存在的，但是美国国家宇航局对此予以否认，他们说：“米歇尔是位伟大的宇航员，但是在是否有外星人的问题上，我们之间有着明显的分歧。我们从来没有对外隐瞒过任何关于外星人的消息。”

无独有偶，一向很少在公开场合说话的阿姆斯特朗，在纪念登月 40 周年的纪念日时曾说：“月球上确实有外星人的基地，而且这些外星人看起来很不欢迎地球人，他们希望地球人能够放弃继续探索月球。这一点，‘阿波罗’号上的宇航员都可以作证，而且在我们拍摄的照片上，虽然没有直接拍到基地的正面，但是可以看出基地的影子。”阿姆斯特朗的这些话引起了轩然大波。难道外星人真的曾经阻止过地球人登月吗？

后来美国情报局的米尔顿·坎普说：“在月球上确实存在着外星人的基地，看得出来，外星人之所以驻扎在这里，就是为了采矿，他们还有一艘非常庞大的宇宙飞船，目前为止，人类是建造不出那样的宇宙飞船的，而且从技术上来看，外星人有足够的能力在一小时内将地球摧毁。”

目前已发现在月球上存在水。水是生命之源，既然地球上有生命存在，那么月球上是否也存在生命呢？探测器多次探索月球，但都没有发现生命存在的痕迹，不过在月球上发现了许多能间接证明生命存在的证据。如20世纪60年代，“月球轨道”4号探测器传回了许多照片，在这些照片中，科学家发现有张照片中能够清晰地看到一个深谷中停着一个飞行器，而在以往的照片中，这个深谷并没有飞行器，这个飞行器似乎是后来才登上月球的。

这个消息得到了美国航空航天局专家马·诺温的确认，他说：“我并不热衷于研究外星人，也不是飞碟故事的爱好者，但是就目前的调查而言，在月球的某个深谷确实存在着飞行器。”那么，这个飞行器为什么会停留在月球上呢？驾驶它的外星人在哪里呢？

有人认为，既然外星人在月球上留下了飞行器，那就表明这个飞行器还是有些作用的，因而将它隐藏在深谷中，也许有一天外星人会继续使用这个飞行器。另外还有人猜测，这是外星人故意将飞行器留在月球上的，这么做的目的就是向地球人示威——这个星球已经有人占领了。据悉，有很多人相信这个说法，就连美国政府的做法似乎都在承认这一点，因为美国政府目前所有的登月计划都把这个深谷排除在外。

也有人曾经对月球的起源做过调查，调查者发现，月球的“出现”仅仅只有几千年的历史，经过层层细致分析后他认为，月球是外星人的宇宙飞船，月球内部很有可能是空心的，而且是人为创造的空心体。

目前，关于月球上存在外星人的说法很多，他们可能生活在月球的内部，也可能只是把月球当作基地，还有可能只是路过月球。

·贝蒂·希尔事件是真是假·

关于外星人绑架人类的消息层出不穷，其中最有名的就是贝蒂·希尔事件。

按照希尔夫妇的说法，他们是在 1961 年 9 月 19 日至 20 日被外星人绑架的，这个事件被媒体报道后，很快引起轩然大波，使其成为第一次被广为人知的外星人绑架事件。

希尔一家是美国普通的公民，丈夫是美国邮政公司的员工，妻子贝蒂是一名社会工作者，他们踏踏实实地工作、认认真真地生活，日子倒也过得和乐有趣。

1961 年 9 月 19 日晚上，希尔夫妇结束度假后正开车赶回自己的家中，因为第二天要按时上班，所以他们的车速很快。根据贝蒂·希尔的回忆，当他们开车到达兰开斯特的南郡时，时间大概在晚上 10 点，正在开车的丈夫突然发现月亮附近出现了一个明亮的光环，他感觉很奇特，于是他告诉了贝蒂。贝蒂一开始以为是颗星星，然而让她意外的是这颗“星星”在不断地运动、不断地变大，模样也逐渐有了变化，由刚开始的圆环状变成了盘状，越来越像贝蒂曾经听姐姐说起过的飞碟。贝蒂有个姐姐，曾经见过飞碟，并将飞碟的形状详细地描绘给贝蒂听，所以贝蒂看到“星星”就想到了姐姐说过的话。贝蒂将自己的疑虑告诉了丈夫，丈夫很惊讶，他们决定停车观察一会儿。

车在路边停下，贝蒂打开后车门将狗放出来，狗一溜儿小跑，很快消失在树林中，贝蒂则开始用望远镜观察“星星”。“星星”越来越大，已经能够看到“星星”的模样了，很明显就是一个飞碟。飞碟好像有好几层，层与层之间的缝隙发出耀眼的光芒，甚至能够看到飞碟内部的人的影子。

丈夫很害怕，于是他们开车加速离开此地，虽然说在离开的过程中他们的眼前并没有再出现飞碟，但是飞碟的轰鸣声一直在他们耳边响起，而且声音越来越大，似乎飞碟已经越来越靠近他们。片刻后，他们突然感到意识模糊，然后不省人事。等他们清醒过来时，时间已经过去了 2 小时，这时贝蒂惊讶地发现自己的裙子有撕扯的痕迹，车上也有很多来历不明的脚印，丈夫检查了车门，发现车门锁得好好的。事情有些荒谬，让人难以理解，于是 20 日白天，他们去了一个空军基地讲述了所见所闻。据说，空军基地在 19 日晚曾经检测到有不明飞行物出现。

虽然不知道那 2 个小时发生了什么，但是贝蒂的梦境却似乎有所暗示。她梦到自己和丈夫被外星人抓进飞碟，并被外星人检查。贝蒂有些惊慌，她怀疑那 2 个小时可能与外星人有关，于是去图书馆查阅了一些关于外星人的书籍，慢慢地，贝蒂越来越相信那天晚上确实遭遇了外星人。

第二年，由于精神长期紧张，丈夫的高血压和溃疡症复发，要想病情好转，就要缓解心理的压力，保持心情轻松，于是他们向著名的精神病医生本杰明·西蒙求助。听完希尔夫妇的描述后，西蒙决定采用催眠法治疗。

催眠过程中，西蒙试着引导他们回忆那晚被外星人劫持的场景，不过对于外星人，贝蒂丈夫很是抗拒，所以为了能够有好的催眠效果，西蒙把他们安置在不同的房间。在这次催眠中，贝蒂描绘了他们所见到的外星人，外貌跟“罗斯维尔事件”中的外星人相差不大，和人类很相似，只不过眼睛很大，呈圆形，另外还描述了外星人抓他们做了些什么。突然间，贝蒂说有个貌似外星人首领的人向她展示了一幅星图，并告诉她这幅图所画的就是外星人生活的家园。在西蒙的指示下，贝蒂将这幅图画了出来。在这次治疗之后，希尔夫妇的生活逐渐恢复了平静，像没有发生过劫持事件似的，然而他们二人的经历却通过各种途径被世人所知道。

贝蒂在催眠状态下所画出来的那幅星图，更成为了他们遭遇外星人的铁证，在一般人看来，在催眠状态中，一个人所说所想的都是真实的。后来有个叫玛乔丽·费雪的天文学家对这幅星图很感兴趣，经过研究后，她认为这幅星图代表的是几十光年之外的某个星球。

虽说在希尔夫妇事件之前，已经发生了很多被外星人劫持的事件，媒体报道的也不少，但是这些报道都很不详细，而且缺乏一定的证据，“贝蒂·希尔事件”却有着重要的证据。

不过，“贝蒂·希尔事件”也存在着不少漏洞，但这件事无论真假，都唤起了人们对外星人的兴趣。

在这次事件之后，人们对宇宙、对地球更加关心了。

· 枪击外星人事件真伪之谜 ·

若见到外星人，很多人的第一反应恐怕就是害怕，不过，在有关外星人的报道中，也有些反例。

1995 年 8 月 21 日，在美国的肯塔基州附近发生了一起枪击外星人的事件。事件的主要发生地是萨顿的农庄。那天晚上，萨顿一家正打算吃饭，这时一个年轻人突然惊慌失措地来到萨顿家里，并说他在农庄看到了一个盘状的飞行物，飞行物看起来很小，但是分成好几层，层与层之间的缝隙发出耀眼的光芒，这些光芒颜色不定，流光溢彩，很是美观。年轻人还说他能够看到飞碟上有外星人的影子。从身高上看，这些外星人看就像是未成年的孩子。年轻人一再保证自己所说的都是真实的，但萨顿一家并没有相信，他们认为这个年轻人可能是将流星当作飞碟了，或者是出现幻觉了。年轻人很着急，但也没有办法说服他们。

大约过了片刻，庄园里的狗突然狂吠起来，听起来像是受了什么刺激，于是萨顿和年轻人拿着枪，准备出去看看发生了什么。当他们打开房间的门时，看到的却是一个两眼呈圆形、四肢很短小的外星人，外星人正在一步步地向萨顿家走来。只见这个外星人双手举过头顶，口中发出令人难以理解的声音，不知是在呼唤同伴，还是在说自己没有恶意，但是年轻人和萨顿的心里非常恐惧，他们退守屋内，依靠手中的枪来振作精神，萨顿对外星人说："不要走过来，否则我就开枪了！"

外星人仿佛没有听到，或者是听不懂，依旧向前走着，萨顿见外星人越来越近，心慌之下，便开枪了。枪的威力很大，外星人被迫退后了好几步，然后捂住伤口，眼睛恨恨地望向萨顿，然后便飞走了。萨顿松了一口气，虽然这一枪没有对外星人造成致命的伤害，但是总算把外星人赶走了。然而事情并没有就结束，不久，又飞来了一个外星人，这次，两人没有犹豫便举枪射击。外星人被击飞，跌落在远处的地面上。

年轻人认为外星人可能已受伤而死，便准备前去查看，但是刚走出门时，门上方突然出现了一只手，这只手抓住了年轻人的头发，直接往上拉。萨顿看到后急忙跑出来帮忙，对准门上方的手臂就是一枪。子弹射中手臂时，手便松开了，年轻人落在地面上，面无血色。这时，又有个外星人出现在离房门不远的一棵大树下，外星人将身体隐藏在大树后，只把脑袋伸出来观察着萨顿这边的情况。年轻人急忙站起来，朝着大树的方向就是一枪。不过这一枪并没有击中外星人，外星人见势不妙，便逃走了。

这时，一个外星人突然从房屋的左侧移动过来，很明显是冲着房门口的两人而来，萨顿急忙举枪射击，但是枪击好像没有什么效果，子弹落在外星人身上就像是击在了金属上，只能让外星人的衣服出现一个浅浅的凹坑。萨顿很惊慌，如果连枪支都对付不了外星人的话，他就没别的办法对抗外星人了。好在外星人并没有步步逼近，而是转身逃开了。

在这几次枪击中，萨顿发现外星人走路时好像并不需要腿，而是飘来飘去的。只要被枪击中，他们的身体就会发出异样的光芒来，一闪一闪地，像是在发求救信号，然而有的外星人身体非常强悍，不怕枪支的射击。萨顿很害怕，于是决定向警察局求救。打通电话后，警察大约在一个小时之后到了农庄，因为农庄离城市比较远。

警察们在听完外星人事件后，便陪着萨顿在农庄进行检查，他们围绕着农庄仔细搜索，但是搜索到半夜，也没有找到萨顿所说的外星人，警察们便怀疑萨顿说谎，糊弄警察，于是大声谴责萨顿这种行为是在浪费社会资源，是不道德的。萨顿争辩无力，警察们更觉得萨顿是在说谎，于是便离开了。

然而就在警察离开后不久，萨顿看到那些可恶的外星人又出现了，他再次报警，警察却不再相信他。外星人趴在窗户上，一双大眼睛好奇地打量着屋内的人，屋内一片寂静，没人敢说话，萨顿的额头因为恐惧而渗出了豆大的汗珠。半晌，萨顿深吸一口气，然后慢慢转移到窗户前，举枪射击，这次并没有击中外星人，但外星人好像知道被枪支打到虽不致命，但是也并不好受，因此随着枪声一起消失了。这个晚上，萨顿一家和年轻人都没有入睡，因为不时有外星人出现在窗户外，他们怎么敢安然入睡呢？萨顿等人和外星人这样对峙着，直到太阳快出来时，这些“大眼睛的小矮人”才离开。

农庄遭遇外星人的事情很快便闹得满城风雨，越传越玄乎，不少人前去农庄想一探究竟，甚至有人从萨顿家人口中套出了外星人的模样：眼睛非常大，呈圆形，两眼之间的距离也很大，没有头发，鼻子和嘴都非常小，四肢短小，但是手很大，骨节分明，行动起来身躯直立，不能肯定的是他们究竟有没有颈。但是在一些问题上。萨顿家人的回答有矛盾之处，因而有人认为萨顿一家人在说谎，这让萨顿一家很灰心，于是他们拒绝再跟任何人谈起关于外星人的事情。

枪击外星人的事件虽然遭到了很多人的质疑，但是也有人相信事件是真实的，按照他们的说法，他们在萨顿家并没有见到书籍、报纸之类的，因此萨顿家人可能在此之前就不了解外星人，所以才导致他们所说的话有些矛盾，因为他们说的都是自己见到的。另外，萨顿一家即使遭到舆论质疑，仍然不改变自己所说的话，他们近乎偏执地认为所讲的都是实话。

也许这种态度并不能表明他们所说的话是真的，但是确确实实表明了他们的人格。

· 外星人都是来者不善吗 ·

尽管无数影视作品中都塑造了奇形怪状、缺乏美感的外星人形象，但相信很多人依然对外星人抱有美妙的幻想。

不过对于外星人，鼎鼎大名的科学家霍金有着自己的看法。据《泰晤士报》报道，霍金为1997年的《探索》频道五月份播出的新纪录片《斯蒂芬·

霍金的宇宙》撰写了新的文稿，整部纪录片子耗时三年，规模宏大，而霍金也在其中谈论了自己对于外星人的看去。

他认为，“外星人”这种生物确实存在，他们真真切切地存在于银河系中。不过他推断，那些外星人的智商未必有多高，而他们对地球人的态度也不一定会友善，如果让他们与地球人相遇，也许他们对地球人的恐惧程度要高于我们对他们的恐惧程度，不过，他们的可怕之处在于，他们对人类造成的威胁会比较大。

“假如外星人真的来到地球，我想就和欧洲人发现新大陆差不多。想当年，哥伦布发现了美洲大陆，结果那些美洲的原住民却遭了殃。我想，外星人如果要来地球上，恐怕是来者不善，善者不来。”

霍金认为，如果外星人要登陆地球，他们只能坐着自己发明的大型飞船过来，而且要耗费很长时间才能来到地球。由于旅途劳顿，且出发时带着的资源也消耗得差不多了，他们必然要在地球上开辟殖民地，以供他们的日常所需。就算登陆其他星球也是一样的，甚至会像电影中描述的那样，将人类抓去做苦力。

从最初的《星际迷航》再到《E·T》，以及后来的《飞向太空》，人们对于宇宙的探索和想象从未停止过，人类一直想开拓外星资源，期望能发现一丝来自其他星球的生命迹象，甚至希望与外星人发生联系，然后交流沟通、互利互惠。可是霍金却语出惊人：“最好不要主动与外星人发生联系。”

2010 年 4 月 25 日，霍金在一部关于科学和宇宙的纪录片《跟随斯蒂芬·霍金进入宇宙》中出镜，他说，外星人存在的可能性非常大，但人类最好不要尝试去寻找他们，而是应该极力避免与之接触。在这部纪录片中，霍金详细地向观众介绍了他对于是否存在外星人以及其他宇宙未解之谜的看法。

他指出，宇宙中存在着上千亿个星系，且每个星系都包含着大量的星球，仅凭这一简单的数字就能够断定外星必然有生命存在。然而，真正的挑战在于，我们非常想弄明白所谓的“外星人”到底长什么模样。霍金认为，外星生物很可能只是以微生物或者初级生物的形式存在，但不能够排除会有威胁人类的智能生物存在的可能。

这些生物大概已经快耗尽他们本星球的资源了，因此不得不选择巨大的太空船来居住。霍金认为，这些高级的外星人很可能会变成“游牧民族”，靠征服新的领地而活下去。如果真是这样，那么地球偌大的资源库对外星人来说可是宝贝，如果他们来到这里，很可能会疯狂地将地球洗劫一空然后离去。人类先前想与外星人主动接触的想法有些“太过冒险”了。

美国著名的历史学家尼尔曾说过：“在地球上，强大的（比较发达的）文明控制比较弱小的文明，并不取决于彼此政治上的从属关系。”因此，当一个弱小落后的文明与一个水平远远在其之上的外地文明建立联系的时候，弱小的文明就会被强大的文明所“压制”，最后消融于强大文明的势力之中。

不过，中国著名的数学家和语言学家周海却有不同的看法，他在 1999 年发表的名为《宇宙语言学》的论文中指出：“这类担心是完全没有必要的，因为文明越是高级，就越珍惜和平，这也是古代战争多、现代战争少的原因，如今在地球上和平的观念早已深入人心。若外星人比人类更加高级、聪慧的话，那么他们的理智便能决定他们必须有分寸地对待一切宇宙智慧生命体。”因此他认为，即便人类主动和外星人发生联系也没有那么可怕，地球人与外星人将来一定能够和平共处并友好地发展的。

看来，对于地球人和外星人究竟是否能和平共处这个问题，还将继续争论下去。

·“黑衣人”之谜·

我们在电影中看到的“黑衣人”，身穿黑衣，戴着墨镜，来回穿梭于各个时空。

1973年，美国杂志《宇宙新闻》中有一篇关于“黑衣人”的论文，这篇论文发表后很快在科学界引起了广泛关注。该论文的作者列举了大量的事实，证明所谓的“黑衣人”在地球上是存在的，而且在古代就已经有“黑衣人”存在了。

按照作者的说法，在几个世纪之前，“黑衣人”的活动远没有现在这么频繁，当然也没有现在这么公开。如果这些“黑衣人”当真肩负的使命是保护他们那个星球的人的话，那么可以断定，他们现在受到的来自地球科学家们探索发现的威胁要大于以往的任何时候。在古代，由于人们很迷信，所以会把“黑衣人”的出现当成一种神秘现象，而不去深究，但现在人们的思维已经逐渐开放，不再迷信，更不会把“黑衣人”当作神秘现象，反而会产生很大的热情去研究“黑衣人”。

有的人认为，他们是外星球派到地球上的调查者，是来掌握地球资源情况的。不过到目前为止，还没有人能够掌握这些“黑衣人”的信息，人们所掌握的只不过是一些由猜测或者听他人所说的内容，大部分人对“黑衣人”的印象还停留在电影中他们的外型上：“黑衣人”都穿着黑衣，戴着墨镜，看起来非常魁梧强大。“黑衣人”会在需要的时候与人类接触，在经过详细的问答后，“黑衣人”还会使用一种技能让人类忘掉刚才发生的事情，和“黑衣人”有关的一些照片、记录什么的，都会被他们顺手拿走。“黑衣人”虽然实力强悍，但是他们很少杀人，也许是因为他们并不想让太多的人知道他们的存在，这样的话，对他们探索地球资源是非常不利的。

也有人认为，“黑衣人”是美国中央情报局的情报人员，之所以把身份弄得这么神秘只是为了伪装。这种假设曾一度广为流传，还专门有人为此发表文章。加拿大《魁北克UFO》杂志的某一期上就刊登了署名为威多·霍伟尔的名为《“黑衣人”与中央情报局》的文章。文中说：“关于‘黑衣人’的传说很多，我们在世界各地的书籍上都见过有关‘黑衣人’的详细介绍，在电影屏幕上也看到过很多‘黑衣人’的身影，有的人甚至宣称拿到了‘黑衣人’存在的证据，但是他们又说如果他们不能够为‘黑衣人’保密的话，就会性命堪忧。‘黑衣人’通常会把所有有关‘黑衣人’的证据都拿走，他们非常小心谨慎，同一个地点，通常不会出现两次。”他认为，因为中央情报局一直在调查关于飞碟的问题，而且，为了让那些诚实的目击者说出有关飞碟的情况，使用“黑衣人”的手段来让他们开口。

世界上一些研究UFO的专家指出，种种迹象表明，“黑衣人”的存在是毋庸置疑的，因为他们同人类有所接触的事例已经很多了。所以，我们没有任何理由将这种接触说成是某种幻觉。但是，将“黑衣人”说成是中央情报局的情报人员，却是站不住脚的。

在不同的历史时期，人们对于“黑衣人”的看法也是不一样的，除了有中央情报局的情报人员被当成“黑衣人”外，其他如社会工作者、国际银行家等也都有被当成“黑衣人”的经历，因而认为中央情报局的人员是“黑衣人”的说法是站不住脚的。因为这些神秘的“黑衣人”早在这之前就已经是“知名人士”了。

1880年，在美国新墨西哥州的加里斯托·江克辛村，有4个人看到过一个有着和鱼差不多形态的东西从村子的上空飘过，他们很好奇，于是跟着这个东西往前跑，不久后，这东西突然落了下来，这4个人赶紧跑上前去察看，却发现是个像瓦罐一样的东西，“瓦罐”上还刻满了奇怪的文字。村民们把这个“瓦罐”送到了镇上的一家商店里。不久后，有一个打扮很神秘的人前来商店用大价钱买走了那个“瓦罐”，从那以后，很少有人再谈起这个像瓦罐一样的东西。

诸如此类的事例不胜枚举，有的甚至发生在更遥远的年代，因此中央情报局的假说自然无法成立。另外，按照目击者所描述的“黑衣人”的情况来看，“黑衣人”的实力是非常强的，他们有足够的能力将目击者直接干掉，所以怎么会让目击者活下来，给自己惹来那么多麻烦呢？

1951年，在美国佛罗里达州的基韦斯特发生了一件奇怪的事情。有一天，几个海军军官和水手正驾驶着一艘汽艇在海面上飞驰，突然，一个发出脉动式光线的像雪茄一样的神秘物体随着海浪出现在他们眼前，只见这个物体上射出了一条淡绿色的光柱，直插海底。他们几个人都声称看得清清楚楚。其中还有一个非常有意思的细节，那就是当这个雪茄形状的物体随着海浪出现之后，他们周围的海面上霎时间翻起了很多死鱼，这个时候远处的地平线上突然出现了一架飞机，然后他们就看到那个神秘物体也随着飞向高空，很快便消失不见了。

这几个人惊诧不已，半天都没有缓过神来，他们议论纷纷，但谁也说不清楚这到底是什么东西。随后，汽艇在基韦斯特港靠岸，军官和水手刚下船就迎面遇上了一群身穿黑色衣服的官员，这些官员拦住他们，详细地问了他们许多问题，而且不断地让他们描述在海上看到的情形。其中一名目击者说，这些黑衣官员们正试图用提问的方式暗示他们，最终要使得他们的目击报告失去真实性。简单地说，他们被暗示要求必须对刚才海上发生的一幕保持缄默。

在艾伦·海尼克博士所著的《不明飞行物：虚幻还是现实》一书中，博士也写到了有关“黑衣人”的事例，只是没有沿用这个名词。书中一篇名为《第三类近距离接触》的文章中讲到这样一个事例：

那是在1961年11月的一个寒冷的夜里，有4个人在美国北达科他州看到一个明亮的飞行物停在一块空地上。起先，他们并没有在意这个物体的来历，只是以为这个飞行物发生了故障，因此四个人把车停在了公路旁，熄了火。经过一番商量后，他们决定过去看看，要知道，在这样的雪夜中若是有人滞留在这里是非常危险的。

4个人爬过了一道篱笆，朝着那个飞行物跑过去，令他们惊讶的一幕发生了，在这个形状怪异的飞行物周围，站满了看上去不是地球人的古怪生物(作者将其称为类人智能)，他们停在原地，无法挪动脚步。这时候，一个类人智能向他们做出了威胁的手势，让他们赶紧离开。出于自卫，这4人当中的一个随手拔出枪朝着对面开了一枪，那个打手势的类人智能应声倒下，像是真的中了弹。紧接着，停在空地上的飞行物突然起飞，钻入天际，这4个人吓得撒腿就跑。

第二天，突然有人来到他们的工作单位找他们，并且把其中一人带走了。这个人被带到了一群陌生人面前，这些陌生人对待他的态度并不客气，先是盘问，然后就到他的家中到处翻找，而且特别仔细地检查了他的鞋子，然后什么话也没留下就走了。

从这以后，这4个人再也没有提起过这件事，此事也就成了一个无法解开的谜。

英国有一份著名的杂志《飞碟杂志》，它的创办者名叫瓦维尼·格范。格范先生晚年时不幸罹患癌症，并于1964年10月22日去世。从表面上看，他的死并没什么奇怪的地方，可熟悉他的人都知道，格范先生在家中保存了很多详细的飞碟资料，然而在格范先生死后，他的家人却连一份材料都没找到。

而另外两位蜚声世界的飞碟研究专家也突然死去，且死因离奇。更让人感到惊异的是，据他们的助手称，两人在离世之前，正准备对世界宣布他们对于飞碟的最新研究成果。

弗兰克·爱德华兹在他所著的一本书中也曾讲过一个事例：1965年12月的一天，一位供职于美国某联合企业的中层领导突然目睹了一个飞碟，不过他搞不清楚这到底是亲眼所见还是幻觉。过了几天，有两名“军官”来拜访他，询问了他很多问题，然后措辞严厉地对他说：“我们相信你应该明白自己接下来该怎么做，无须多说，但我们给你一个建议：最好不要向任何人谈起这件事情。”

当然，人们可以相信，这两名“军官”就是真的美军军官，然而蹊跷的是，很多目睹过飞碟的人也遇到过同样的事情，而且这些“军官”的行为都很反常。当目击者谈到他们的时候，所描绘的特征基本一致：东方人的脸；身材比一般人要高大很多；他们乘坐的车子从外形到车牌都非常罕见……有的目击者也曾向军方提出抗议，但军方否认曾做过这样的事情。

有人称，有关组织已经调查了和“黑衣人”有关的50多起案件，那些事后出现的“军人”或“军官”要么是直接找到目击者，要么是通过电话和目击者联系。这位爆料的人说他曾经走访过五角大楼，想验证一下军方是否真的派出过“黑衣人”去“骚扰”目击者，但得到的答复是，军方没有任何人听说过他提到的这50多起事件中的任何一起。

那么，这些神秘的“黑衣人”到底是些什么人呢？他们来自哪里？他们是用什么手段找到目击者的？又有什么目的？全世界的飞碟研究者都在思考这些问题。

1971年，加拿大的《阿法杂志》刊登了一篇名为《神秘现象研究会的思想线路》的文章，文章中详细分析了与“黑衣人”有关的很多线索，并且给出了结论，作者认为，在“黑衣人”、海底碟状形物以及水下失踪案之间存在着一定的关联性。

作者假定“黑衣人”就是外星人。出于保密或者类似的原因，这些人常常会袭击地球上的飞碟研究者。因为这些研究者可能掌握了这些人的一些信息，出于安全考虑，他们才会对研究者下手。由此推断，这些外星人可能已在地球上的某个地方建立了基地，只有如此，他们才能够监视那些观察他们的人，控制那些对他们有威胁的人。当然，他们建立基地的目的肯定不是监视这些研究者，也许是有着不可告人的秘密，因此他们才会偷偷摸摸，不敢光明正大地与人类接触、沟通。

另外，作者推断，这个秘密基地就设在海底。因为海底就目前来说，仍旧是人类不可涉足的地方。外星人将基地设在海洋深处是非常隐蔽和安全的。人们常常会看到一些关于海洋上的离奇失踪事件，这也许就是因为这些游轮或者潜艇太靠近飞碟的海底基地的缘故，也或许是这些潜艇意外地拍到了海底基地外层设施的照片，而被外星人“处理”了。

作者认为，外星人存在的假设是有理有据的。但“黑衣人”并不会对所有的地球人进行袭击，他们只是针对那些“发现了‘黑衣人’存在的人”。至于那些寻找证据或者正在寻找证据的人，“黑衣人”往往不会去干涉。

约翰·基尔发现，在有关“黑衣人”的各项研究中有着一个奇妙的线索：所谓的“军官”都竭力反对和掩盖飞碟是来自地球的假设，同时他们暗示人们去猜测飞碟其实来自于某个星球。

这里还有一个非常有趣的现象，很多研究机构都报告曾经丢失、损坏或者神秘失踪了一些物品，而那些物证恰恰都是与飞碟的来源有关的。

如此一来，我们是否可以怀疑，特洛伊遗址的发现者的孙子保罗·施利曼的神秘失踪就是“黑衣人”所为呢？

第九章　神秘的 UFO

UFO 是指不明来历、不明空间、不明结构、不明性质，但又漂浮、飞行在空中或太空的物体。一些人相信它是来自其他星球的太空船，有些人则认为 UFO 属于自然现象。

· 神秘的 UFO ·

2006 年 6 月 24 日、27 日两天，在中国的乌市、奎屯、乌苏、塔城、呼图壁 5 个地方都出现了不明飞行物（UFO）。

这个现象很异常，很快便引起了 UFO 爱好者的注意，自从 24 日起便有不少爱好者直接驱车去这 5 个地方，希望能够一睹 UFO 的风采。

最先发现 UFO 的是奎屯市市民徐胜。在 24 日这天晚上，大概 23 点，徐胜正在街边和朋友聊天，突然发现西南天空上出现了一个半透明的发光体，发光体的速度很快，朝着奎屯市方向奔来，徐胜意识到这可能就是传说中的 UFO，于是赶紧取出手机拍下了照片，这个发光体在天空中出现了不到十秒钟。几乎同时，乌市也在 23 点时出现了不明飞行物。据目击者称，这个飞行物和徐胜见到的有所不同，飞行物有 4 个角，角边缘处很明亮，仿佛 4 角都装上了一盏明灯。这个飞行物在空中大约持续了 1 分钟的时间，然后便消失不见了。

呼图壁离奎屯市有着上百千米的路程，但在这天晚上，天空中也出现了不明飞行物，且目击者众多。其中有个出租车司机观察到了不明飞行物从出现到消失的全过程。当时他正把出租车停在路边，打算抽烟解乏，这时远方的天空突然出现了一个像月亮那样的发光体，但司机很快发现发光体并不是月亮，因为发光体只有最中间的物质非常亮，越往四周越暗，飞行物的运动速度很快，转眼间就从北方的天空来到了司机头顶的天空上，然后便消失了，整个过程持续了十几秒。

紧接着，塔城上空也出现了一个不明飞行物，呈放射状三角形，速度非常快，很明亮，在飞行物的照耀下，整个塔城像是笼罩在朦胧的月光中，飞行物自西向东飞过，大约持续了几十秒便消失了。

24 日 23 点发现不明飞行物的地方不少，因而很多人打算在 25 日观测飞行物，但是 25 日晚并没有飞行物出现，反而是第二天的 11 点，有人在乘坐公交车时，发现天空中有个月亮大小的发光体在移动，速度非常快。

两天时间内出现了这么多不明飞行物，在 UFO“历史上”还是第一次，对于 5 个地区先后出现 UFO 现象，中国科学院国家天文台乌鲁木齐天文站党办主任薛济安认为，目前对于不明飞行物的描述，都是根据目击者的言辞整理出来的，但是即使在对待同一个事物时每个人的看法也是有所不同的，再加上目击者的受教育程度、对 UFO 的了解程度等都可以影响他们对 UFO 的看法，基于以上几个原因，他不能判定出这些不明飞行物到底为何物。

UFO 常常被人当作外星人所使用的飞碟、飞盘等。从 20 世纪 40 年代开始，美国人在天空中发现了不明飞行物，当地报纸把它称作“飞碟”，是因为它的形状看起来很像碟子，但是后来所发现的很多不像碟子的不明飞行物也被称作飞碟，因为“飞碟”这个说法已经得到了世人的认可。事实上，不明飞行物在古代就出现了，沈括的《梦溪笔谈》中就有关于不明飞行物的记录。

迄今为止，世界上绝大多数国家都曾经发现过不明飞行物，不少人还自发地组织起来成立 UFO 研究团体。不明飞行物形状千奇百怪，出现时的场景也不相同，速度也各有差异，因而很难将它们归类。不过对于它们的起源，目前科学家给出了很多种说法。

第一，关于不明飞行物最主流的起源之说，就是这些 UFO 是外星人制造的飞行器。事实上，我们平时所说的都属于这一种。

第二，UFO 是种天气现象，是由于奇特的气候条件形成的。

第三，错把其他已知的物体当作了 UFO。曾发生过把飞机灯光、阳光反射物人造卫星、火箭、海市蜃楼、流星、云块、降落伞等当作 UFO 的事情。美国空军曾经对 12618 件目击 UFO 的案件进行调查，结果显示，目击案中至少有 80%的人是错误地把已知物体当成了 UFO，甚至还有人弄虚作假，制作欺骗人的假照片。

第四，心理现象，即有些人看到的 UFO 可能只是幻觉、幻影，是在大脑中虚构出来的，正所谓心里有什么，看到的就是什么。

在现实生活中，我们常常会遇到一些解释不了的事情，尤其是科学都无法解释的事情，这时我们就会认为这件事是外星人所为，但宇宙是非常神奇的，即使经过上百年的探索，人类对宇宙的了解仍是非常有限的，所以说不要把所有科学无法解释的事情都归因到外星人身上。

从目前已知的 UFO 案例来看，绝大多数案例资料都是由一些 UFO 爱好者填写的，这些爱好者没有经过专业的训练，不懂得如何判断眼前的不明飞行物究竟是不是 UFO，这样就给探索 UFO 现象带来了一定的困难，也导致了目前已知的 UFO 案例中绝大多数都是假案例。但是其中也有不少具有价值的资料和照片，所以说作为一个UFO爱好者，要从各方面去提升自己的水平，如此才能做出最正确的判断。另外，人们发现，在UFO案例中，很少出现天文学家或者UFO研究专家。这是因为这些人具有基本的天文学素养，能做出正确的判断，所以才不会把自然现象当作UFO。

最近有科学家提出，UFO的出现可能跟自然现象“精灵闪光”有关。物理学家科林·普莱斯认为，雷雨天气会出现闪电现象，闪电刺激了天空中的电场后，就会产生一种被称作“精灵闪光”的光亮，而且精灵闪光经常会快速前行或者旋转飞奔，这样的话，从地球表面看起来，就像是有不明飞行物在闪闪发光。

也有科学家认为，不能排除UFO跟外星人有关。

· UFO为何多呈碟形 ·

1947年6月24日，美国飞行员肯尼思·阿诺德说自己在飞行时曾经发现很多不明飞行物，这些飞行物大都是碟状的。

按照阿诺德的说法，在24日那天，他开飞机升空主要是为了寻找一架失踪的运输机，本来他是按照既定路线飞行的，但是没有结果，于是他索性随意地飞，就在这时，他遇到了另一架飞机，这架飞机在他身后，但是他发现这架飞机的旁边有个闪着白光的不明飞行物，他本来并不在意，但是不久后，他看到有9个碟形飞行物从他的飞机旁经过。飞行物速度很快，他全速前进，仍被远远地甩在后面。

阿诺德把这件事报告给军方，但是军方认为可能是阿诺德出现了幻觉，或者是海市蜃楼，但是阿诺德认为自己所见到的是真实存在的。阿诺德发现不明飞行物的事情传播开来，立即有不少人表示，他们也曾看到过这种碟形的飞行物，如美国联合航空公司的机组人员也发现了这9个碟状的不明飞行物。

阿诺德事件掀起了人们对于不明飞行物的关注热潮，自那以后，经常会有新闻报道称发现了不明飞行物。不过很奇怪的是，按照绝大多数人的描述，他们所发现的不明飞行物都是碟形的。这点让人很是奇怪，难道说是外星人故意将不明飞行物制造成碟形的？那么外星人为什么要将其制成碟形，而不是其他形状呢？

我们目前能够经常看到的飞行物大概是飞机，有人认为飞碟要是制造成飞机的样子，就不可能有现在的速度，因为飞机转弯是需要时间的，而且速度越大，需要的转矩就越大。若做成碟形则不需要转弯，能够瞬间转变方向。前方有障碍物时，飞碟也可以在短时间内将飞行方向改为后退，而不用像飞机那样靠左转弯或右转弯来改变方向。而碟形要转弯，只需要旋转一定角度就可以了，因此具有高机动性。飞碟可以垂直升降、悬停或倒退，而且还能高速飞行，它的时速是现在的飞机远远不能达到的。

下面来看看飞碟之所以为碟形的其他说法。

仿生说：雷达的发明就是仿生学的功劳。蝙蝠在飞行时会释放出一种超声波，这种声波遇到障碍物就会反弹回来，这样蝙蝠就知道了前面有障碍物，就会躲开，但这种超声波人类是听不到的。后来人们根据蝙蝠的这个特点制造了雷达，如今雷达的运用范围是非常广泛的，如航空、飞机等。这样，就有人怀疑碟形飞行物是根据鱼形仿生的，鱼是流线型，在水中游泳能够克服阻力，另外碟形飞行物的颜色跟鱼也很像，外星人生存的星球上一定也有鱼或者类鱼生物。流线型有助于飞行，能够减少阻力，在飞行时可以飞得更快，也有利于节省燃料，所以外星人将飞行物制作成碟形。

反重力说：人类之所以能够站在地球上而没有被甩出去，就是因为重力的作用。重力等于质量乘以物体的加速度，当物体的速度不变时，其重力大小取决于物体的质量，质量越大重力越大。而反重力系统则是施加给物体一个反作用力，当重力和反重力达到平衡时就能使物体悬浮在空中。有人认为碟形飞行物能够在一定的转速下产生反重力的力场，达到平衡，减少对燃料的消耗。

空间限制说：外星人建造飞碟的目的就是为了在宇宙中飞行，而且一飞就是几十光年，因此不可能按照普通速度去飞行，那样的话就太费时间了。因此，有人猜测外星人可能掌握了穿梭时空隧道或者其他能够高速飞行的办法，但是要达到这个速度是要受一定限制的，其中一个就是空间限制，因此外星人把飞行物制造成碟形的样子或许能够减少空间限制。

自我保护说：飞碟能够做到时隐时现，有时人的肉眼可以看到，但是雷达却侦测不出来；飞碟能够 360 度无死角地发射武器，这样的话，即使遭遇四面埋伏的情况，也能够有一定的自保能力，而且即使在敌不过对手的情况下也能全速逃脱。

另外，还有一种说法是目前人们看到的不明飞行物大多数都是碟形的，因而人们也就想当然地认为 UFO 就是碟形的。有人认为，也许这些碟形 UFO 只是外星人所使用的劣等飞行器，也许有一天人类发现外星人时，会惊讶地发现外星人的飞行器并不是只有碟形，而是还有其他形状。

关于 UFO 的碟形之因还有很多种说法，这些说法看上去都有一定的道理，但是目前又得不到确认，相信在科学家的努力之下，谜底早晚会被揭开。

· 追踪凤凰山 UFO 事件 ·

在古老的东方土地上也曾发生过次数相当多的 UFO 事件，其中以“凤凰山事件”最为特殊、最为轰动。

这次事件，按照《与 UFO 的五类接触》中的标准，属于第三类接触，即与 UFO 距离很近，看清了 UFO 里的情景，但这样的距离难免会让人出现不适应或者不正常的反应。

要说起“凤凰山事件”，就要从凤凰山林场职工孟照国开始讲起。凤凰山林场位于黑龙江省五常市境内，孟照国在林场工作多年，对林场的环境非常熟悉。在事件发生的那天，他正和以往一样在林场工作。不久后，有人突然惊呼起来，说是在凤凰山南坡看到了一个不明飞行物，这个人还称自己曾多次看见这个不明飞行物围绕着林场飞行。孟照国本来把此话当作无稽之谈，但是见他说得如此认真，于是便决定去看看。

1994 年 6 月 7 日，孟照国和一个亲戚前去查看这个 UFO。凤凰山南坡是个陡峻的斜坡，很难爬，再加上又是夏季，孟照国的额头上很快便出现了大颗大颗的汗珠，但远远地就能望见 UFO 了，孟照国很兴奋，于是加速前行。在距离 UFO 一百米左右时，孟照国看到 UFO 就像是一只巨大的蝌蚪，等他们再靠近一点，这个巨大的蝌蚪竟然发出声来，仿佛在警告孟照国不要靠近。这个时候，孟照国身体上已经出现了一些不适应，腰带上有金属扣的地方晃动不已，在这种情况下，孟照国没有办法前行，只好和亲戚原路返回，并将所见所闻告诉了林场的同事和领导。

6月9日，领导决定派人去查看UFO，这一次去了30多个人，大多数都是林场的职工，在距离UFO约100米的距离时停下来，拿出准备好的望远镜，通过望远镜察看，然而除了孟照国外，其他人什么都没有看到。孟照国边看边详细地描述，那巨型的“蝌蚪”还在那里，在前面有个穿着金属服装的外星人，金属服装在UFO的光照下显得流光溢彩。孟照国看见那个外星人突然拿出一个小盒子放在手心，这个小盒子突然发出一道光，朝着孟照国的眉心而来，然后孟照国觉得眼前一亮，就昏迷了过去。

看到孟照国昏迷，领导有点慌乱，急忙组织大家将孟照国送往林场医务室。孟照国虽然在昏迷中，但是他的身体却在不断地抽搐，而且力量很大，足足六个人才强行将孟照国压住。孟照国清醒后，坚持说自已见到了外星人，然而其他人却说没有见到，他们说的都是实话，透过望远镜，他们确实什么都没看到。林场医生检查后发现，在孟照国的眉心处有个伤口，经检测这个伤口是因为高温而形成的。医生的话似乎成了孟照国见过外星人的证据，大家面面相觑，不知如何是好，最终，领导让孟照国好好休息，这件事就先这样了。

孟照国休息了很多天，身体逐渐恢复了，但在恢复身体的那些天也发生了一件奇怪的事情。7月某天，孟照国站在门外敲门，家人很奇怪，因为孟照国很早的时候就睡了，而家人前去孟照国房间时却发现他不在屋内，但是让家人更奇怪的是，屋门是锁着的，窗户也从里面锁住了，孟照国是怎么出去的呢？

孟照国遭遇UFO的事件很快便流传开来，不久后，中国UFO研究会前来凤凰山林场调查，他们进行了详细缜密的调查，希望能够对这次事件有一个合理的解释。有会员说，他们在调查的过程中，重点是孟照国，但是也没有忽略对其他人的调查，同时还调查了当地的人文因素。按照林场职工以及孟照国的朋友、邻居等的反馈来看，孟照国是个诚实守信、正直善良的人，他不可能撒谎说自己遇到了 UFO。

随着科学的发展和 UFO 事件的频繁出现，人们似乎更加肯定宇宙中存在着外星人。

· 神秘的空中火车事件 ·

和“凤凰山事件”齐名的就是“空中火车事件”，它们被誉为中国境内发生的“两大 UFO 事件”。

1994 年 11 月 29 日，如果不是这晚发生了“空中火车事件”，那么和以往的黑夜也没有什么不同。沙石场老板兰德荣正在沙石场看着白天刚开采出来的沙石，以免晚上有人前来偷沙石。

30 日凌晨 3 时左右，天公不作美，开始下起小雨来，同时不知从哪儿传来了沉闷的声音，等到声音足够响的时候，兰德荣才意识到这声音跟火车行驶时的声音相似。听声音，这火车好像是朝着沙石场而来的，他抬头望了下天空，瞬间惊呆了，于是急忙喊醒自己的妻子，妻子迷迷糊糊地醒过来，也被眼前的景象惊呆了：只见天空中出现了一个巨大的火车头，后面是连绵不断的车厢，看不到尽头，火车头发出耀眼的光，其中还有一束光照耀在沙石场上，让沙石场看起来如同白昼一样。兰德荣惊慌失措，他不知道下一刻将会发生什么。

妻子比兰德荣要镇定很多，她下床将门边的一根铁棍抓在手中，要是火车真的撞上门来，她就跟“它”拼了。然而铁棍好像并不老实听话，在她手中摇晃不已，好像下一秒就要飞出去，她使出全身力气才勉强让铁棍没能挣脱出去。另外，她还看到屋内几乎所有的金属物品都在摇晃不已，有些质量轻的物品已悬浮起来，慢慢地朝屋顶飞去。这种现象很像空中有个大磁铁，然后这些物品都朝着磁铁的方向飞过去。

紧接着，门外面传来物品被撕裂的声音，很沉闷，像是所有的物品瞬间被撕裂了，因为如果只有一件物品被撕裂的话，声音应该是清脆的，兰德荣认为沙石堆可能坍塌了。然而，等空中火车消失后，兰德荣走出屋子，才发现沙石堆并没有坍塌，那些声音可能是来自别处。

事实上，沉闷的撕裂声是从林场传来的。林场职工说，晚上他曾看到天空中出现了一个像火车的巨大飞行物，火车头发出耀眼的光芒，其中有一束光照耀在林场周围，接着不久后，他便听到了沉闷的撕裂声。

第二天，林场职工去查看林场时，惊讶地发现林场的树木遭到摧毁，起初职工以为是有人盗伐树木，或者纵火焚林，但是等他在林场走了一圈后，便彻底否定了这种看法：大片大片的树木被折断，有的像是被焚烧过一样，甚至还出现了灰烬，数百亩的树木都被拦腰折断，损失的商品木材有2000多立方米。

“空中火车事件”发生在贵州省贵阳市，发生的时间在深夜，当时很多市民都睡着了，但是据说有不少人在半夜被沉闷的声音吵醒，等他们意识到发生了什么后，“空中火车”已经消失了。全国各地的UFO研究专家听说后，便不远千里地赶往贵州，希望能够亲眼看见“空中火车”。林场究竟是如何被摧毁的？

有些人认为那些被拦腰折断的树木，很有可能是被空中火车撞上造成的。他们觉得，如果不是空中火车造成的，那么还有什么力量能够在短时间内摧毁这么大面积的树林呢？而且，在11月30日这天，很多地方出现了日全食现象，这个时候地球、太阳、月亮处在一条直线上，外星人可能在趁这个时间观察地球，因而发生了“空中火车事件”。

后来，又有不少科学家、UFO专家前来林场考察，但最终都没有给出明确的结论。

· 适合做UFO基地的地方 ·

UFO都是经过一番跋涉才来到地球上的吗？还是说在地球上有它们的基地？

在中国的一些发达的、人口聚集的地方，很少有人见过UFO，而在西北地区，如内蒙古、新疆等地经常会有人发现UFO的踪影，这是否能够说明UFO的基地就在人烟稀少的荒漠地区呢？不然为什么UFO常常会降落在那里呢？

法国著名飞碟研究专家亨利·迪朗经过多年的研究和考察，将自己的所见、所闻和所思都写在了《外星人的足迹》一书中，迪朗在书中说：“目前已有大量的事实证明，在海洋或者大漠深处等渺无人烟的地方都是UFO降落的好地方，只有这些地方才能使外星人更好地隐藏自己，因而UFO爱好者从来不会在市区寻找UFO。从目前已知的UFO案例中可以看出，绝大多数发生地点都是海洋或者沙漠地区。”

1979年9月20日，有不少UFO爱好者在距离塔克拉玛干沙漠不远的地方，用望远镜观察着沙漠的上空，希望能够一睹UFO的风采。这一晚，UFO

真的出现了。映入眼帘的是一个橘红色的飞行物，月亮般大小，圆形，中间部位很亮，然后亮度向四周逐渐减弱，速度非常快，在望远镜中几乎是刚出现就消失了，但是仍然有人拍摄到了照片。从照片上看，这个飞行物不可能是飞机，因为形状很不像，再加上飞行速度非常快，所以UFO爱好者认为这就是UFO。

有人认为外星人之所以来地球，一是想抓地球人做实验，因此出现了很多被外星人绑架的事件；二是寻求资源。我们都知道，一个种族要想生存下去，必定需要大量的资源，如我们人类就需要大量的水资源，如果将来水资源匮乏了，人类很有可能到其他星球上去寻找水资源，而外星人也是如此。只是不知道他们寻找的资源和我们所需的资源是否相同，如果相同的话，那么地球上的资源是不是就会被外星人抢走呢？人类目前毕竟还没有足够的能力与外星人相抗衡。通常，外星人会主动回避地球人，即使接触，也会将见面人数降到最低，而在探寻资源时，会尽量避免遇到地球人。因此，他们要想建立基地，除了黄沙飞扬的大漠深处，就是广阔无边的海洋世界。

有不少目击者称，他们曾经见过UFO从海底冲出来，或者冲入海底，每次出现都会掀起巨浪，他们甚至在同一个地点多次发现UFO升起或降落，所以这个地点的海底深处很有可能存在着外星人的基地。

目前所知，飞碟最频繁出入的地方是百慕大三角区。百慕大三角区被称为“飞机的坟场”，经常会有飞机在这里失踪，就连海面上的渔船也会突然消失，有些国家发射的导弹在经过这个地区时也会突然间消失得无影无踪，人们多次组织力量前去搜索失踪物，但都没有收获。每年都有大量的UFO爱好者前往百慕大三角区，因为有飞碟在那里频繁出没。

在百慕大三角区的海底，人们还发现了不少庞大的建筑物，还有两座金字塔。海底的金字塔是谁所建？那些庞大的建筑物，以人类目前的科技发展水平，恐怕要近百年才能建造出来。

飞碟频繁出入，海底存在不明来历的建筑物，飞机、渔船经常失踪，如果把三者联系起来，人们就会很自然地认为海底存在着外星人的基地。

· 泰坦尼克号是被 UFO 击沉的吗 ·

“泰坦尼克”号号称当时世界上最大的豪华客轮，而且因为体积过于庞大，被称为“永不沉没的客轮”。

1912 年 4 月 10 日，“泰坦尼克”号开始了它的第一次航行，从英国南安普敦驶往美国的纽约。当时，全世界的人都在等着这艘船首次出航成功，但是让所有人没有想到的是，在 4 月 14 日晚 11 点 40 分，“泰坦尼克”号在北大西洋因为失误而撞上冰山，船身被撞出一个大口子，海水大量灌入，接着由于船头灌水后比较重，结果船从中部折断，在 4 月 15 日凌晨 2 点 20 分沉没，当时船上并没有足够的救生艇，再加上海水很冷，结果导致 1000 多人葬身海底。

“泰坦尼克”号不是号称“永不沉没的客轮”吗？那么它为什么会在首次航行时就沉没呢？难道真的是因为撞到了冰山而沉入大海的吗？有些科学家并不相信“泰坦尼克”号是因为撞上冰山而沉没的，他们一直在寻找其他证据，直到海洋勘察人员挖掘出了已经沉睡在大西洋底 70 多年的“泰坦尼克”号。

科学家在考察“泰坦尼克”号残骸时，发现大船的前右部分有个直径近 1 米的大圆洞，看起来像是撞到冰山上形成的。其实不然，圆洞看起来很规整，就像是用工具加工、打磨过的。要是由冰山撞击形成的话，不可能这么平整、光滑，至少会给圆洞周围留下痕迹，或者让船身出现裂痕，然而这些都没有，因此很让人费解。科学家认为这个圆洞很有可能是被功率强大的激光束击穿的，唯有如此才能解释为什么圆洞周边这么光滑整齐。

既然不是因为冰山撞击导致的沉没，那是因为什么呢？美国《旧金山纪实报》记者手中的一份绝密档案，为研究沉没之谜指明了方向。档案中这样写着："根据幸存者的证词，在海难发生的时候，他们中的某些人正在甲板上观看大海，发现远处的大海中似乎出现了一些忽明忽灭的'鬼火'，这些'鬼火'看起来像是出现在某一艘船上。"

这个说法得到了"加利福尼亚者"号船长洛尔德的证实，当时他所驾驶的船就在"泰坦尼克"号的附近，他清楚地看到了那些"鬼火"就像幽灵船似的，慢慢地撞上了"泰坦尼克"号。这艘幽灵船撞上"泰坦尼克"号后很快便消失了。因此，一些人将"泰坦尼克"号的沉没归咎于到这艘幽灵船。

科学家在水底拍摄了很多"泰坦尼克"号残骸的照片，结果他们在照片中发现了一些奇怪的发光体，而他们在拍摄时并没有发现周围有什么其他发光体。科学家认为这可能是某种会发光的深海鱼，但是后来科学家对这些照片进行更详细的分析时才发现，这些发光体并不是深海鱼。这些发光体很像是飞行中的UFO，但不是碟形飞行器，而是像一个手电筒那样的聚光体。

因此，很多人认为"泰坦尼克"号遭遇了"幽灵船"的撞击，而这艘幽灵船很明显不是人类所能建造的，最好的解释就是由外星人建造的。

第十章　探索浩瀚宇宙

古人认为："上下四方曰宇，往古来今曰宙。"宇宙是世间万事万物的集合体。它无所不包，是个极其芜杂的整体。我们人类从诞生的那一刻起就对广袤的宇宙产生了极大的兴趣，一直在想尽办法探索宇宙，发现宇宙的秘密。

· 超级望远镜的诞生史 ·

从人类开始探索宇宙时，天文望远镜就成了不可缺少的工具之一。

因为人的眼睛能够看到的范围是有限的，如果我们想看到天上闪烁的星星的星球表面，就需要天文望远镜的帮助。事实上，目前人类对宇宙的认识和了解大都是建立在观测基础上的，毕竟人类能登上去的星球很少。

宇宙有多大，目前还没有定论，但是科学家通过推测得知宇宙中有上千亿个星系，其空间之大，让人无法想象，于是人类只能靠着制作更加高级的望远镜来观测。为了加深对这个古老宇宙的了解，人们还专门制作了许多超级望远镜，不过我们先来介绍下第一架天文望远镜是如何制作成功的。

17 世纪初，在荷兰的米德尔堡有一个心灵手巧的眼镜制作者，名叫利波塞。利波塞很有童心，小孩子们都很喜欢跟他打交道。这天，有两个小孩来到他的店里玩耍，他给了小孩几个报废的镜片，其中一个小孩一手拿着凹镜片、一手拿着凸镜片，当小孩把两个镜片放在一起时，奇迹发生了，原本在远处的物体突然出现在眼前，小孩吓了一跳，还以为碰到怪物了，他把这个事情告诉了利波塞，利波塞便用纸卷成一个长圆筒，然后把凹镜片和凸镜片放在里面，世界上第一架望远镜就这样制作出来了。

后来，伽利略正苦恼于看不清远处星体的面貌，突然听说了望远镜的故事，便让学生前去打听，学生把打听到的事情详细地告诉了伽利略，伽利略便在家里忙碌了一夜，终于制作出了一架能够放大 3 倍的望远镜。在以后的时间里，伽利略不断地研究望远镜，望远镜能放大的倍数也在逐渐增加，8 倍、20 倍、30 倍……伽利略利用能够放大 32 倍的望远镜察看了月球崎岖不平的表面，发现了木星的四颗卫星。伽利略把自己通过望远镜所看到的情况告诉人们，很快望远镜便流行起来。

如今，伽利略制作的望远镜已经很少用了，因为人们又制作出了很多超级望远镜，这些望远镜为人类探索宇宙立下了汗马功劳。目前已知的超级望远镜有以下几种。

在美国威斯康辛州威廉斯湾有个叶凯士天文台，这个天文台的圆顶上有一架 40 英寸口径的折射望远镜，这架望远镜是在 1897 年制作完成的，至今为止仍是世界上最大口径的折射望远镜。

在美国波多黎各岛的碗形山谷中，有一个世界上最大的雷达观测台，叫作阿雷西博天文台。这个天文台拥有世界上最大的射电望远镜，其反射面直径为 305 米，能够接收来自宇宙其他星体的无线电波，也能够向其他星体发射无线电信号。

哈勃空间望远镜可以说是最有名气的望远镜之一了，它是以科学家哈勃的名字命名的，建立在环绕地球的轨道上。这架望远镜在地球的大气层上方，因而在观测宇宙的时候不受大气的影响。哈勃望远镜在 1990 年发射之后，就成了科学家们最常用的仪器之一。很多重要的发现都是用哈勃望远镜发现的。

在太平洋的夏威夷岛上，也有一架天文望远镜，叫作凯克望远镜。这架望远镜建立在莫纳克亚山上，这里海拔很高，人迹罕至，而且天气好的时候居多，因此有许多望远镜建立在这里，凯克望远镜只是其中之一，不过也是目前世界上最大的望远镜之一。

众所周知，望远镜观测能力的大小与其口径大小有着很大的联系，但是口径又不能无限地扩大，最好的办法就是用一些镜片组合成大口径的望远镜，凯克望远镜就是利用这种原理制作的，主镜片是由 36 块口径较小的镜片组成。在使用这种望远镜时，36 块镜片的相对位置必须保持一致，计算机会在 1 秒钟内将镜片排列好，且误差很小。因而科学家能够很方便地使用这架望远镜来观测。这种由镜片组合而成的望远镜，可以说是望远镜领域里的一次革命，通过这种方法建造大倍率的望远镜就简单多了。

目前天文学家正在建造一种超级巨大的望远镜，按照他们的说法，这种望远镜由世界各地的多台射电望远镜以及一台超级电脑组成，因此可以将它称为虚拟望远镜。其工作原理是世界各地的射电望远镜可以同时对宇宙的某一地点进行探测，由于位置不同，它们所采集到的信息也会有所不同，然后通过超级电脑对这些信息进行处理，便可以提高射电望远镜的分辨率。

经过调查发现，如果两架相隔数千里的射电望远镜同时对一个地区进行探测，那么它们就相当于一个口径是二者间距的超大射电望远镜，其分辨率非常高。

虚拟望远镜中各个射电望远镜之间的距离都很远，但距离越远，分辨率越高，所以虚拟望远镜的分辨率比世界上任何其他天文望远镜都要高，据说是哈勃望远镜分辨率的 3000 倍。目前，有科学家利用这种虚拟望远镜捕捉到了30亿光年之外的星体发出的射电信号。

可以说，没有望远镜的诞生和发展，就没有人类对宇宙的认识和了解，缺少了这些望远镜，人类便不能有今天这样的成就。

· 功能各异的人造卫星 ·

目前，除了少数国家外，各国基本上都有着成熟的人造卫星技术。

在浩瀚的宇宙中，也有着数量可观的人造卫星在运行。这些卫星能够为我们带来便利，如用来考古时，卫星帮助我们从沙海茫茫的撒哈拉沙漠中找到了在几十万年前就已经湮没了的大河。按照用途可以将人造卫星分为以下几类。

科学卫星：这是目前最主要的一种用途，很多国家发射人造卫星就是为了研究太空、地球磁层、太阳辐射、太阳黑子、月球等。

技术试验卫星：顾名思义，这种卫星就是进行新技术试验的卫星。目前各国展开了激烈的航天竞赛，在这个过程中，会提出很多新原理，产生很多新材料、新仪器、新技术等，为了确保这些都能够在太空中适用，就需要在天空中进行试验。有时为了检测新卫星的性能，也需要进行试验。在载人航天飞行之前，往往会先进行动物航天试验。由此来看，技术试验卫星所进行的项目是多种多样的，可以说，技术试验卫星是人类征服宇宙的第一步。

应用卫星：这类卫星是直接为人们提供服务的卫星，是目前种类最多、数量最多的卫星，如通信卫星、气象卫星、导航卫星、商业卫星、定位卫星、地球资源卫星等。

其他卫星：截至2012年，世界上各个国家总共发射了约6000个航天器，其中包括5000多颗人造卫星，剩下的就是空间探测器、宇宙飞船等。由此可见，人造卫星在航天器中占据主导地位。

下面我们来介绍一下我国第一颗人造卫星“东方红一号”。

1970年4月24日，“东方红一号”卫星搭乘“长征一号”运载火箭顺利进入太空中的指定位置，绕着地球运转，其最远的位置距离地球有2384千米，最近的位置距离地球则小于500千米，绕地球一周大概需要114分钟。卫星还在太空中播放《东方红》乐曲。这颗卫星是由我国自主设计的，具有非常重要的意义。

早在1964年就有科学家写信给周总理，希望能够尽快展开人造卫星计划，这个建议得到了众多科学家的认同，如钱学森、竺可桢等。人造卫星计划很快便开始实施，1965年9月，中国科学院开始组建卫星设计院，当时的总设计师是钱骥，他带领着众多科学家商议卫星设计的各种方案，并对每种方案都进行了详细的考证。在一次次提出、否决、再提出的过程中，设计方案逐渐成熟、完善起来，同时也确保了卫星的各项指标能在国际上力争一流。

当时有个非常有名的音乐舞蹈史诗叫《东方红》，给人们留下了非常深刻的印象，因而科学家决定卫星的名字就叫“东方红”。1967年，科学家们确定卫星第一次播送的歌曲就是《东方红》。

几乎所有的人造卫星，都离不开模样、初样、试样和正样的研制阶段，“东方红一号”卫星也是如此。当时我国在人造卫星技术方面还没有什么经验，所有的一切都要自行摸索，其艰难程度可想而知，但是科学家们敢于吃苦、艰苦奋斗、群策群力，克服了一个又一个难题，最终成功地制造出了我国第一颗人造卫星。

"东方红一号"卫星在酒泉发射场成功发射，一切正常，卫星与火箭分离正常，卫星准确进入了预定轨道。当时正在主持"三国四方"会议的周总理激动地说："为了庆祝会议成功，中国人民给你们带来了一份礼物，那就是中国第一颗人造卫星已经发射成功……"

1984年1月29日，我国成功发射了第一颗通信卫星。1984年4月8日，我国成功发射了一颗静止轨道试验通信卫星"东方红二号"，"东方红二号"的发射成功，表明我国成为能够自行发射地球静止轨道通信卫星的五个国家之一。

可以说，从发射第一颗卫星"东方红一号"以来，我国在卫星技术上一直不断地进步，空间技术进入了一个新的时代，取得了非常卓越的成就。我国目前已发射的卫星系列包括返回式遥感卫星系列、"东方红"通信广播卫星系列、"风云"气象卫星系列、"实践"科学探测与技术试验卫星系列、地球资源卫星系列、北斗星导航卫星系列等六大卫星系列。

现在来看一下世界各国发射的比较有名的人造卫星。

斯普特尼克1号卫星：这是第一颗进入地球轨道的人造卫星，这颗卫星是苏联自行设计的，于1957年10月4日在拜科努尔航天中心发射成功。那个时候美国和苏联正处在"冷战"阶段，可以说斯普特尼克1号卫星震撼了美国人。从那以后，美国也开始着眼于宇宙，和苏联的太空竞赛由此开始。

"辛康"1号卫星：这是世界上第一颗地球同步通信卫星，在1963年2月14日于卡纳维拉尔角发射场发射上天，成功进入预定轨道。这颗卫星呈圆柱体，由传感器、指令接收、收发装置、远地点发动机、数据传输天线等组成。这颗卫星的成功发射表明，美国在空间技术上能够与苏联一较高下。

KEO卫星：这颗卫星与其他卫星有所不同，是一个直径为80厘米的中空球体。制造这颗卫星的是法国的KEO组织，这颗卫星将搭载当今人类留给未来人类的书信以及光碟等，大约在5万年后重返地球。为了确保卫星能够在太空中保留5万年，卫星必须能够抵抗宇宙射线、返回地球时的冲击等，因此使用了非常可靠的材料来制造。同时，设计者也充分考虑了5万年后的落地情景，即卫星很有可能会落在海洋中，因而设计师将它设计为可漂浮于水面的卫星。可以说这颗卫星是非常有意义的，同时由于KEO卫星的双翼形象，人们就把这颗卫星称作“未来考古鸟”。

如今，人造卫星的分类越来越多，卫星的作用也逐渐细化，越来越多的卫星具有专一性和专业性。

· 探索宇宙的飞行器 ·

宇宙是浩瀚无边的，人类要进行宇宙探索，就要有代步的飞行器，而这种飞行器一般就是飞船。

飞船的运行时间短则几天，长则数月，而且飞船上的航天员不多，一般为2到3个。

在人类探索宇宙的过程中，随着科技的发展，人们制造飞船的能力在逐渐提升，飞船的种类也逐渐多了起来，现在我们来介绍一些“有名的”飞船。

“东方号”飞船：“东方号”飞船是由苏联设计的，比较简单，重实用，是最初常见的一种飞行器，由乘员舱、设备舱及末级火箭组成，长7.35米，重约4.73吨。乘员舱呈球形，里面只能搭乘一人，外面覆盖的是耐高温的材料，能够隔绝5000℃以下的温度。乘员舱有三个舱口，一个是宇航员出入用的，一个是返回时宇航员乘降落伞的地方，还有一个是连接设备的地方。宇航员坐在乘员舱里可以观察外面的情况，而且乘员舱里还有一种救急装置，在发生紧急情况的时候可紧急弹出脱险，然后下降到一定海拔后，降落伞会自动张开，保护宇航员安全回到地面。设备舱是顶锥圆筒形，设备舱会在返回大气层时与乘员舱自动分离，永远留在太空中。

“水星号”飞船：这艘飞船是美国第一代载人飞船。这艘飞船耗时将近5年，耗资近4亿美元，总共进行了25次飞行试验，其中有6次是载人飞行试验。“水星号”飞船的主要目的是克服载人空间飞行的难题，把地球上的飞行员送到地球轨道，然后绕着地球飞行几圈之后安全返回地球。在这个过程中，宇航员要适应太空中的失重环境，同时还要进行一些试验。

“水星号”飞船内部只能乘坐一人，理论上，这种飞船最长能够飞行2天，后来在载人飞行试验中，最长的一次是34小时20分钟。飞船总长约3米，重约1.5吨。飞船采用了当时最先进的自控系统，为了保险起见，还有两种手控方式作为备份。宇航员只需要在必要的时候使用手控方式，其余时刻完全可以交给自控系统。

双子星座号飞船：这艘飞船在1965年至1966年间进行了10次载人飞行，其主要目的是在轨道上进行机动飞行、交会、对接和航天员试作舱外活动等。这次载人飞行为“阿波罗”号飞船载人飞行提供了宝贵的资料。“双子星座”号飞船由座舱和设备舱组成，座舱又可以分为密封和非密封两部分。宇航员乘坐在密封舱，这个舱里还有其他控制设备、废弃物处理设备等，当然还有少量的食物和水；非密封舱里放了降落伞等设备。设备舱可以分为上舱和下舱，上舱主要是放置制动发动机，下舱主要是放置通信设备、燃料等。另外，设备舱还有一个作用就是可做空间热辐射器。设备舱会在返回冲入大气层后被抛掉，宇航员会和座舱一起降落在地球上。

“阿波罗”号飞船：在飞船史上，“阿波罗”号飞船无疑是名气最大的。“阿波罗”计划是人类第一次登月的伟大计划，从 1961 年 5 月开始，到 1972 年 12 月才结束，目的是为了把宇航员送到月球上，并且对月球进行考察。这艘飞船由三部分组成，即指挥舱、服务舱和登月舱。

指挥舱是飞船的控制中心，为了节省原料，这里也是宇航员工作的地方。指挥舱可以分为前舱、宇航员舱以及后舱三部分。前舱主要是放置各种设备的。宇航员舱是密封的，主要是放置生活必需品以及救生设备。后舱则装有发动机、仪器、船载计算机等等。

服务舱，舱体为圆筒形，前面与指挥舱相连。

登月舱，可以分为两部分，即上升级和下降级。上升级是登月舱的主体，由座舱、返回发动机、推进剂贮箱、仪器舱和控制系统组成。座舱里可以容纳 2 名宇航员，里面有导航、通信等多种设备。下降级由着陆发动机、着陆腿和仪器舱组成。

中国“神舟”系列宇宙飞船：从 1999 年开始，中国先后发射了“神舟一号”至“神舟十号”宇宙飞船，这些飞船奠定了中国在航天领域的大国地位。“神舟一号”飞船是中国载人航天工程的第一次飞行试验，标志着中国正式跨入了航天大国，具有非常重要的意义。“神舟五号”飞船是在 2003 年 10 月 15 日 9 时整从酒泉卫星发射中心发射的，飞行时间为 21 小时，绕地球 14 圈。飞船首次增加了故障自检系统以及逃逸系统，逃逸系统能够帮助宇航员在遇到障碍时通过逃逸火箭而脱离险境。杨利伟是“中国飞天第一人”，当年搭乘的就是“神舟五号”飞船。

“神舟六号”飞船是在 2005 年 10 月 12 日 9 时发射的，飞行时间达 115 小时 32 分钟，绕地球飞行 77 圈。“神舟六号”飞船仍为推进舱、返回舱、轨道舱的三舱结构，这艘飞船可以搭乘3名宇航员，可以一船多用。宇航员返回后，轨道舱还可以继续使用；返回舱的直径很大，比目前已知最大的返回舱直径还大0.3米。另外，飞船的安全性能很高。这次执行任务的宇航员是费俊龙和聂海胜。“神舟七号”飞船的宇航员翟志刚首次走出舱门迈入太空，实现了太空迈步，这标志着中国航天事业百尺竿头，更进一步。

2013年6月11日17时38分，“神舟十号”飞船在酒泉卫星发射中心发射成功，在13日13时18分，“天宫一号”目标飞行器与“神舟十号”飞船成功自动交会对接。中国“神舟”系列宇宙飞船标志着一个航天大国的崛起，是国家实力强盛的标志。

“奥赖恩”号：“奥赖恩”号是目前已知的最先进的飞船，融入了计算机、生命支持、推进系统等多方面的领先科技，外形采用圆锥形，这种形状在太空中阻力较小，同时又能最大限度地保证飞船的安全。飞船上还采用了可回收技术，使得载人舱不再是一次性使用，只要落在地面时破损不大，就可以重复使用。

另外，值得一提的是“奥赖恩”号的隔热层脱落技术。飞船经过地球大气层时，会产生摩擦，温度非常高，这时隔热层就开始发挥作用，但在冲出大气层后这种隔热层就没有太多作用了，隔热层脱落技术便能够让隔热层脱落，以便实现软着陆。按照计划，“奥赖恩”号飞船将于2015年飞往国际空间站，2020年开始登月，大概在2031年便可实施下一步的计划——飞往火星。

我们可以看出，随着科技的发展，科学家们制造的飞船也越来越精良。

· 炫酷的太空行走 ·

在电影中，我们常常看到超人或者外星人可以在外太空来回穿梭，速度非常快，姿态优雅，很让人羡慕。

然而现实中在太空行走是种非常危险的事情，那里处于失重状态，一不小心，恐怕就会永远留在太空中。“太空行走第一人”列昂诺夫，在出舱活动时，就遇到了危险而差点回不来。

1965 年 3 月 18 日，苏联发射了“上升”2 号飞船，这艘飞船上载有别列亚耶夫、列昂诺夫两名宇航员。列昂诺夫在舱外环境中活动了 12 分钟，成为太空行走的第一人。为了安全起见，在走出舱门时，他身上系着安全带，虽然在飞行前就已经进行了多次试验，并且苏联科学家还针对可能出现的状况提出了相应的解决方案，但让列昂诺夫没想到的是，麻烦竟然来自于身上的新型宇航服。这种宇航服有很多层，内衣是由各种管子盘成的，管子内有冷水，能够吸去宇航员身上的热量。

由于太空中是真空状态，宇航服会在其中膨胀变形，虽然在走出舱门前，列昂诺夫特意用带子绑住了宇航服，但是在太空中行走几分钟后，他发现由于宇航服的膨胀，他已经无法返回飞船了。这时，列昂诺夫明白，时间拖得越久，宇航服会膨胀得越厉害，对他的危害也就越大。所以，他索性调低了生命保障系统的气压，然而慌乱中，列昂诺夫入舱时是先进头、后进脚的，这样的话就不能关闭舱门了，于是列昂诺夫拼命旋转着身体，才终于将舱门关闭。虽然这一过程只有200多秒的时间，但是对于列昂诺夫来说，仿佛有一辈子那么漫长。这次行走，他的体重减少了数公斤，靴子里积聚了大量的汗水。

列昂诺夫冒着生命危险走出舱门，实现了人类第一次在太空的出舱活动，这对人类来说是具有划时代意义的，表明在未来的某一天，也许人类能像在地球上行走那样在太空中行走。

从人类第一次在太空中行走至今，宇航员已经实现了近百次的行走。但每次行走仍然摆脱不了特制的宇航服，宇航服有安全带，能提供在太空行走时所需的氧气等，这种特制的宇航服能够最大程度地保护宇航员的安全，以防他们在太空中飘走，或者因为缺氧而窒息。

对于“太空行走”的定义，美国和苏联有些不同。苏联认为只要宇航员在宇宙真空环境中暴露，就算是实现了太空行走，然而美国并不认可这种定义。1965年6月3日，美国发射了“双子星座”4号飞船，这艘飞船上有2名宇航员，即麦克迪维特和怀特。在太空中，怀特打开舱门在舱外行走了21分钟，舱门打开后，他的搭档麦克迪维特也暴露在真空环境中，若按照苏联的定义，麦克迪维特也算是实现了太空行走，然而至今美国也没有把麦克迪维特的名字写在太空行走的宇航员名单里。

第一个在太空行走的女性是萨维茨卡娅。萨维茨卡娅是在1984年7月17日乘坐“联盟T-12号”飞船进入太空的，等到了太空后，飞船成功地与“礼炮7号”空间站“联盟T-10号”飞船联合体对接。后来，萨维茨卡娅在舱外进行了3个多小时的活动，这点令地球人感到敬佩。

中国第一位太空行走的宇航员是翟志刚。翟志刚当时乘坐的是“神舟七号”飞船，这艘飞船于2008年9月25日在甘肃酒泉发射升空。飞船到达指定位置后，翟志刚在9月27日进行太空漫步，成为第一位进行太空漫步的中国航天员。

人类目前在太空进行活动的时间仍然是有限的，但是不可否认，人类在太空行走的时间正在逐渐增加。

· 异彩纷呈的登月竞赛 ·

1969 年 7 月 20 日，阿姆斯特朗成为首个踏上月球的人。

1969 年 7 月 16 日，“阿波罗”11 号飞船从美国肯尼迪航天中心发射场点火升空，这是人类第一次载人登月活动，这艘飞船上有三位宇航员，即阿姆斯特朗、迈克尔·科林斯与巴兹·奥尔德林。正如阿姆斯特朗所说：“这是我个人的一小步，却是人类的一大步。”从仰望月球，到登上月球，这一步跨了 5000 年的时间。

就在美国人庆祝登月成功时，苏联人却无比郁闷。众所周知，在“冷战”时期，美国和苏联曾展开激烈的探月竞赛，当时苏联人在航空领域处处领先，尤其是无人探月技术更是领先美国很多年，但在最后关头，却是美国人领先一步登上了月球，这是为什么呢?

事实上，苏联早就准备登月了，但一直都不怎么顺利，尤其是功勋科学家科罗廖夫突然病逝。苏联登月计划的总设计师是科罗廖夫，N–1 火箭是科罗廖夫为了登月计划的顺利实施，而制造的大型火箭，但是由于心脏病突发而去世。科罗廖夫的去世给苏联的登月计划带来了非常大的影响。后来，由米辛来接替科罗廖夫，但是苏联高层为了能够在与美国的太空竞争中保持优势，将还不完善的N-1火箭推向了发射台，苏联人的噩梦也由此开始了。

1968年，N-1火箭被发现存在裂缝，于是发射时间推迟到1969年2月，但是这次发射仍不顺利，火箭搭载的液氧管破裂，火箭升空后不久，便爆炸了。听说美国人要在7月16日发射“阿波罗”号宇宙飞船，苏联人不甘心落在后面，于是赶在美国人前面在7月3日又发射了第二枚N-1火箭，但是遗憾的是，由于疏忽，这次火箭在空中又爆炸了。

不甘心的苏联人又在1971年和1972年发射了第三枚和第四枚N-1火箭，第三枚N-1火箭发射51秒后，推进器失去控制，开始绕纵轴旋转，导致火箭爆炸；第四枚N-1火箭开始与宇宙飞船分离时，内置的6个第一级发动机被关闭，然而这时火箭突然绕纵轴旋转，导致推进装置毁坏，然后火箭爆炸，整个过程持续了大约107秒。

可以说，这四次事故给苏联人带来了沉重的打击，这些事故不仅给苏联的登月计划带来的打击，更多的是对苏联人自信心的打击。

但是从那以后，美国似乎也放弃了探索月球的计划。曾有传言说，这是因为宇航员在月球上发现了外星人，外星人警告人类不要探索月球。这种说法是真是假，无从得知。但是从2004年开始，世界又重新掀起了一股探月狂潮。

首先表态的是美国，美国总统小布什在公开场合说：“美国将继续进行登月探索计划，将开发一种新的飞行器在2020年之前将美国人送到月球，并且建立一个永久基地，让宇航员能够长期在月球上居住。”美国在月球上建立基地，为的是将月球当作一个跳板，探索其他星球。

之后欧洲空间局也发布了一项被称作“曙光”的太空计划，按照计划，欧洲将在2024年实现登上月球的目标。

然后是日本，计划在2020年之前将宇航员送到月球上，并且在2025年开发在月球上建立永久基地所需要的技术。

俄罗斯也参与这次登月热潮，计划在2025年实现载人登月，在2027年到2032年间在月球上建立一个能够让宇航员长期居住的基地。

中国早在2002年就公布了月球探测的三个阶段：无人月球探测阶段、载人登月阶段、建立月球基地阶段。无人月球探测阶段又可以分为绕月探测、月球表面软着陆、月球车巡视探测以及月球取样返回。

2007年和2010年，“嫦娥一号”和“嫦娥二号”都曾飞越月球，并且绘制了详细的地图。2013年12月，携带“玉兔”月球车的“嫦娥三号”探测器完成了月球表面软着陆的任务，这使得中国成为近40年来唯一一个在月球表面软着陆的国家。按照计划，中国将在2017年将月球的样本送回到地球上。大概在2020年，就有能力让宇航员登陆月球了。

很明显，未来的登月竞赛会更加精彩，更加让人难忘。

· 人类的太空家园——空间站 ·

空间站是一种靠近地球轨道运行，可以让宇航员在其中生活和工作的载人航天器。

空间站首先要保证的就是能够长时间运行，其次是满足生活在其中的人员的需求。从目前发射的空间站来看，小型空间站可以直接发射，大型的空间站则需要分批发射组件，然后在太空中组装成一个整体。

1971 年 4 月 19 日，苏联发射了世界上第一座空间站，即“礼炮 1 号”。这个空间站长约 12.5 米，最大直径有 4 米，由轨道舱、服务舱以及对接舱组成，整个形态看起来像是不规则的圆柱形。空间站里有各种观测设备、科学实验设备，可以与“联盟”号飞船进行对接，对接后的空间大约有 100 立方米，可以容纳好几个宇航员居住。这个空间站在太空中运行了 6 个月，后来因为燃料耗尽，而在太平洋上空坠毁。这样的空间站，苏联一共发射了 7 个，其中前 5 个由于燃料、氧气等原因，只在太空中存在了很短的时间。“礼炮 6 号”空间站和“礼炮 7 号”空间站都曾刷新了空间站载人飞行的天数纪录。

1986 年 2 月 20 日，苏联发射了“和平”号空间站的核心舱，这是一种新型的空间站。“和平”号空间站的运行时间大大超出世人的想象，直到 2001 年 3 月 23 日才在太平洋海域坠毁，总共运行了 15 年之久，成为宇宙探索史上运行时间最长的空间站。运行期间，曾经有 30 多艘载人飞船、60 多艘货运飞船与其成功对接，先后有众多的考察组前去访问过“和平”号空间站。宇航员在空间站中完成了 1.65 万次的科学实验。“和平”号空间站对探索宇宙做出了卓越的贡献。

苏联在空间站上的成就如此卓越，作为航天大国之一的美国也不甘落后，于 1973 年 5 月 14 日发射了一座名叫“天空实验室”的空间站。空间站全长约 36 米，最大直径接近 7 米，比苏联最大的“礼炮”号空间站直径要大很多，提供的空间也非常大。空间站由轨道舱、过渡舱和对接舱组成，曾先后接待过 9 名宇航员，他们共在空间站上工作了 170 多天。空间站飞行期间，曾进行了各项科学实验，拍摄了大量的照片，直到 1979 年才在南印度洋坠毁。运行时间达 2246 天。

按照计划，我国将在 2020 年左右建成一座空间站，预计可以运行 10 年以上。初期将建造 3 个舱段，即 1 个核心舱和 2 个实验舱，呈 T 字形，中间部位是核心舱，3 个舱段总共有 90 多吨重。等到建成后，这座空间站将有助于我国进行科学研究以及太空实验，可使我国成为世界上少数几个能够建立空间站的国家之一，以彰显大国风采。

各国之所以兴建空间站，除了能够彰显国家实力外，最重要的一点就是实用、经济。每一次载人航天工程要消耗大量的物力、财力，如果使用空间站，那么载人飞船只需要保留载人的功能就可以了，这样，飞船的设计将会大大简化，同时由于简化，飞船升空时也就不需要太多的燃料，从而降低航天费用。另外，空间站运行的时间非常长，目前基本上都可以使用数年。平时可以不启动它，有宇航员去空间站时再启动，如果空间站坏了，也可以在太空中维修，让空间站能够长久运行。

目前各国对外太空的竞争十分激烈，如果哪个国家能够拥有一个运行时间超长的空间站，就能在竞争中掌握主动权。试想，当别的国家还在绞尽脑汁地设计载人飞船以便能够多增加一个宇航员名额，或者能够在太空多停留一段时间时，有空间站的国家则可以通过载人飞船直接将宇航员送到太空中，只要空间站物资充足，居住数年都没有问题，这该多么方便、经济、实用啊！

空间站是人类探索宇宙史上的一个里程碑。

下篇／地球卷

第十一章　文明遗迹

北纬30°线，是一条看不见的曲线，是一条地理学家为方便研究地球而划出的虚拟的线，是一条神秘而又奇特的纬线。在北纬30°及其附近分布着众多令人叹为观止的人类文明遗址，如轰动世界的三星堆以及远古玛雅文明遗址等等。

· 重见天日的三星堆 ·

三星堆是如何被发现的？三星堆里的宝物的主人是谁？它是怎么来的？

1929年，生活在川西平原上的人们像往常一样又忙起了春耕春种。当地农民燕道诚与父亲和儿子一起来到地里挖井，准备用井水来灌溉土地。

“砰”，燕道诚的手被震得有些疼。

显然，他的铁锹挖到一块坚硬的石头上了。可是，当他继续往下挖的时候，露出来的石头却让他吃惊不已。

“这不是普通的石头，是玉石。”读过几年书的父亲激动不已，小声地说，“这是宝贝啊，快把它埋起来，等天黑了，我们再来取。”祖孙三人窃窃私语一番后，把那个刚挖开的坑又埋了起来，并偷偷地做了记号，怀着万分激动的心情往回走。

好不容易等到夜幕降临，祖孙三人才悄悄地走出村子，来到了大清早挖的那个土坑前。这一次他们从坑里挖出了许多宝贝。

燕家得到这批宝物后，没有拿到市场上去卖。因为他们当时生活还算殷实，只把这些玉钏、玉璧、玉琮等作为礼物在逢年过节时候送给亲朋好友。因此，一些稀世珍宝渐渐流落民间。

到了1986年，当地政府在这里兴建砖厂，组织工人挖掘土方时，再次发现了一批价值连城的玉器、金器。至此，神秘的三星堆文明走进了人们的视线。

经过两次挖掘，三星堆出土了大量的珍贵文物，好像一座神秘的地下宝藏被突然打开。这里出土的几十件青铜器、100多件金器都造型独特、巧夺天工，还有70多枚象牙。在同一个地方发现这么多的象牙实属罕见。

在三星堆文明中，一个高大的青铜人像“与众不同”。我们都知道，青铜文化的鼎盛时期是商、周，留下的青铜器都讲究气度稳重、庄严，可是三星堆的青铜器却恰恰相反，它们飘逸、超脱，充满神奇的想象力。这个高大的青铜人，大鼻子大嘴，而且嘴上好像涂着朱砂，眼睛呈三角形。这样极其夸张的人像，在我国考古史上是仅有的发现。为什么要用青铜雕塑这个高大的人像？他是谁？代表什么？人们一直没有弄清楚。

在三星堆出土的文物中还有一棵奇特的神树。它高约4米，由底座、树身和龙3个部分组成。这棵树长在一座小山上，分上、中、下三层，每一层的树枝都是3根。在这棵树上，共有9只鸟和27颗果实。树干上还有一条龙正在蜿蜒而下。可是，这是一棵什么树呢?有的说是古代的摇钱树，有的说是传说中东海的扶桑树。

时至今日，仍有很多谜团没有解开。

· 世界“第九大奇迹” ·

1986年，四川省考古队在三星堆挖掘出两个大祭祀坑，出土了金杖、黄金面罩、青铜人头像、青铜人像等许多稀世瑰宝，这次发现震惊了考古界。

随着对三星堆遗址的进一步挖掘，考古专家发现整个三星堆遗址竟然是一座史前文明的都城，20世纪末的发现再一次震惊了世界。考古人员的勘测和发掘表明，三星堆遗址内东、西、南三面的土埂均为古城墙，城墙横断面为梯形，墙基宽40余米，顶部宽20余米，估计墙高在7~8米。东城墙长1100余米，西城墙被天河水冲毁，残长600多米，南城墙长180余米，北面为雁江，马牧河穿城而过。三星堆遗址总面积为25平方公里。在三星堆遗址周围12平方公里内，分布着十多处密集的古遗址群，显示出三星堆古城有可能为密集聚落之中的内城。古代称城墙内为城，城墙外为郭，城指内城和外城，三星堆城郭已有12平方公里之多，在世界史前文明城市中也是极为罕见的。

三星堆遗址奇在何处？谜在何处？三个“神堆”是三星堆最神秘的地方之一。在一片台地上，依次排列着三座低矮的小山丘，这三座低矮的山丘正是追溯三星堆史前文明的重要标志。它们的存在，犹如埃及金字塔一样，隐藏着远古文明的巨大信息。这三个土堆究竟是远古时代的祭台，还是帝王的墓地，抑或是灵台（天文观察台）呢？何以取名“三星堆”呢？既是“神堆”，其神秘之处何在呢？三星堆的“堆”在川人口语中，有人工垒积的意思，如“坟堆”、“肥堆”之类。而且，其起源甚早，“离堆”即可为证。从字面上理解，三星堆可以理解为人工所垒积的三座土山（台）。

作为珍贵文明遗址的三星堆曾经因长年累月被烧砖工人取土，加上风吹雨打，已经崩颓倾倒，不复当初三星堆的巍峨了。

1986年3月，四川考古学者曾经以当时残存的半个三星堆为基准，进行网状布方。他们挖了53个探方，总面积达1325平方米，在厚2.5米的15个文化层内共发掘出9座房屋遗址，101个灰坑，10万多块陶片和5000余件铜、陶、玉、石、漆器等。其中十多件制作精致的鸟间陶夕柄，特别引人注目。

考古学者们所发掘的只是“残存的半个三星堆”，面积竟达1325平方米。保守估计，整个三星堆当有3000平方米，也就是说长、宽各约50~60米之间。事实上这半个三星堆的周边都被取土而挖掉了，估计周边不会少于羊子山的周边。另外，最重要的是他们没有在探方中发现历代的坟茔，而发掘出9座房屋遗址，这可以证明三星堆作为“台座”而有庙殿存在的可能，我们尚不知这9座房屋遗址是出现在一个层面上，还是数层面上，如果是后者，那么三星堆在长达2000年的存续期间，就是不断地在神庙的旧址上又兴建新的神庙。

世界考古大发现往往集中在埃及文明、玛雅文明和两河流域文明之上，考古学者不但从已发掘的文物去探讨，而且从更宽广的范围，如整个遗址的布局以及周围环境去寻找史前文明的痕迹。

甚至有不少学者提出，在现在的地球文明之前，曾经有过上一次文明。

· 令人费解的文物 ·

三星堆古城遗址的整体布局令人称奇，整座城是经过严密的勘测、设计而修筑的，不是由村落发展而来的。

它的布局十分严谨，是以中轴线为城郭区域的核心进行规划的。几个重要遗址，如宫殿区、作坊区，都分别位于中轴的不同区段上。中轴线南端、南城墙内外、中轴线的东、西两侧以及东、西城墙以内，都分布着密集的文化遗迹。生活区有大片房舍遗址，生产区发现陶窑、玉石器作坊，其中有大量生产工具，手工业成品、半成品。还发现青铜器作坊，有陶质坩锅和铸造青铜器的泥芯。在城内还发现相当完善的排水系统。

据专家测算，三星堆王都内城面积约为2.6平方公里，约有1.6383万户，以每户5口计，应有8.1915万人。如果加上外郭12平方公里的人口，估计有20余万人。三星堆王都的规模和人口在世界史前文明国家城市中都是首屈一指的。

如此规模宏大、设计严密的一座大都市，在4000多年前突然崛起在成都平原上，拥有众多珍宝，如最令人骇异的青铜纵目人面具、神奇的大金杖、青铜人物雕像等，这座古城俨然是当时的国际大都会，真是一大奇迹。

三星堆出土的青铜人物雕像，不管是全身像、人头像还是人面像，都是服式、冠式、发式各异。服式上，有左衽长袍、右衽长袖短衣、犊鼻裤等，各不相同；发式上，有椎髻、辫发、光头等；冠式上，有花状定形高冠、平顶冠、双角形头盔等。雕像群里显然是不同族类的集合。这些族类，证之史籍，当包括氐羌和西南贵族，也有不见于古代中国的某些外来族类。其雕塑风格既与西亚、近东的雕塑风格相近但又不尽相同。譬如美索不达米亚考古材料中的梅尼希吐什（Manishtusn）时代的帝王青铜人头像，它本身就完全写实并且是特定人物的肖像。

三星堆的青铜人头雕像有着自己的特点，它以抽象和概括为特征，注入了大量理性化的色彩，由此区别于上古雕塑中的雕像或原始的图腾崇拜。三星堆人头雕像注意局部，特别是面部刻画，强调面部的顶骨结节、顶丘、偶角、下颏等六点。其中对额丘、颧骨、咬肌、颌结又给予重点突出。这些雕刻技术表明古蜀艺术家对人体结构已有深刻的了解，尤其是对人头像的透视感已上升到一定高度。

三星堆文物的另一神奇之物是大金杖。金杖出土于三星堆 1 号坑，年代在夏末殷初（公元前 14 世纪左右），距今约 3500 年。这根纯金卷包的金杖，长 1.42 米，净重约 500 克，其上平雕有戴冠的人头、鸟、鱼图案，这在中国尚属首次发现。

历经 3500 年的尘封，金杖仍金光闪闪、熠熠生辉，杖身上的图案清晰可辨。在中国考古史上，这是第一次出土金杖，学者们依据既有的史料无法说出它的来历和用途，这成为三星堆文物的一个难以破解的谜。

从外形上看，三星堆金杖与西亚、埃及较晚时期的权杖相似，属于细长类型。两者均在杖身上端刻有与国家权力有关的平雕图案，标志着王权、神权和财富垄断权。故而有的学者认为，金杖是采借近东权杖的文化形式而制成的，是“舶来品”。

有的学者认为，“权杖”乃古蜀传国之宝，为当权者所执，人在杖在，人亡则传之于后世，或为后起者所夺得，而不是与其他铜器一起被焚烧掩埋。由此看来，“金杖”不像是蜀王的“权杖”，而更像天神作法所用“魔杖”一类的法具。从出土的铜人头像和铜人等器物来看，这些铜像实际上是被古蜀先民尊崇的天神偶像。神像与法具之间的联系似有必然，此为“神杖”或“魔杖”说。

另外，还有部分学者根据金杖杖身上的图案，推测金杖既是权杖也是神杖。金杖上的人头图案，头戴五齿高冠，耳垂三角形耳坠，与2号祭祀坑所出蜀王形象造型——青铜大立人相同，表明杖身所刻人头代表着蜀王及其权力。鱼、鸟图案的意义在于，鱼能潜渊，鸟能登高，它们是蜀王的通神之物，具有龙的神化般功能。而能够上天入地、交通于神人之间的使者正是蜀王本身，所以金杖不仅仅是一支王杖，同时也是一支神杖，是用以沟通天、地、人、神的工具和法器。

金杖究竟是权杖还是神杖？持杖之人究竟是天神还是人皇？其形制是从近东古文明采借还是中国本土产生？都还是未解之谜。

· 青铜纵目人面具之谜 ·

在三星堆出土的众多文物中，最令人骇异的是那面巨大的青铜纵目人面具。

青铜纵目人面具造型奇特、面目怪异、形状巨大、铸造精美，在世界文物考古史上占有空前的地位。

青铜纵目人面具出土了3件，造型大体相同，分为大、小两型，均出土于2号坑。据文物报告：“阔眉大眼，眉尖上挑，眉宽6.5~7厘米。双眼斜长，眼球极度夸张，直径 13.5 厘米，出眼眶长 16.5 厘米，前端略呈菱形，中部还有一圈镯似的箍，宽 2.8 厘米，眼球中空。鹰钩鼻……大嘴，两嘴角上翘接近耳根，双耳极大，耳尖向斜上方伸出，似桃尖……额中部有一个 10.4×5.8 平方厘米的方孔……通高 65 厘米，宽（以两耳为准）138 厘米，厚 0.5~0.8 厘米……这个画像可能是附在某个建筑物图腾柱上的。”

这些青铜面具有眉眼描黛、口鼻涂朱的情况，在其两只桃尖形、形如兽耳的大耳朵内侧刻有复杂的图案，似与人的形象有所区别从而加强神性特征。

青铜纵目人面具以其想象丰富、怪诞神奇的造型引起不少专家注目，然而迄今尚无人作出令人信服的解释。

有的考古学家认为它是蜀国第一代蜀王蚕丛，也就是蚕祖，蚕目为鼓突状，所以蚕丛就应该是鼓眼。而蚕又为马，马目也可以称为“纵目”，蚕又可化为“龙”，龙目自然也是“纵目”。此说有点道理，但遗憾的是我们在青铜纵目人面具上找不到丝毫能表现蚕、马、龙的特征，比如马嘴、龙唇等。

青铜纵目人面具会不会暗含史前文明的信息呢？

《山海经·大荒北经》中记载：“西北海之外，赤水之北，有章尾山。有神，人面蛇身而赤，直目正乘，其瞑乃晦，其视乃明，不食不寝不息，风雨是谒。是烛九阴，是烛龙。”

这段记载称，一条千里之长的赤色巨蛇，不需吃喝，也不呼吸。一呼吸便起风，或吹呼之间便为冬、夏。特别强调了它的眼睛，为“直目正乘”，闭上便一片黑暗，张开就大放光明。对“正乘”的含义，语焉不详，历史颇多分歧，但对“直目”，诸家都赞成郭璞的说法，即“目纵”之意。研究三星堆的学者认为，三星堆的纵目人面具就是烛龙“直目”的真实写照。蚕从纵目实际上就是烛龙“直目正乘”。纵目人面具的发现印证了《山海经》上的记载和《华阳国志》上的记载。近代研究者还认为祝融读音与烛龙近，烛龙又可视为古史记载的赤帝祝融。

在炎黄二帝的谱系中，都有祝融。这些表明，“祝融”起到了“光融天下”的作用，融炎黄为一族，为两族共奉的祖先——蚕丛氏。

“祝融”显现为“烛龙”的形象却令人诧异，“视为昼，瞑为夜”即“瞑乃晦，视乃明”。昼夜当作明暗讲，形容其“直目”射出的光线之强，“正乘”之意就是很强烈。“吹为冬，呼为夏”是言烛龙在活动时，需大量空间摄取热能，使得大地生寒如冬天；它排除废气时，也可使大地酷热如炎夏。“烛龙”可以控制气候，所以说“风雨是谒”。由“融降于崇山”来看，烛龙是可以升降的，也可能是一条火龙。这条火龙是巨型火龙，还是小型烛龙？《东山经》记载：祝融只如黄蛇，比起烛龙来小得多了。黄蛇，黄色的圆柱身，并且生有鱼翅一般的飞翼，起飞和返航时都有光。

20世纪20年代，瑞典地质学家兼考古学家安德森在中国甘肃一带进行考察，在宁定（今广河）购得几件新石器时期半山文化类型的陶塑半身神像，其中一件为圆头、长胫，下部切成齿状并满饰彩绘。令人印象深刻的是一尊像的额顶有两块对称的圆镜饰物，极似一副护眼的风镜。从整个头像观察，很像是一位神情肃穆、戴着头盔的人像。从这尊塑像所属的文化类型看，它距今至少有4500年的历史。

1959年，在浙江省海宁的马家浜遗址发掘出一块陶片，上面刻有似猿似人的头像，外面显然套有一个封闭式的头盔，其右侧还有一带状饰物，可惜饰物已折断，不知连接于头盔的何处。其年代在4500年前。

我们可以猜测，蚕丛（祝融）一代的“纵目人”，就是大约在5000年前。

· 玛雅文明是外星人带来的吗 ·

玛雅文明是五大古文明之一，玛雅人曾经有过辉煌的历史、灿烂的文化。

流传在特奥蒂瓦坎附近的神话告诉我们，在人类出现之前，众多的神灵曾乘坐着飞船，从天而降，在玛雅人居住的地方聚会过，教会人类文明和知识之后，又飞回了宇宙深处……

古玛雅人的居住领域包括中美洲的心脏地带，横跨危地马拉、伯利兹、墨西哥、洪都拉斯和萨尔瓦多部分地区，分别以三个互相隔离的区域为中心——齐阿巴斯与危地马拉高原和南部高地、太平洋潮湿的沿海平原与萨尔瓦多西部、墨西哥湾伸展到伯利兹一带及洪都拉斯的热带森林区。人口主要集中在今天的危地马拉的佩兹省和北犹加敦岩密布的低洼地区。

约在公元前300年及以后的1000年间，玛雅文化达到鼎盛时期。尽管玛雅人以农业为主，没有多少物质财富和技术工具，但他们中照样产生了大量的建筑学家、科学家、数学家和天文学家。玛雅人拥有十分复杂的象形书写和计算系统，还在城市建立了宏大的公路网络。他们拥有当时世界上最辉煌的城市、高耸的金字塔、精美的宫殿、堂皇的庙宇和雄伟的寺院，所有这些建筑都是用雕刻过的石头精心装饰而成的，而且在每个城市都有一件值得玛雅人骄傲的、与众不同的工艺品建筑。玛雅人的天文台能观测到太阳、月亮、行星和其他众多星体。

1893年，一位英国画家在洪都拉斯的丛林中第一次发现了玛雅城堡的废墟。这座城堡里坍塌的神庙上的一块块巨大基石，无不刻满精美的雕饰，如石板铺成的马路、路边修砌的排水管、石砌的民宅和贵族的宫殿等，这些标志着它曾经是个川流不息的闹市，是个相当文明的城市。这个发现举世震惊，随后一批又一批考古学家开始探秘玛雅文化。

据统计，各国的考察人员在南美洲的丛林和荒原上，共发现了废弃的古代城市遗址达 170 多处，它们为人们展示了一幅玛雅人约在公元前 1000 年到公元 8 世纪，北达墨西哥南部的尤卡坦半岛，南达危地马拉、洪都拉斯，最后直抵秘鲁的安第斯山脉广阔的活动版图。

使科学家们感到迷惑不解的是，玛雅人拥有不可思议的天文知识，他们的数学水平比欧洲足足先进了 10 个世纪。最让人惊讶的则是，在这些灿烂文明诞生之前，玛雅人仍巢居树穴，以渔猎为生，其生活水准近乎原始。玛雅文化仿佛是一夜之间产生了，却又在一夜之间轰轰烈烈地向南美扩展。没有证据表明，南美丛林中这奇迹般的文明存在着一种渐变的过程。难道玛雅人的这一切都是从天而降的？

除了“神灵”，谁还有这等魔法？

· 探秘玛雅文字 ·

位于洪都拉斯西部的科潘遗址象形文字阶梯，是玛雅文字的一大宝库。

在科潘遗址中，人们发现许多石碑、石像上都刻有象形字。最令人惊叹的是一座有 63 个石级的“象形文字阶梯”，它高约 30 米，宽约 10 米，上面刻有 2500 个象形文字，真可谓考古史上的一大奇迹！

玛雅文字最早出现于西元前后，但出土的第一块记载着日期的石碑却是西元292年的产物，出现于提卡尔。从此以后，玛雅文字只流传于以贝登和提卡尔为中心的小范围地区。5世纪中叶，玛雅文字才普及整个玛雅地区，当时的商业交易路线已经确立，玛雅文字就循着这条路线传播到各地。

玛雅的象形文字别具一格，每个字都用方格或环形花纹圈起来，里面的图案或像人，或像鸟兽，或是一些圈圈点点。玛雅人曾用这样的文字写下了大量书籍，可惜被西班牙殖民强盗烧毁，现在世上仅存3部手抄本。

现存的3种玛雅手稿包括：一是1311至1848年，西班牙勋爵肯格斯鲍洛自费出版的玛雅手稿“墨西哥的古物”，现存德国的德累斯顿图书馆，因此后人称之为“德累斯顿手稿”；二是法国科学家洛尼在巴黎图书馆所收藏文献中的另一种手稿，这就是“巴黎手稿”；第三种是西班牙人发现的，人们称之为“马德里手稿”。

这些文字稀奇古怪，几百年来许多专家绞尽脑汁也没有完全认读出来。第二次世界大战以后，美国和苏联投入了大量人力和物力，利用电子计算机来破解，也只能读出其中的1/3。直到1966年，有人才根据已经认出的玛雅文字，好不容易试译出一块玛雅石碑，发现这个石碑竟然是一部编年史，从中人们知道了9000万年前甚至4亿年前的事情。可是，4亿年前，地球还处于中生代，根本没有人类，这玛雅人、玛雅文字又是从哪儿来的呢？

今天已知的玛雅象形字有850余个，已有1/4左右被语言学家解释出来。这些文字主要代表一周各天和月份的名称、数目字、方位、颜色以及神的名称，大多记载在石碑、木板、陶瓷和书籍上。书籍的纸张用植物纤维制造，先以石灰水浸泡，再置于阳光下晒干，因而纸上留下一层石灰。虽然现代还有200万人在说玛雅话，而且其文字中一部分象形和谐音字很像古埃及文字和日本文字，有可能比较探讨出其中的异同来，但是我们对整个玛雅文字的解释依然难以定论。

现存的玛雅象形文字多被刻在石碑和庙宇、墓室的墙壁上，雕在玉器和贝壳上，也有用类似中国毛笔的毛发笔描绘在陶器、榕树内皮和鞣制过的鹿皮上的。

金字塔坛庙与象形文字的结合，清楚地表明了其宗教的性质。4部存世的玛雅经卷上的象形文字，其用途也无疑是以宗教为主的。尤其值得注意的是，这种象形文字像是从天上掉下来的一样，我们只能看到它从头至尾一成不变的成熟完美，而不像其他古老民族的文字有一个从简到繁的发生发展轨迹。

从文字学的一般理论来看，文字都经历了三个不同的发展阶段：一是图画或象征的文字，由画面来讲述整个故事；二是会意文字的阶段，用符号代表一定的意义；三是表音文字，这时文字与语言结合到了一起。尽管玛雅文字形式的完美性远远超过甚至已像半记音字母化的古埃及那样的象形文字，但它还是按表面上看起来的那样，长期以来被归入第一阶段。这样的认识，妨碍了对玛雅文字的破解。直到20世纪50年代，苏联学者尤·瓦·克诺罗佐夫提出了一种全新的假设。他试图把玛雅文字和古埃及、中国文字一样来看待，即都兼有象形和记音两种功能。每个字既代表一个完整概念，又有它自己的发音。受克诺罗佐夫思路的启发，学者们致力于给玛雅雕刻文字标注适当的音标，好在兰达主教当年留下了不少有关玛雅文字发音的记录。

多年来，人们对奇形怪状的玛雅文字进行了大量研究，然而，各种疑团依然挥之不去。

· 精准的玛雅历法 ·

玛雅人创造出一套精巧的数学方法，来适应他们按年记事的需要。

玛雅人的数学技巧，在古代原始民族中，真是高明得令人吃惊，尤其是他们熟悉“零”的概念，比阿拉伯商队横越中东沙漠而把这个概念从印度传到欧洲的时间早了1000年。

玛雅人的历法是当时世界上最精确的。玛雅人认为一个月（兀纳）等于20天（金），一年（佟）等于18个月（兀纳），再加上每年之中有5个未列在内的忌日，一年实际的天数为365天。这正好与现代人对地球自转时间的认识相吻合。玛雅人除对地球历法了解得十分精确之外，对金星的历年也十分了解。金星的历年就是金星绕太阳运行一周所需的时间，玛雅人计算出金星历年为584天，而今天我们测算金星的历年为584.92天。这是个非常了不起的数字，为了让它配合所用的“圣年”（一年260天、13个月、每月21天），历法师统一将61个金星年修正4天。此外，每5个这样的循环为一周期，要在第57个会合周期结束时再修正8天，以致使误差小到6000年只有一天。几千年前的玛雅人竟然能有如此精确的历法。

玛雅人创建的历法究竟精确到什么程度，请看他们当时使用的记载年代的时间单位：

20金：1兀纳（即20天）

18兀纳：1佟（即360天）

20 佟：1 伽佟（即 7200 天）

20 伽佟：1 巴伽佟（即 144000 天）

20 巴伽佟：1 皮克佟（即 2880000 天）

20 皮克佟：1 卡巴拉佟（即 57600000 天）

20 卡巴拉佟：1 金奇拉佟（即 1152000000 天）

20 金奇拉佟：1 亚托佟（即 23040000000 天）

除了“兀纳”采用 18 位之外，其他时间单位为 20 进位。

在社会和生产的实践中，绝大多数的民族根据手指数目，创造了十进位的计数法。而玛雅人非常古怪，他们根据手和脚 20 个指头的启发，创造了 20 进位的数法。同时，他们还使用 18 进位的计数法，这个计数法是受何启发，根据何在？没有人能够回答。

玛雅人依据自己的历法建造了金字塔，实际上都是祭祀神灵并兼顾观测天象的天文台。而位于彻琴的天文台是玛雅人建造的第一个，也是迄今为止最古老的天文台。塔顶高耸于丛林的树冠之上，内有一个旋梯直通塔顶的观测台，塔顶有观金星体的窗孔。其外的石墙装饰着神灵的图案，并刻有一个展翅飞向太空的人的浮雕。这一切引得人遐思万千。

令人惊讶的是，玛雅人在当时的情况下就知道天王星和海王星的存在，他们的彻琴天文台观天窗口不是对准最高的星体，而是对准银河系之外那片沉沉的夜幕。他们的历法可维持到 4 亿年以后，其用途究竟为何？另外，他们是从何处获悉并计算出太阳年和金星年的差数可以精确到小数点之后的第 4 位数字的？

玛雅人还发明了一种仅用 3 个符号—— 一点、一横、一个代表零的贝形符号——来表示任何数字的计算法，实在是令人不可思议。因为希腊人虽然善于发明，但他们必须用字母来写数目，罗马人虽然会使用数字，但只能用笨拙的图解方式以 4 个数字来代表 VIII。

现代算术发展于印度和中东，以“十进位”法求出所需之数目，而玛雅人在那时已经懂得相对值的用处和“二十进位”法。他们把大数目以纵行表示，从最下面起向上念，垂直进位，由 1 而 20，由 20 而 400，由 400 而 8000，由 8000 而 16000……20 以下的数目用一个象形图来表示，每一个象形图都是由点和横组成，每一点代表 1，每一横代表 5，贝形图案则代表 0。

玛雅人已经知道，以 20 进位法，并利用类似算盘的方法，使用两个记号“点”和“横”，而两个记号正是今天电脑的基础。

很明显，这一切知识已经超过了农耕社会的玛雅人的实际需求，令人不可思议。

既然超出他们的需要，那么这些知识可能并不是玛雅人创造的。那么，又是谁把这些知识传授给玛雅人的呢？在那个全世界各民族仍处在蒙昧状态的年代，又有谁掌握如此先进的知识呢？

玛雅人说，他们的一切文明都是一位天神——奎茨尔科特尔给予的，他们描述这位天神身穿白袍，来自东方一个未知的国家。他教会玛雅人各种科学知识和技能，还制定了十分严密的律法。据说，在神的指导下，玛雅人种植玉米，穗轴长得像人那么粗大，他教人种植的棉花，能长出不同的颜色。天神在教会玛雅人这一切之后，便乘上一艘能把他带向太空的船离开了。而且，这位天神告诉玛雅人，他还会再回来的。

如果我们相信这个神话的话，那么玛雅文化现象也就有了确实的答案了。可这个神话有根据吗？还有待人们进一步的研究。

· 失落的玛雅文明 ·

玛雅人是一个不可思议的民族，他们为什么抛弃了文明又回归原始呢？

玛雅文明如昙花一现，突然就消失了，这正应了中国的一句俗话——“来得容易去得快”。是谁或什么让玛雅人放弃了灿烂的人类文明，这确实是一个千古之谜。

公元830年，科班城浩大的工程突然停工。公元835年，提卡尔正在建设的寺庙也停止施工。公元889元，提卡尔正在建设的寺庙群工程中断了。公元909年，玛雅人的最后一个城堡也停下已修建过半的石柱。这情形令我们不禁联想到复活岛石场上突然停工的情景。

这时候，散居在四面八方的玛雅人好像不约而同地接到某种指令，他们抛弃了世代为之奋斗追求、辛勤建筑起来的营垒和神庙，离开了肥沃的耕地，向荒芜的深山迁移。

现在我们所能看到的玛雅人的那些具有高度文明的历史文化遗址，就是在公元8世纪到9世纪间，玛雅人自己抛弃的故居。如今的游客徜徉在这精美的石雕、雄伟的构架面前，无不赞叹、惋惜，而专家学者们却陷入深深的困惑之中。

玛雅人抛弃自己用双手建造起来的繁荣城市，却要转向荒凉的深山老林，这种背弃文明、回归蒙昧的做法是出于自愿，还是另有原因？

史学界对此有着各种解释与猜测，譬如：外族侵犯、气候骤变、地震破坏、瘟疫流行、洪水猛兽、行星相撞、人口爆炸、地下空洞、核子爆炸、能源控制失误等等，这些都有可能造成大规模的集体迁移。然而，这些假设和猜测都缺乏说服力。

外族侵犯之说就站不住脚，因为在当时的情况下，南美大陆还不存在一个可以与玛雅对抗的强大民族。

公元8世纪到9世纪之间，没有证据可以证明南美大陆有过灾难性气候骤变，气象专家几经努力，仍然找不到由于气候骤变导致玛雅文明消失的蛛丝马迹。

地震灾难之说也可以排除，虽然玛雅人那些雄伟的石块建筑有些已倒塌，但仍有不少历经千年风雨仍然保存完整。

瘟疫流行这一解释似乎是可行的，但是，在玛雅人盘踞的上万平方公里的版图内大规模地流行一场瘟疫，这种可能性是很小的。再说玛雅人的整体迁移先后共历时百年之久，一场突发性的大瘟疫绝无耗时如此长久的可能性。

有的学者根据部分祭司雕像被击毁、统治者宝座被推倒的现象，做出阶级斗争的猜测。阶级斗争的确在玛雅社会中存在并出现过，但这种情况是局部的，只在个别地方发生，而玛雅人的集体迁移却是全局性的。

有人认为玛雅人当时可能采取了某种不恰当的耕种办法，破坏了森林，使土地丧失了地力等等，以致造成生存的困境而被迫大迁移。这种试图从生态角度解开玛雅人大迁移之谜的尝试也是行不通的，因为玛雅人在农业生产上表现出颇为先进的迹象。他们很早就采取轮耕制，出现了早期的集约化生产，这样既保证了土地肥力不致丧失，又提高了生产效率。

还有一些专家的思路更新奇，他们认为要寻找玛雅人搬向深山的原因，可以先反过来看看他们怎样选择自己定居的故土。我们已知的这些玛雅人的最古老的城市，都不是建设在河流旁的。埃及和印度的古代文明首先发祥于尼罗河与恒河流域，中国古代文明的摇篮则在黄河和长江流域。河流不仅给这些早期的都市带来了灌溉、饮水方面的便利，同时又是人员与商品交往最初的通道。从各民族的早期历史来看，他们的文明都离不开河流。玛雅人却偏偏把他们那些异常繁荣的城市建筑于热带丛林之中，这是颇有意味的。

以提扎尔为例，它是一个位于深山中的城市，从这座玛雅人的城市到洪都拉斯海湾的直线距离为175公里，距坎佩坎海湾259公里，到太平洋的直线距离也才380公里。他们最初的城市为什么不修建在河流边，或者海滩边，而要选择在与世隔绝的丛林莽障之中？其后的大迁移不向河流沿岸和海边转移，偏偏要移至更为荒凉的深山之中？这的确令人费解。

玛雅人回归原始难道隐藏着什么惊天秘密吗？

第十二章　建筑奇迹

金字塔是古埃及文明的代表，是埃及的象征。金字塔是一种方底尖顶的石砌建筑物，从各个角度看都像是汉字的“金”字，故中国人称之为“金字塔”。与金字塔一样为世人所熟知的埃及建筑还有一个，那就是狮身人面像。

· 金字塔的数据之谜 ·

金字塔作为史前文明的遗迹，是古代世界“七大建筑奇迹”中唯一保存完好、称得上是“货真价实”的奇迹建筑。

金字塔拥有太多的难解之谜，尽管历经几个世纪的艰难探索，我们仍无法破解。金字塔的数据之谜就是其中之一。

大金字塔的塔高×10亿=地球到太阳的距离（约1.5亿公里）

大金字塔底周长×2=赤道的时分度

大金塔的自重$\times 10^{15}$=地球的重量

大金字塔塔高的平方=塔侧面三角形面积

大金字塔底部周长×2 ÷塔高=圆周率 π（3.1416）

金字塔的神秘数据还有更巧合的地方，例如：金字塔的对角线之和是25826.6厘米，地球两极轴心的位置处于不断变化中，但是经过一定的周期后，它又会回到原来的位置，这个周期是25827年。

吉萨的三座大金字塔构成的三角的三条边的长度比例为3:4:5，符合毕达哥拉斯定理。

大金字塔的长度单位是根据地球的旋转大轴线的一半长度而确定的，即大金字塔的底是地球旋转大轴线一半长度的10%。

大金字塔的底面的四边方向，正好对着东、南、西、北，塔的进口隧道正好对着北极星。

大金字塔也确定了法寸的长度和公亩的边长。

金字塔距地球中心的距离和距北极点的距离相等。

如果用底的1/2除大金字塔的斜面长度（斜边距离）的话，就会出现0.618的黄金比率分割。

如果将金字塔底面正方形的纵平分线延伸，无穷下去就是地球的子午线，穿过金字塔的子午线，正好将地球的陆地和海洋分成均匀的两半。此外，这条经线还是地球所有经线当中经过陆地长度最长的一条。

如果将金字塔面正方形的对角线延伸，正好将尼罗河、尼罗河三角洲平分。

以上这些数据的吻合真的只是巧合吗？还是大金字塔是古埃及人的数学智慧结晶呢？

金字塔各部分的尺寸在金字塔学家们看来具有重大而深远的意义。金字塔高137.18米，塔基边长230.38米，塔底周长36524英寸（约1公里），这个数字很重要，它表示着“金字塔预言说”全部理论的各种关系。这个理论特别重视13这个数字和1/3英亩（约1348.95平方米）的“石头铭文”，因为它们都是除不尽的数。太阳历一年的天数是365.24，把小数点放在第5个数字后，成了 36524，用 36524 除以 4，得出的结果是 9131 这个数字，正好是金字塔塔基的边长（英寸），也表示四季平分的时间。用 36524 乘以 5，得出 182620，而这正是古埃及和希伯来使用的腕尺长度（约等于 18.26 英寸，自肘至中指尖的长度）。用塔基的边长 9131 除以 25，又得到 365.24 这个数字，即公历一年的天数。不仅如此，金字塔中还显示了恒星年（比太阳历一年长约 20 分钟）和近点年（365 天 6 小时 13 分 53 秒，比恒星年长约 5 分钟）。6000 年之久的春分、秋分之间的岁差也通过度量单位表示了出来，而现代天文学知道这个差别的历史只有约 400 年。

金字塔还向研究者揭示了圆周率的值。

过去，所有一本教科书都告诉我们，公元前 3 世纪的希腊数学家阿基米德（Archimedes）是第一个计算出 π 的正确数值约为 3.14 的人。学者们认为，在美洲，人们知道 π 值则是在 16 世纪欧洲人抵达之后。因此，当埃及吉萨地区的大金字塔和墨西哥泰奥提华坎古城的太阳金字塔的设计上都和 π 值有关联时，他们确实深感惊讶。更为“偶然”的“巧合”便是，这两座金字塔在表达 π 数值的方式上竟然非常相似。这似乎暗示着，在阿基米德发现 π 值很久很久之前，大西洋两岸的古代建筑师们便已理解和熟悉了这个超常数。

在几何构造上，任何金字塔都不可避免地会牵涉如下两个基本要素：一是顶端距离地面的高度；二是金字塔底边的周长。埃及大金字塔的高度（481.3949 英尺）和周长（3032.16 英尺）之间的比率，正好等于一个圆的半径和圆周长之间的比率，即 2π。当我们将其高度乘以 2π 时，就可以准确地算出其周长：$481.3949\times2\times3.14=3032.16$；反之，如果我们将其周长除以 2π，同样可以得到其高度：$3032.16\div2\div3.14=481.3949$。

很显然，在如此精确的数学关联面前，很难得出单纯的巧合的结论。也许在面对事实时，我们应该承认埃及大金字塔的设计师确实已经懂得了 π 的原理，并将它运用到了金字塔的建造上。

如果手捧一把米、沙或小石子，让它自行慢慢从手中滑落，不久就会形成一个自然圆锥体，圆锥体的锥角一般为52°，即自然塌落现象的极限角和稳定角，令人惊奇的是，金字塔的锥角正好是51°50′49″。

金字塔取接近52°的锥角十分符合科学原理，由于地处强劲风暴的沙漠中心，金字塔这种斜面和锥角正好抵御和衰减了风暴的力量，塔的受风面由下而上，越来越小，在到达塔顶的时候，塔的受风面接近于零，从而在相对尖削的塔顶部位，风的破坏力也趋近于零。

金字塔的神秘数据真的只是巧合，还是另有玄机？

· 金字塔的神奇魔力 ·

金字塔内有着一股无形的、特殊的能量，那就是当前蜚声欧美各国的“金字塔能”。据说，这种能量有着许多奇妙的用途和奇特的功效。

胡夫金字塔的墓室和甬道里都十分黑暗，但内部结构极为复杂和神奇，并饰以雕刻、绘画。用火炬或油灯照明一般会留下用火的痕迹，可是胡夫金字塔积存的灰尘里却没有一颗黑烟的微粒。于是今天的人推测说，艺术家在胡夫金字塔地下墓室和甬道里雕刻、绘制壁画时，根本不是使用火炬或油灯来照明，而是利用了某种特殊的光电装置。

据说某一座看起来很普通的金字塔密室里藏有一具冰封的物体，探测仪器显示这一物体内部似有某种生命体，而这一生命体似乎有着类似地球人的心跳及血压现象，人们相信它至少已经存在5000年了。在密室里面，人们还发现了一块刻有古埃及象形文字的金板。

据金板记载，公元前5000年，有一辆被称为“飞天马车”的东西在开罗附近坠毁，只有一名生还者。

一些科学家说，实验的结果表明，把肉食、蔬菜、水果、牛奶等放在金字塔模型内，可保持长期新鲜不腐。现在法国、意大利等国的一些乳制品公司已把这项实验成果运用于生产实践之中，采用金字塔形的塑料盒盛鲜牛奶。据说，相比其他的包装形式，金字塔形塑料盒内的鲜牛奶存放时间最长。

把种子放在金字塔模型内，可加快发芽。断根的作物栽在模型内的土壤里，可继续生长。金字塔形温室里的作物，生长快、产量高。把自来水放在金字塔形内，25小时后取出，称之为“金字塔水”。这种水在塔里所获得的能源被“禁锢”在水分子之中，有着许多神奇的功效，可放入冰箱或其他潮湿的地方，长期贮藏，以备不时之需。用“金字塔水”泡茶、煮咖啡、冲奶粉、制作清凉饮料，味更醇；用它烧菜、熬汤，比用普通水味道更鲜美；每天喝杯“金字塔水”，能健胃，助消化；用它洗脸，可使皮肤娇嫩；它能消瘀止痛，减轻关节炎患者的痛苦，甚至能治好关节炎；它对医治粉刺、黑痣、鸡眼、痈疽、疣肿等皮肤病也有一定的疗效；用“金字塔水”浇灌农作物，可促进作物茁壮成长，提高产量；用它浇果树、蔬菜和花木，水果和蔬菜的滋味更佳，鲜花更加缤纷馥郁；摘下的鲜花如插在盛“金字塔水”的花瓶里，可推迟凋谢，延长观赏时间。

最奇妙、最引人入胜的莫过于对人体的试验了。进入金字塔模型内，人就会感到相对舒适，精神容易集中，思维也敏捷得多。如果你头痛、牙痛或感到其他不适，到金字塔里，一小时后就如释重负；如果你神经衰弱，疲惫不堪，到金字塔里几分钟或几小时后，就会精神焕发，气力倍增。在座椅下面放一个小金字塔模型，可以消除久坐的疲劳，保持旺盛的精力；在床下放置一个小金字塔模型，可以消除失眠或睡觉不踏实的症状，并使人睡眠安稳，妇女经期出血减少，头脑清醒。把夜里哭闹的孩子放进金字塔模型内，他会立即安然入睡。

据说，一位牙科医生在手术椅上挂了13只小金字塔，收到了使病人疼痛感减轻的效果。罗马尼亚许多地方民用供水塔建成金字塔的形状，能够杀死水中的一些细菌，饮用水质量大大提高。美国一位名叫莎莉·坚斯的女心理健康医生，用不锈钢细管制成一米多高的金字塔形理疗框，让那些上了年纪而不宜做剧烈运动的男女静坐在里面，可使其松弛精神，任意冥思，能够产生神奇的医疗作用。

关于金字塔的神秘作用在西方国家被广为宣传，这究竟是出自商业投机心理，还是金字塔真正在发挥作用，我们不得而知。

· 金字塔的建造之谜 ·

在落后的古代社会，古埃及人是如何完成金字塔的建造工作的呢？

关于金字塔的建造之谜，迄今已有不少学说流行于世，各学说大相径庭。其中具有代表性的有以下三种。

一、外星人的杰作

由于金字塔的建造上有很多难以解释之处，再者，随着飞碟观察和研究活动越来越多，有人便把神秘的金字塔和外星人联系起来。

许多西方学者断定人类是无法完成像金字塔这样浩大的工程的，提出是外星人建造了金字塔的观点，其主要代表人物是冯·丹尼肯。他认为，古代埃及缺少石头和木材，也没有测量技术，绝对造不出如此高大的建筑物。他还认为，建造如此巨大的建筑，承建国至少需要有5000万人，而当时全世界仅有2000多万人口。

有的学者经过推算还发现，通过开罗近郊胡夫金字塔的经线把地球分成东、西两个半球，它们的陆地面积是相等的，这种巧合大概是外星人选择金字塔建造地点的用意。20世纪80年代有人宣布了一个惊人的发现，说考古学者在金字塔里发现了藏有外星人或者生物的证据。据说，在金字塔内发现了一卷用象形文字记载的文献资料。据资料记载，5000多年以前有一辆称为“飞天马车”的东西撞向开罗附近，并且有一名幸存者，他就是金字塔的外星人设计师和建造者，而金字塔则是通知外太空的同类前往救援的记号。

再加上有关金字塔的神力传说，这一说法日渐盛行起来。

二、混凝土浇筑的结果

2000年，法国化学家约瑟·大卫·杜维斯提出了惊人的见解，他在著作中说，建造金字塔的巨石不是天然的，而是人工浇筑而成的。大卫·杜维斯借助显微镜和化学分析的方法，认真研究了巨石的构造，他根据化验结果得出，建造金字塔的石头是用石灰和贝壳经人工浇筑混凝而成的。大卫·杜维斯认为，古埃及人通过掌握的浇筑技术，将搅拌好的混凝土一筐筐地抬到建筑工地上，按一定的规模浇筑成一块块巨大的石块，一层一层加高，最后建成宏伟的金字塔。他还提出一个很有说服力的佐证：在一块石头里，他发现了一缕1英寸长的人的头发。唯一可能的解释是，工人在劳动时不慎将这缕头发掉进了混凝土中，保存至今，这也是古埃及人辛勤劳动和聪明才智的证据。

一些科学家认为，鉴于现在考古研究业已证实人类早在数千年前就知道如何浇筑混凝土，所以大卫·杜维斯的判断颇为可信，但更多的学者对此提出了质疑：古埃及人为什么舍弃附近的花岗岩而去用一种复杂方法制造难以计数的石头？

三、百万奴隶的劳动成果

享有“西方史学之父”之称的希罗多德在资料中记载，建造金字塔的石头来自“阿拉伯山”，修饰其表面的石灰石是从河东的图拉开采运来的。

在那个落后的年代，没有炸药，没有先进的工具，所以开采石头不是一件容易的事情。埃及人用铜或青铜的凿子在岩石上打眼，然后插进木楔，灌上水，当木楔吸水膨胀后，岩石便破裂了。这样笨拙的技术，在4000多年前却是了不起的。

据说，当年建造金字塔时，所有的劳工被分成10万人的大群来工作，每一大群要劳动3个月。这些劳动者中有奴隶，也有普通的农民和手工业者。古埃及奴隶先在地面上用巨石砌好金字塔的第一层，然后再在第一层旁边筑起一道坡度平缓的土墙，把利用牲畜和滚木运到建筑地点的巨石沿着斜面推上金字塔，垒起金字塔的第二层。这样一层一层地垒上去，等到金字塔最后砌成之后，再将四周形成的土山移走，金字塔就雄伟地耸立在地面上了。由于古代技术条件落后，修建运输石料的路和金字塔的地下墓室就用了10年的时间，整个艰苦而浩大的工程用了30年才完成。

关于金字塔的建造，越来越多的证据表明，埃及人建立了金字塔是迄今比较趋向一致的说法。实验考古证明，古代埃及人在实践中发现并采用这种方法建造金字塔是可能的。

金字塔到底是如何建成的，现仍处于猜测推理之中。

还有一个问题，古埃及人是如何把金字塔建设得如此精确的呢？例如，胡夫金字塔的底座几乎是一个完美的正方形，与正北方呈精确的直线，北侧的基座和南侧的基座几乎是等距离的，相差只有2.5厘米，真可谓精确至极。

事实上，金字塔在经历了数千年的狂风暴雨、地震沙暴、严寒酷暑的侵蚀和破坏之后，仍然巍然耸立，这本身就是一大奇迹。

· 斯芬克斯是如何变成石像的 ·

关于狮身人面像，有许多娓娓动听的传说。

据说狮身人面像是巨人与妖蛇所生的一个怪物，她有着人的头，美女般的脸庞，狮子一样的身躯，并且长有双翅。她利用美丽的脸孔作掩护，残杀了无数丧失警惕性的无辜百姓。这个可怕的妖女，被人们称为“斯芬克斯”。

不知何时，“斯芬克斯”这个妖女利用花言巧语从智慧女神那里学到了许多深奥的谜语，便经常蹲在底比斯悬崖的通道上，或是站立在通向大道的路口，向过往的行人提出一些十分荒诞无稽的谜语，并告诉行人：她提出的谜语，如果谁猜不中，就要被她吃掉；谁要是猜中了，她就跳悬崖而死。结果，很多天来，她的谜语没有一个人猜中，正如她所言，猜不中谜语的人都被她当场撕成碎片吞食，就连国王克瑞翁的儿子也没能逃脱这场厄运。

于是，举国上下人心惶惶、谈妖色变。为了铲除妖女、安定人心，国王克瑞翁传旨全国：如果谁能够制服“斯芬克斯”这个妖魔，就可以登基做国王，而且能够娶公主为妻。

传旨后不久，来自希腊的一位青年男子来到王宫，自称可以为民除妖，他名叫俄狄浦斯。国王克瑞翁非常高兴，热情接待了俄狄浦斯，谈话中国王问：“年轻人，你有什么办法能够制服妖女呢？”俄狄浦斯只说了一句：“臣民既然敢于揭榜制服妖女，自然有臣民的打算，请陛下不必担心。”他说完，便不再言语了。国王制服妖女心切，害怕影响眼前的这位年轻人制妖的决心和情绪，也就不再追问。

俄狄浦斯在王宫休息了一天，养足了精神，来到底比斯悬崖脚下。斯芬克斯远远地看见又一个猎物送上门来，高兴得手舞足蹈，她从悬崖上飞落到地上。

她对俄狄浦斯说：“我出一个谜语，如果猜不出来，我就杀了你!”

“如果我答对了呢？”俄狄浦斯回答说。

“那我就跳崖自杀!”女妖很骄傲、很自信地说。

于是女妖出了一个非常难猜的谜语：“什么动物早晨用四只脚走路，中午用两只脚走路，晚上用三只脚走路？在一切生物中这是唯一能够在不同时间用不同数目的脚走路的生物，但这种生物的脚最多的时候正是速度和力量最小的时候。这种生物是什么？”

俄狄浦斯略作沉思，大声回答说：“这种生物是人，只有人是能够在不同时间用不同数目的脚走路的唯一生物。”斯芬克斯满脸的惊愕，俄狄浦斯继续补充道：“人在幼儿时期，刚刚开始学习走路，用两只手和两条腿爬行，是用脚最多的时候，也正是速度和力量最小的时候。到了中年时期，用两条腿走路，这是人生的中午时候。到了晚年，年老体弱，需要借助于支撑物走路，于是拄着拐杖走路，成为三条腿，这时正是人生的晚上。”斯芬克斯一听，答案完全正确，立即感到羞愧难当，无地自容，表示认错，当即赎罪，跳崖身亡。

消息传开，举国欢腾。数万人轮流高举着俄狄浦斯，以热烈隆重的仪式将他送回王宫。国王亲自在宫外迎候，同俄狄浦斯手挽着手走进宫内，并将他扶到了王位上坐下，当场宣布俄狄浦斯从此就是王国的新国王。老国王宣布完毕，取下王冠，戴在俄狄浦斯的头上。万民叩头，向他顶礼膜拜，向新国王表示崇敬和忠心。随后不久，老国王又亲自为俄狄浦斯与公主成婚举行了盛大隆重的仪式。

俄狄浦斯登基做国王之后，一想到斯芬克斯女妖残害了那么多无辜平民，心里就愤恨难忍。为了让世世代代都记住王国历史上这罪恶的一页，他下令将斯芬克斯的形象耸立在那里，让人们永远铭记这段历史。

狮身人面像被阿拉伯人称为阿布·赫尔（Abu Hol），意思是“恐怖之父”。

· 没有鼻子的狮身人面像 ·

狮身人面像建成后的几千年间，几次神秘地失踪，又奇迹般地重新出现，所以人们称它是“不翼而飞的雕像”。

事实上，狮身人面像并没有失踪，它只不过是一次次被淹没在沙丘下而已。据说，在公元前2500年左右，埃及国王哈夫拉来到吉萨，察看金字塔的修建情况。当他看见采石场的一块巨大的石头时，便命令石匠按照传说中的斯芬克斯形象，雕刻一尊狮身人面像安放在自己的陵寝旁。心灵手巧的石匠们按照国王的要求，终于把狮身人面像雕刻完毕。它的双目炯炯有神，威严地注视着前方，直面东部，静静地卧在金字塔的旁边，两只巨大的前爪轻轻地搭在地上。整个雕像结构非常精巧，人与狮子浑然一体，真可谓巧夺天工。

可是，哈夫拉为什么要这样做呢？斯芬克斯毕竟是传说中的恶魔呀！难道国王反其道而行之，欣赏它的智慧、凶悍，用狮子的威严、人类的智慧来镇守自己的陵墓？这一切永远是个谜团。

更让人感到不解的是，不知过了多少年，狮身人面像的鼻子神秘失踪了。这是什么原因呢？有以下几种猜测。

有人说，这是拿破仑一世在侵略埃及时，命令人用大炮把这一“国宝”的鼻子炸掉了。

有人说，500年前，埃及中世纪时的禁卫兵在演习时，不小心把狮身人面像的鼻子炸掉了。可是，埃及历代国王和臣民都对狮身人面像敬重有加，怎么会有人敢在这里操练兵马呢？

另据中世纪阿拉伯著名史学家马格里齐记载，石像的狮身部分一度曾为沙土所覆盖，有人经常前来对它顶礼膜拜。有一位名叫沙依姆·台赫尔的苏菲派教徒坚决反对偶像崇拜，就爬上石像的头部，用斧头猛砍它的鼻子，造成石像被毁容。马格里齐还说，狮身人面像被毁容以后，飞沙掩埋了附近的农田，造成了严重的自然灾害，当地老百姓将其归结为太阳神发怒的结果。

当然也有人认为，鼻子失踪不是人为造成的，而是大自然风化的“恶果”。特别是一些专家认为，鼻子在脸部高高凸起，容易遭受风吹雨打，年复一年，鼻子就在不知不觉中消失了。

可是，真正的答案至今还是没有找到。

从地质、水文、气候、风力、石料等多方面因素来综合考察，发现狮身人面像“先天不足”——石料质地脆弱、松散，除头颅部分的石质较坚硬外，胸背部石料较差。石像还受到灼热的阳光、悬殊的日夜温差以及强劲风沙侵袭的恶劣自然环境的影响。而且，随着阿斯旺水坝的建成，尼罗河水稳定在地表层，造成石像下面地下水位上升渗入体内，石像外表出现盐晶，周围的工厂、企业、别墅、夜总会的建成也给石像环境带来污染。

可见，围绕着狮身人面像有很多的谜团，但保护这一古文明的象征势在必行。

· 饱经风霜的狮身人面像 ·

每当旭日东升之际，狮身人面像面向金色的阳光，如同一位忠心耿耿的卫士守护在金字塔面前。

当然，这样一件旷世珍品，也有它留给后人的遗憾之处。狮身人面像凿刻在一块巨大的古代沉积岩石上面，这块岩石的地质年代可以追溯到6000万年以前。它是一块石灰岩，由三部分构成，头部和后部非常坚硬，最差的部位就是以上两个部位之间的地方——狮身人面像的胸部和颈部。当年，狮身人面像的建筑设计师在建筑这座世界上最精美的雕塑艺术品时，大概仅仅考虑的是与其将金字塔前的这座废弃的石山搬走，还不如化腐朽为神奇，将它雕刻成流芳后世的雕像，却忽视了石山的石质存在问题，没有想到这块巨石并不是一块上等的雕刻材料，它存在“先天不足”的缺陷。

数千年来，日晒雨淋，风吹沙蚀，日复一日，年复一年，最后这座世界上绝伦无比的艺术品被风化得不成样子。虽然埃及那古老的文明一直得到人们的惊叹和赞美，也能够在特定的历史条件下得以继续和发展，但几千年来埃及社会内忧外患，天灾人祸不断，特别是那些大小王朝如同走马灯似的更迭交替。每当一个新王朝出现，人们对新的法老王和新的权势者，甚至包括他们的都城或者陵墓、庙宇顶礼膜拜。而对金字塔、狮身人面像、孟菲斯、底比斯（卢克索）、梅杜姆、法尤姆、阿比杜斯等许许多多在古代埃及历史上熠熠闪光的建筑、都城以及它们在传统文化、建筑艺术方面所取得的巨大成就，它们所具有的空前绝后的宝贵价值采取冷漠态度，任凭它们被风沙侵蚀、被盗贼光顾，从而变得黯然无光，也使古代埃及不知损失了多少价值连城的瑰宝。

公元前 4 世纪时，古希腊历史学家希罗多德在游览开罗城后，对吉萨高地上的三座金字塔进行了详细描绘和介绍，唯独没有狮身人面像的只言片语记载，恐怕不能说是这位著名历史学家疏忽了，唯一的解释是狮身人面像早已被埋藏在沙丘里面了。

18 世纪，当一批著名的“东方学者”在描绘古代埃及的文物胜迹以及社会风俗的美术作品时，狮身人面像已经整个儿地被荒沙湮没，游人可以踩着沙子走到露在沙面之上的“人面”上。总之，直到公元 19 世纪初期，狮身人面像仍然被荒沙覆盖着。

所幸的是，狮身人面像在低洼中沉寂了 2000 多年仍然能够免于崩塌，不能不令人称奇。

· 狮身人面像是自然风化而成的吗 ·

传说狮身人面像是古埃及著名法老胡夫的儿子，也就是埃及古王国时代第四王朝法老哈夫拉所建造。

相传，哈夫拉在修建他的陵墓金字塔时，不敢逾越他的父亲，但是内心又很不舒服。一天，他在巡视金字塔修建工程时，显得很不高兴，觉得实在显示不出自己的威严。正在郁闷之时，一个工匠建议将土地上一块重 2000 吨的巨石雕刻成一尊象征法老威严的石像，这样既维系了新法老的面子，又不至于伤及已故法老的脸面，于是一座举世无双的狮身人面像就建成了。

这个故事是真实的吗？长期以来人们纷纷猜测，除了认为是法老哈夫拉所修建之外，还存在着各种各样的看法。

有人认为，这与一个民间神话有着密切的关系，即后人为了纪念俄狄浦斯除去妖魔的功绩，就在“斯芬克斯”女妖经常出没的地方，也就是今天哈夫拉金字塔的广场上，塑造了这么一个巨大的雕像。

但是很多人不同意这种说法。他们认为狮身人面像是自然风化而成的，并非是有人发明创造的。传说大约在 3400 年前，埃及年轻的王子托莫到一处地方狩猎，晚上在一处沙丘搭了帐篷休息，由于太累了，他一躺下就酣然入睡，梦中见到一个狮身人面的怪物对他说：“我是万能的神，被埋藏于沙石中已经万年，如果你能让我重见天日，我将赐福于你，封你做埃及的王，倘若你不能解除我的烦恼，我将让烦恼伴你一生!”托莫王子惊出了一身冷汗，立刻调集匠人昼夜挖掘，果然挖出了一个巨大的狮身人面像。这个传说反映了这样一种可能：狮身人面像根本不是有人刻意雕塑的，而是由于地壳运动的关系，一座山的一角经年累月受风沙打磨，就成了今天的模样。

然而，后来考古学家又有了新的发现。他们考证出，狮身人面像大约已经有 1 万多年的历史了，而哈夫拉是公元前 2500 年的帝王，所以狮身人面像不可能是由他建造的。所以，有人猜测：1 万年以前，狮身人面像的外形——头部和身体已经建成，5000 多年后，法老哈夫拉利用了这座雕塑，将脸部改为自己的面容。

狮身人面像是自热风化而成的吗？仍有待学者研究考察。

第十三章　疯狂的石头

巨石文化是古代文化中极其重要的组成部分，同时也是横亘于我们现代人心目中一座高不可攀的高峰。一块块巨石就像一个个问号，它们历经沧桑，执着地矗立于这个古老的星球上，也矗立于人类渴望被知识浇透的心灵荒原中。

· 洞穴里的巨石神庙 ·

马耳他岛位于利比亚与西西里岛之间，面积很小，却拥有30多处巨石神庙的遗址。

1902年，在这里的首府瓦莱塔的一条不引人注意的小路上，发生了一件引起轰动的大事。有人盖房时在地下发现了一处洞穴，后来人们才知道这里埋藏着一座史前建筑。

现在人们称之为“Hypogaum”，这个词来源于希腊语，“Hypo”意思是“在上面”或者“在下面”，而“Gaium”则指“土地”，合起来为“在地下”。整座地下建筑由许多上下交错重叠的房间所组成，里面有一些进出洞口和奇妙的小房间，还有一些大小不等的壁龛。中央大厅里耸立着直接由巨大石块凿成的大圆柱与小支柱，支撑着中央大厅的半圆形屋顶。整个建筑采用了粗大的石料，以一种近乎完美的方式建成，线条清晰，棱角分明，甚至那些粗大的石梁也不例外。没有用石块镶嵌补漏的地方，更没有用多块小石块拼装之处。无缝的石质地面上耸立着巨大的独石柱，壁龛与支柱直接雕在这些石柱上——都是些非常致密、坚固的大石料。整个地下建筑共 3 层，最深处离地面达 12 米。

这些不可思议的史前地下建筑的设计者是谁？在石器时代，他们为什么花费这么大的精力来建造这座巨大的地下建筑？人们百思不得其解。

11 年后，在该岛的塔尔申村，人们又一次发现了巨大的石制建筑。考古学家们经过挖掘和鉴定后认为这是一座石器时代的庙宇的废墟，也是欧洲最大的一座石器时代遗址。这座约在 5000 多年前建造的庙宇，占地达 8 万平方米。整个建筑布局精巧，雄伟壮观，很多祭坛上都刻有精美的螺纹装饰。站在这座神庙的废墟面前，首先映入眼帘的是一道宏伟的主门，其后是厅堂和走廊交错的迷宫。

在马耳他岛上的哈加琴姆、穆那德利亚、哈尔萨夫里尼，考古学家们也发现了精心设计的巨石建筑遗迹。哈加琴姆的庙宇用大石块建造，也是最复杂的石器时代遗迹之一。有些“石桌”至今仍未肯定其用途。石桌位于通往神殿门洞内的两侧，神殿里曾发现多尊母神的小石像。穆那德利亚的庙宇俯瞰地中海，扇形的底层设计是马耳他岛上巨石建筑的特征。这座庙宇大约建于 4500 年前，有些石块因峭壁的掩遮而保存得相当完整。

在马耳他岛上，最令人不可理解的是“蒙娜亚德拉”神庙，人们把它称为“太阳神庙”，它足足比海平面高出 48 米，是一座相当准确的太阳钟。蒙娜亚德拉神庙的整体轮廓看起来如同一片三叶苜蓿的叶子，宽约 70 米。

一个名叫保罗·麦克列夫的马耳他绘图员曾经仔细地测量过这座神庙，并由此得出一个极其令人震惊的结论：在夏至的日出时分，太阳光擦着神庙出口处右边的独石柱射进后面椭圆形的房间里，正好在房间左侧的一块独石柱上形成一道细长的竖直光柱。这道光柱的位置随着年代的不同而改变，在公元前 3700 年，光柱偏离了这块独石柱而射向它后面一块石头的边缘；而大约在公元前 1 万年，这道光柱如同一束激光一样笔直射向后面更远一些的祭坛石的中心。在 12 月 21 日的冬至日，上述情况又出现了，不过这次出现在相对的一侧，同时在房间右侧后部设有祭坛石。

可见，在日出时分，太阳发出的第一道光线笔直地在出口处的两块独石柱之间穿过，射进神庙的房间里，光线穿越门拱并照亮了房间中部巨大的祭坛石。神庙中出现的这种准确的投影现象绝非偶然，事实上整个神庙建筑布局上的精确性已经排除了任何偶然性。

根据马耳他岛上太阳神庙中相当精确的太阳钟，我们可以推测出其建筑的许多情况。建造者并非完全未开化的原始蒙昧的生命，至少他们具有丰富的天文学知识和精确的历法。

这座地下建筑的设计者是谁？在石器时代，他们周围是一些什么样的人？他们为什么急急忙忙地建造了这座巨大的地下建筑？

· 神秘的巨型石球 ·

位于中美洲南部的哥斯达黎加是一个美丽富饶的热带国家，在古代，曾经有3万多名印第安人栖息在这片土地上。

20世纪30年代末，美国某果品公司的地界标定人乔治·奇坦前往哥斯达黎加的热带丛林中进行实地考察，在人迹罕至的三角洲丛林以及山谷和山坡上发现了约200个石球，直径在2米以上，制作技艺精湛，堪称一绝。这使人们不禁疑惑：这些巨型石球有什么用？人们为什么要制作这些巨型石球？没有一个人能回答这些问题，人们仍旧只有猜测：这些石球也许代表着天上不同星球之间的相对位置？这些石球也可能是外星人放在这里的？

这些躺在不同地区、大小不一的石球，引起了人们极大的兴趣。科学家们对这些石球进行了详细认真的测量，发现这些石球表面上各点的曲率几乎完全一样，简直是一些非常标准的圆球。这些石球有什么用，没有人能够给出正确的阐释。摆放在墓地东西两侧的石球可能代表太阳和月亮，或者是图腾标志，但这只是推测；有人戏称这些石球为巨人玩的石球。据考证，这些谜一样的石球差不多都是用坚固美观的花岗岩制作而成的。令科学家和考古工作者迷惑不解的是，这些石球所在地的附近并没有可以制作它的花岗岩石料，在其他地方也找不到任何原始制作者留下的踪迹。

对大石球做过周密调查的考古学家们都确认，这些石球的直径误差小于1%，准确度接近于球体的真圆度。从大石球精确的曲率可以知道，制作这些石球的人员必须具备相当丰富的几何学知识，具有高超的雕凿加工技术，还要有坚硬无比的加工工具以及精密的测量装置，否则便无法完成这些杰作。诚然，在远古时期，生活在这里的印第安人大多数都是雕凿石头的巧匠能手。然而，琢磨如此硕大的石球必然会付出艰巨的劳动，从采石、切割到打磨，每道工序都要求不断地转动石块，要知道，这些石球重达几十吨，这无论如何都不是一件容易的事。难道这些几十米的大石球就是他们的祖先在缺乏任何测量仪器的情况下，运用原始简陋的操作工具一刀一刀地雕凿而成的吗？这是很难做到的。

在哥斯达黎加的印第安人中间长期流传着古老的神奇传说，其中就有宇宙人曾经乘坐球形太空船降临这里的故事，因此，不少人在对上述奇迹百思不得其解的情况下，便猜想这些大石球与天外来客有着直接联系。依照他们的看法，这些天外来客降临这里后，在较短时间内制作了这些大石球，并将它们按照一定的位置和距离进行了排列，布置成模拟某种空间天象的“星球模型”。这些大石球象征着天空中不同的星球，它们彼此之间相隔的距离表示星球间的相对位置。据说，天外来客试图利用这些石球组成的“星球模型”向地球上的人类传递某种信息。但是，今天有谁能理解这个“星球模型”的真正含义呢？又有谁能知晓在这些大石球中，哪一个代表这些天外来客生活的故乡呢？

哥斯达黎加石球名扬四海，但人们对它知之甚少，除非能找到按原样排列且未遭破坏的石球群，否则这些圆圆的石头对我们来讲永远是一个不解之谜。

· 太阳门之谜 ·

的的喀喀湖东南21公里、海拔4000米高的安第斯高原上，坐落着一座印加时期的蒂亚瓦纳科文化遗址。

蒂亚瓦纳科文化遗址位于玻利维亚与秘鲁交界处，由重达几十吨甚至数百吨的巨石严密砌成。根据毕生研究蒂亚瓦纳科文化的玻利维亚学者推算，该古城可能建于1.7万年前。号称“世界考古最伟大发现之一”的太阳门，就在蒂亚瓦纳科城中。

太阳门由重达百吨以上的整块巨型中长石雕镌而成，造型庄重，比例匀称。其高3.084米，宽5.962米，雕刻有12000年前灭绝的古生物“居维象亚科”和同期灭绝的剑齿兽，还雕刻有既繁复又精确的天文历法。门中央凿一门洞，门楣中央刻有一个人形浅浮雕，人形神像的头部放射出许多道光线，双手各持着护杖。其两旁排列着三排48个较小的、生动逼真的形象，其中上下两排是面对神像的带有翅膀的勇士，中间一排是人格化的飞禽。浮雕展现了一个深奥而复杂的神话世界。据说，每年9月21日黎明的第一缕曙光总是准确无误地射入门中央。

太阳门还包含着深奥的历法计数系统，它的天文历法由象形文字表示着，它的一年只有290天，12个月中有10个月只有24天，其余两个月25天。这部天文历代表着什么意义呢？莫非它包含有某种我们还不曾了解的宗教意义？它又是以什么作为标准的呢？1553年，西班牙人侵占了这块地方，认为“这里的人无视神（西班牙人的神）的旨意，而遵照奇特的法律生活”。

在那个年代，没有先进的运输工具和驮重牲畜，因此在这云岚缭绕、峭拔高峻的安第斯高原上建造起如此雄伟壮观的太阳门，真是令人不可思议。

16世纪中叶，西班牙殖民主义者发现这座庄严的古建筑时，曾认为是印加人或艾马拉人造的。但艾马拉人不同意此说，认为太阳门是太阳神维拉科查开辟天地，建造了太阳门和蒂亚瓦纳科其他各种动人心魄的建筑群。

有一种传说说那些雕像原是当地居民，后来被一个外来朝圣者变成了石头。

还有一种说法称太阳门是宗教圣地，朝圣的人群跋山涉水去那里举行朝拜仪式，可能就在朝拜的同时运来了建筑材料，建造了这些宏伟的建筑物。但问题是，当时的生产力极为原始，怎么把重达上百吨的巨石从5公里外的采石场拖曳到指定地点，要完成这个任务每吨至少要配备65人和数公里长的羊驼皮绳，这样就得有一支2.6万多人的庞大队伍，而要安顿这支大军的食宿，还得有一个庞大的城市，但这一切在当时还没出现。

还有人认为，太阳门所在地并不是宗教活动场所，而是一个大商业中心和文化中心，阶梯通向之处是中央市场，太阳门上的浅浮雕上呈辐射状的线条表示雨水，两旁的小型刻像朝着雨神走去，象征着承认雨神的权威。

更有人将蒂亚瓦纳科说成是某一时期外星人在地球上建造的一座城市，太阳门是外空大门。

这个谜一般的城市位于海拔4000米的高原上，气压大约只有海平面的一半，空气中氧含量也很少，体力劳动对于任何一个非本地人来说都是十分艰难的。

自1548年这个遗址被发现之日起，围绕蒂亚瓦纳科文化和太阳门就众说纷纭，谁也不知道什么时候才能揭开太阳门的种种面纱。

· 史前石柱群之谜 ·

英格兰东南部的阿姆斯伯里村以西的原野上，有一片史前石柱群，是人类早期留下来的神秘遗迹之一。

这些壮观的巨大石柱群与散布于北纬30°的各类巨石阵文化有着不可分割的联系。

这组巨大石柱群是一座高4米、由重25吨至30吨的巨石排列成图形的巨石遗物。这些奇特的巨石建筑默默地在风雨中经过了几千年，注视着人间的沧桑巨变。那么，这巨大石柱群究竟为谁所建？目的是什么？又是以何种方法建造的呢？

石阵的主体是一根根巨大的石柱排列而成的几个完整的同心圆。石阵的外围是直径约90米的环形土岗和沟。沟是在天然的石灰土壤里挖出来的，挖出的土正好作为土岗的材料。紧靠土岗的内侧由56个等距离的坑构成又一个圆，坑用灰土填满，里面还夹杂着人类的骨灰。这些坑是由17世纪巨石阵的考察者约翰·奥布里发现的，因此现在通常称之为“奥布里坑群”。坑群内圈竖着两排蓝砂岩石柱，现已残缺不全。

巨石阵最壮观的部分是石阵中心的砂岩圈。它由30根石柱上架着横梁，彼此之间用榫头、榫根相连，形成一个封闭的圆圈。这些石柱高4米、宽2米、厚1米，重达25吨。砂岩圈的内部是5组砂岩三石塔，排列成马蹄形，也称为拱门，两根巨大的石柱每根重达50吨，另一根约10吨重的横梁嵌合在石柱顶上。这个巨石排列成的马蹄形位于整个巨石阵的中心线上，马蹄形的开口正对着夏至日出的方向。巨石圈的东北侧有一条通道。通道的中轴线上竖立着一块完整的砂岩巨石，高 4.9 米，重约 35 吨，被称为“踵石”。每年冬至和夏至从巨石阵的中心远望踵石，日出的第一道光线正好投射到踵石上，增添了巨石阵的神秘色彩。

从飞机上俯视，巨大石柱群看起来就像是有柄的镜子，相当于手柄的部分被称为林荫路，是面向巨大石柱群中心的道路。入口处附近则是著名的踵石。除此之外，还有周沟、山石、洞穴等配置于同心圆上的构造，现在通常是从中心向外依次分为三石塔、撒逊圆、工穴、丫穴、顾普力穴及周沟。

巨石阵是早期英国部落或宗教组织举行仪式的中心，也是观察天文的地方。

夏至，巨石阵的巨石正好同夏至那天太阳升起的位置排成一线。在巨石阵纪念夏至的人，大都相信英国古代克尔特人的巫师宗教，认为他们举行的活动同当年在巨石阵举行的宗教仪式相似。有人认为，信奉神灵的古代克尔特人是巨石阵的建筑师。

最早的克尔特巫师是法官、立法人员和神职人员。他们在那里举行宗教仪式，解决法律纠纷，并向老百姓发布指令和提供帮助。到了大约公元前 1500 年，英格兰的早期居民就不在这个地方举行任何活动了。

后来，英国考古学家发现巨石阵的巨石上刻有人面像。人面像紧皱双眉，表情严肃地遥望着撒里斯布利平原。人面像只有在一天中的特定时间才能被清晰地看见。在夏天，这段时间为 14 点前后的 1 个小时。它是用世界上最坚硬的石头修建的，大约建于公元前 2450 年，需要在一个平台上工作几百个小时才能建成，修建动机不明。人们也许永远也不知道这个人面像是谁。

巨石阵具有令人惊异的声学特性。科学家们在一些巨石阵中放入先进的录音器材进行实验，发现组成巨石阵的巨大扁平石块能非常精确地反射巨石阵内部的回声，并将其集中于巨石阵的中心，形成“音箱”效应，类似于北京天坛的寰丘。

现在看来，巨石阵的建筑规模和工程难度对于早期人类来说，简直是不可思议的。它的建成比埃及最古老的金字塔还要早，然而究竟是谁建造了这雄伟的巨石阵，现在仍然众说纷纭。有人认为这是当地早期居民克尔特人建造的墓穴，也有人认为是古罗马人为天神西拉建造的圣殿，还有人认为是丹麦人建造的用来举行典礼的地方。

多角度分析研究表明，巨石阵的建筑并不是一次完成的，而是费时1000年以上，经过多次整修而成的。无数学者经年累月地找寻着巨石阵的建造者，慨叹巨石阵与埃及金字塔一样神秘莫测。有人提出巨石阵的建筑石料均是从160多公里外的地方运输而来，而开采、运输、安放如此巨大的石块，除了具备高超技术的巨匠外谁也做不到，于是他们认为巨石阵出自一位巨匠之手。

迄今为止，包括巨石阵在内的所有巨石建筑物都是一个谜团。唯一可以肯定的是，这些巨石柱是由高水准的土木技术建造者完成的。

· 复活节岛石像之谜 ·

复活节岛因它上面屹立着1000多尊巨石像，从而被世人所熟知。

那么，是什么人雕刻了这些石像？他们有什么目的？石像代表了什么呢？这些石头来自什么地方，用什么工具运到这里，又是怎样竖立起来的？这一切使这个海岛笼罩上了神秘的色彩。

复活节岛四周的海岸边屹立着600多尊巨人石像，这些石像一般高7~10米，重30~90吨，有的一顶帽子就重达10多吨。它们分成组，整齐地排列在长形石座上，每个石座一般安放着4~6尊石像，最多的排放了15尊。这些石像都由整块的暗红色火山岩雕琢而成，眼睛是专门用发亮的黑曜石或闪光的贝壳镶嵌上去的。它们一律半身，没有腿，外形大同小异，而且造型古朴、生动，个个都是长脸、高鼻、深目、长耳垂肩和前突的嘴的造型。同时，有些石像头上还戴有红帽子，它们被当地人称为“普卡奥”。远远看去，红帽子颇似一顶红色的王冠，更为石像增添了尊贵、威严的色彩。当然，并非所有的石像都有红帽子，享有这种特权的石像仅30多尊而已，只分配给岛东南岸15顶，北岸10顶，西岸6顶，这些佩戴红色石帽的石像宛如众多石像中的贵族。

这些石像的一双长手放在肚前，朝着无边的大海眺望，表情冷漠，神态威严，一副茫然若失的神态，势如大军行将出征，蔚为壮观，足可与秦始皇兵马俑相媲美。

使世人赞叹不已的石像已经成为这个天涯孤岛的象征。但在惊叹之余，人们不禁要问，现在岛上的居民既没有雕刻这些巨大石像的艺术造诣，又没有海上航行数千公里的航海知识，是什么人雕刻了这些石像呢？

200年来，这个问题吸引着世界各国人类学家、民俗学家、民族志学家、地质学家和考古学家，他们纷纷踏上这个小岛，试图去揭开这层神秘的面纱。

英国学者詹姆斯在他的《消失的大陆》一书中，曾提出巨像是古大陆人类文明遗迹的见解。这种见解长期以来被认为是科学的论断，很多文献或教科书均有所引用，流行一时。詹姆斯在书中写道，古时在太平洋有很大一片陆地，这片大陆西起斐济岛，东至复活节岛，陆上住有6400万人，有5000万年的悠久文明历史，石像可能是那时建造的。在距今约1.2万年前，因火山爆发和地震，这块大陆沉没洋底，复活节岛只是幸存的残岛。詹姆斯见解的根据是在太平洋的某些岛屿上发现了大陆性动植物和大陆性地块。

可是，詹姆斯学说与人类学、地球物理学的结论不符。现代科学证明，地球上猿人的出现最早也不超过几百万年，人类文明史连1000万年也未达到，更谈不上5000万年了。

根据对现场发掘的考察和对石像放射性碳14的测定，复活节岛石像是公元5世纪建造的，并不像詹姆斯所说的那么古老。石像建造年代与大陆沉没年代上下差距达万余年，年代不符，说明石像不是古大陆文明遗址。

英国专家夏普对南太平洋海域考察后认为，至少在几万年内没有陆地沉降现象。复活节岛现在的海岸线仍和石像建造年代的海岸线相近似，几万年沉降不到1米。这也说明古陆沉降说与实际情况不符。

挪威人类学家索尔·海尔达尔提出一个比较新的论点，他认为复活节岛的巨像文化起源于南美大陆。他在1947年撰文指出，复活节岛的最早移民并非是来自太平洋岛屿的波利尼西亚人。其有力论据是：在复活节岛上发现了刻有表意文字的硬木书板，而在岛上一些巨石人像的后颈部位也发现刻有表意文字。但历史学界经过考察得出一个一致公认的事实，即波利尼西亚人从未有过书写文字的表达形式。这就是说，复活节岛的最初移民一定是来自有过文字历史的某个其他民族。海尔达尔认为，这个民族就是古代玛雅人的后裔、印加帝国统治以前的秘鲁人。他们不是在公元12世纪左右才来到复活节岛上的，而是早在公元3世纪时就乘船只漂流到了这里。这些移民即真正的“长耳人”，他们有很高的石刻技术，大约在公元1100年开始建造“莫埃依”巨石人像。至15世纪左右，“短耳人”才从马克萨斯群岛迁居到岛上。

索尔·海尔达尔在对秘鲁和复活节岛分别进行了实地考察之后，还提出了一个几乎不容辩驳的论证：即在秘鲁维拉科察一地发现的石刻人像，其面貌特征与复活节岛上的石刻人像惊人地相似。由此可以断定，复活节岛的最早居民和岛上巨石人像的创造者是秘鲁人。

学者们做过一个试验，雕刻一尊不大不小的石人像，需要十几个工匠忙一年，所以雕这样巨大的石像，至少需要5000个身强力壮的劳动力才能完成。利用滚木滑轮装置似乎是岛民解决运输问题的唯一途径，但令人困惑的是，在雅各布·罗格文初到复活节岛时，他并没有看到树木。再说那5000个石匠吃什么？靠什么生活？小岛上仅有的几百户土著人根本没有能力提供养活5000个强壮劳动力的粮食。显然，那些石像不可能是当地人做的。还有，采石场上的石料只加工到一半就停工了，好像是忽然发生了一件大事而撤离了似的。小岛到底发生了什么？火山爆发吗？复活节岛固然是座火山岛，但它是一座死火山。狂风海啸吗？但是，岛上居民理应对海岛的自然灾害司空见惯，再说灾害过后随时可以复工，但他们却没有这么做，这是为什么呢？雕刻巨石像已经是个谜了，采石场的突然停工，却又是谜中之谜。

有些学者指出，这些石像的造型与远在墨西哥的玛雅——印第安文化遗址上的石雕人像存在着许多相似之处，莫非是古代墨西哥文化影响过它？墨西哥远离复活节岛数千公里，这几乎是不可能的。再者，这批石雕人像小的重约2.5吨，大的超过50吨。它们究竟是如何被制作者从采石场上凿取出来加工制作的，又采用什么办法将它们运往远处安放，并使之牢牢地耸立起来？那几个世纪，岛上居民还未掌握铁器，这一切都令人不可思议。

经过长期的争论和多次实地考察，较多专家们认为，巨像文化的起源地应在波利尼西亚当地。

波利尼西亚位于太平洋中部，是中太平洋岛群的总称，意为“多岛群岛”。总人口有150多万，多为波利尼西亚人。多数考古学家和历史学家认为，复活节岛上延续至今的土著居民——波利尼西亚人，是在公元12世纪左右定居于岛上的。相传这部分最早的土著居民是乘着木船，凭借着波利尼西亚人高超的航海技术，从岛的西北面2000海里以外的太平洋岛屿马克萨斯群岛迁移过来的。这部分"移民始祖"的面貌特征是：耳垂很大，因此耳朵显得很长，故被考古学家们称为"长耳人"。这批早期移民在极其艰难恶劣的自然条件下，克服了无数难以想象的困难，终于在岛上顽强地生存了下来。大约14世纪前后，"长耳人"为了纪念他们的移民始祖所开创的基业，开始在岛上建造巨石人像，并将其作为偶像加以崇拜，他们还赋予这些神像以"莫埃依"的尊贵名称。

继"长耳人"之后不久，又有一批新的移民从太平洋的其他岛屿迁居到这个岛上。据说他们的耳朵与"长耳人"相比要短小许多，也许就像普通人一样吧。历史学家们为区别起见，将这部分居民称为"短耳人"。而"莫埃依"神像也同样是"短耳人"的崇拜物。

在开始的一段时间里，岛上的两部分居民友好相处，亲如一家。但经过两个世纪的和平岁月之后，却发生了分裂对抗的不幸局面。"长耳人"在较长时间里建立的移民优势，使他们逐渐转而压迫并欲统治"短耳人"。不平等现象日渐增多，终使"短耳人"起而反抗，导致了部落间的战争。经过残酷的搏斗厮杀，"长耳人"逐渐处于劣势，后来撤到该岛东端的玻依克高地。他们在那里挖了一条2000米长的沟壑并填上树干和灌木条点火引燃，但这条大沟壑仅挡住了一部分"短耳人"的攻击，另一部分"短耳人"却机智地避开火沟，从高地的另一端攻了上去。这一突袭使"长耳人"溃不成军，他们被赶到了自掘的火道边上，绝大部分人都被活活烧死，生还者寥寥无几。考古学家们对那条沟壑的土层做了碳化分析，估计那场战争进行的时间大约在距今1680年前。

但秘鲁人也好，波利尼西亚人也罢，他们为什么要在岛上创造如此巨大、如此众多的人面石像呢？难道仅仅是出于后人纪念先驱者的"祖先崇拜"心理？

一些心理学家分析，可能是岛上居民长期处于与外界隔绝的孤苦、乏味的生活之中，想从这种富有艺术性的劳动中得到某种寄托和快乐。也可能是因为他们精神上总陷于苦闷和空虚，想通过建造巨石神像卷入一种狂热的宗教信仰，以得到某种解脱。还有可能是为了对岛上出没的野兽或入岛的外来侵略者造成心理上的威慑力量，才把“莫埃依”神像建造得如此巨大，并且个个都是一副威严可畏的样子。

现在，岛上的居民大多数是玻利尼西亚人，大部分居住在西岸的安加罗阿村。但是，他们的相貌特征与巨人群像没有丝毫共同之处，而且他们也说不清楚石像的来历。

如果这些石像真是地球人的杰作，那么古代复活节岛的居民是怎样把这些巨石雕像竖起来的呢？有一尊石像重达大约 200 吨，仅一顶帽子就重 30 吨左右，况且岛上还有数量如此多的石像。一些迹象表明，这些石像都是成批制造、成批完成的。在岛上的东南部，人们发现了 300 多尊尚未完工的巨像，显然创造者们是突然停下他们手中工作的。这么大的工作量得需要多少人同时工作？岛上过去有那么多人吗？

复活节岛上仅生活着 1000 多居民，而在罗格文来到之前，小岛仅有数百人，岛上没有树木，无法以采集度日，狩猎也不可能，因为岛上除了零星的鸟类之外，成群的老鼠便是唯一的动物。岛上的土著居民以近海捕捞为业，在他们目所能及的视野内，除了大海、太阳、月亮以及星星之外，就别无他物了。

时至今日，石像之谜仍未解开。

· 复活节岛天书之谜 ·

“朗戈朗戈”木板是复活节岛最神奇的谜团之一，是一种“会说话的木板”。

最先认识这种木板价值的是法国修道士厄仁·艾依罗。厄仁在岛上生活了将近1年的时间，深知这些木板上记载着复活节岛的古老文字。

一般来说，朗戈朗戈木板是一种深褐色的浑圆木板，有的像木桨，上面刻着一行行图案和文字符号。有长着翅膀的两头人，有钩喙、大眼、头两侧长角的两足动物，还有螺纹、小船、蜥蜴、蛙、鱼、龟等幻想之物和真实之物。厄仁在世时，这种木板几乎家家有收藏，后厄仁染病去世了，由于宗教干涉，朗戈朗戈木板被一一烧毁，几乎绝迹。

这是在太平洋诸岛所见到的第一种文字遗迹，其符号与古埃及文相似。从本质材料上看，它源于小亚细亚半岛；从写法上看，它属于南美安第斯山地区的左起一行右起一行的回转书写法系统。原始印度文与“朗戈朗戈”图案符号较为相像，两种文字符号中有175个完全吻合。

复活节岛文字存在于19世纪中叶，而印度河谷文字则早在公元前2500年成熟，相距4000多年。复活节岛古文字与古代中国的象形文字也颇为相似。另外，苏门答腊岛民族饰品上的鸟的形象与朗戈朗戈木板上的很相像。朗戈朗戈文与巴拿马的印第安人、古那人也有着密切的联系。

后来，有一位名叫棉托罗的青年从复活节岛来到泰堤岛，自称能识读神秘木板上的字符。他立即被大主教佐山召进府读唱了15天，主教在旁急速记录符号，并用拉丁语批注，写了一本笔记。1954 年，一名叫巴代利的人种族志学者在罗马僧团档案馆发现了一本油渍斑斑的旧练习簿，那就是“佐山主教的笔记”。两年后，巴代利声称已破译朗戈朗戈文字符号，说它叙述了南太平洋诸岛是种族战争、宗教杀人仪式的舞台。

1915 年，英国女士凯特琳率考古队登岛。听说岛上有位老人懂朗戈朗戈语，她立即去拜访。老人叫托棉尼卡，不仅能读木板文，而且写了一页给凯特琳，符号果真与木板上的一模一样。但不知道是出于什么原因，已重病垂危的老人至死也不肯说出它们的含义。

有学者认为木板上的符号就是文字；也有学者声称“朗戈朗戈”符号不是文字，只是一种印在纺织品上的特殊印戳。100 多年来，刻有鱼、星、鸟、龟等图案及符号的木头始终保持着沉默。目前世界各地收藏的木板只有 20 多块，分别保存在伦敦、柏林、维也纳、彼得堡、华盛顿等地。1996 年，俄罗斯的历史学博士伊琳娜·费多罗娃写了一本小册子，终于揭开了复活节岛“会说话的木头”之谜。伊琳娜经过 30 多年的研究，得出“朗戈朗戈符号实际上是一种字形画”的结论。她利用“直觉+波利尼西亚语知识+同义词和同义异音词的搜寻”的公式，阅读了现存的木板文字符。关于彼得堡博物馆珍藏的两块木板中的一块，伊琳娜译为：“收甘薯拿薯堆拿甘薯甘薯首领甘蔗首领砍白甘薯红甘薯薯块首领收……”

威廉·汤姆森是“密歇根”号美国轮船的船长，这艘船 1885 年停靠在复活节岛。美国国家博物馆出版了汤姆森介绍复活节岛历史的著作，那是当时最为详尽的关于该岛的记述。

在到达复活节岛之前，“密歇根”号停靠在塔西提。在那里，汤姆森拍下了主教收藏的木简的照片。一到复活节岛，他就四处寻找能翻译这些符号的岛民。他遇到了一位叫乌尔·韦伊克的老人，一看到这些木简的照片，老人就开始了吟唱。他似乎不是在“读”这些文字，因为不管给他看什么，他唱的都是同样的东西。根据汤姆森的记述，乌尔·韦伊克对这些符号的“诗歌翻译”如下：

我女儿的独木舟从未被敌人部落战败

我女儿的独木舟从未被霍尼蒂卜的诡计摧毁

所有的战斗中她都凯旋

没有什么能迫使我女儿喝下黑曜岩杯里的毒汁

强大的海洋把我们天各一方

我的女儿！我的女儿！

无尽的水路伸展到天边

我的女儿，喔，我的女儿

我要游过这深不可测的海水找到你

最后，老人坦承，岛上没有人能读懂这些符号……

· 消失的岬角 ·

复活节岛本身的存在也是一个谜，今天它还在发生着惊人的变故。

一些船长不断报告说，他们在这一带的海域里发现了新的土地，但这些土地后来却不见了。胡安·费尔南德斯和爱德华·戴维斯曾在复活节岛一带的海域里发现过辽阔的土地，土地周围还有别的小岛，但到罗格文海军上将于

1722年发现复活节岛时，他只看到岛上起伏的山峦，周围已经没有任何土地或岛屿了。

有人于1802年在复活节岛以南50海里、以西300海里处的海域里发现了重重悬崖和层层峭壁，可是现在复活节岛周围海域里只有一处悬崖，那就是萨拉伊戈麦斯岛，但它是在复活节岛以东约250海里处。

有人于1809年在南美沿岸的海域里（即秘鲁的卡亚俄城和智利的瓦尔帕莱索城之间）发现了层层山岩，有人1576年在这里发现过鲁滨逊岛和神秘的陆地，但在费尔南德斯和赫涅维尔之后，再没有任何人在那里发现过什么岛屿或山岩。

小岛呈椭圆形，高120米，岛围1200米，但从那以后谁也没有再看见过这个岛。1935年，海图上也不再标出这个岛了。

英国“格罗埃洛恩”号船长于1912年在智利瓦尔帕莱索城宣布，他在复活节岛不远处发现了一个岛屿，船上的所有军官也都证实了这一发现，但当后来智利战舰“巴克达诺”号奉命前去寻找这个岛时，它却消失得无影无踪。

复活节岛是一个火山岛，处在“太平洋火圈”上，即太平洋海底火山地震带上。岛民们的神话和传说中都一再提到，以前复活节岛很大，后来大部分土地沉入水下，只剩下现今这么大了。

但科学考察证实，复活节岛不是在沉没，而是在上升。

第十四章　死神出没的地方

闻名于世的百慕大三角区是一个令人毛骨悚然的地方。16世纪以来，在这里不明不白失事的飞机多达数十架，轮船100多艘，无情地夺去了很多人的生命。不仅如此，百慕大还出现过许多关于穿越时间隧道的传闻。更为奇怪的是，在同纬度的中国鄱阳湖地区也经常发生无法解释的沉船事故。这一切难道只是巧合吗？

· 吞噬一切的百慕大 ·

在大西洋百慕大群岛附近，由百慕大群岛、佛罗里达半岛和波多黎各岛为3个顶点组成的三角形海域被称为“百慕大三角”。

近半个世纪，在这个神秘的区域，许多飞机和船只来到这里便突然神秘失踪，人们将这个区域称为“魔鬼三角”。

据统计，从1840年到现在，在百慕大三角海区发生的飞机和舰船意外事故不下千起。近年来，在美国注册的、在这个海区发生神秘失踪事件的舰船就有100多艘，其中还包括13艘核潜艇。仅以离美国佛罗里达海岸25英里以内的海域统计，每年就有1200余人丧生，而且连尸体也找不到。

海难、空难不断发生在百慕大三角海区，使这个海区更增添了恐怖和离奇的色彩。

据说，1502年著名的航海家哥伦布曾经在百慕大三角海区遭遇危险。一天，哥伦布同船上的船员们走出船舱，站在甲板上，欣赏海上风光。正当哥伦布与他的船员们陶醉在神奇的海上风景之中时，奇怪的事情发生了：一瞬间，风云突变，天昏地暗，狂风四起，海水卷起了几十米高的大浪，宛如一堵堵水墙朝甲板猛撞过来。此刻，船犹如航行在峡谷之间，几乎不见天日，在海上剧烈地颠簸着。哥伦布急令他的船队稳住舵把，调转航向，向佛罗里达海岸靠过去。奇怪的是，船上所有的导航仪器全部失灵，舵手和水手们晕头转向，无法辨清方向。还好，船队歪歪扭扭地终于从波峰浪谷间摆脱了危险。事后检查，发现船上的磁罗盘的指针方向已从正北方往西北偏离了36°。哥伦布在百慕大遇险的经历引发了人们对百慕大的惊恐，在以后的几个世纪中，关于这样的海上怪事更是不绝于耳，百慕大也因此越来越神秘。

1840年8月，法国一艘开往古巴的商船曾经消失在这片神秘的海域中，它的名字叫“罗萨丽”。当时，船上载满水果和绸缎，可后来这艘船在百慕大失踪了。不久以后，人们找到这艘船时，发现船体没有一丝一毫的损坏，但船上却一个人影也没有，只有一只饿得半死的金丝鸟。“罗萨丽”号帆船到底碰上了什么意外？船上的人到底到什么地方去了？没有人知道。

1872年，在亚速尔群岛以西100海里处，一艘双桅帆船“玛丽亚·采列斯特”号突然发生意外，向外界发出了求救信号。11天后，这艘船才被人发现，令人百思不得其解的是，这艘船似乎没有遭遇强大的风浪，因为船上空无一人，餐厅桌上仍摆着面包、黄油等食品，还有剩下的咖啡和水。此外，墙上的挂钟仍滴答滴答地走着，缝纫机上还放着盛有机油的瓶子。

1881年8月，美国一艘名叫“艾伦·奥斯汀”的四桅船正在百慕大三角海面航行，人们突然发现不远处的海面上也停着一艘四桅船，总指挥多次发出信号询问，但得不到对方的任何回答。最后，船长命令船靠过去，又派了几个经验丰富的水手去看个究竟。

几个水手上船后发现船上一个人都没有，但各种设备完好，船上的生活用具一应俱全。船长感到十分纳闷，果断地决定让几个人把船开回去。几个水手正要开动那艘奇怪的四桅船时，海面上突然狂风大作，恶浪滔天，眼前那艘四桅船神秘地消失了。

奇怪的是，“艾伦·奥斯汀”号两天后又碰到了那艘四桅船，船身照样完好无损，仍不见一个人，曾经派过去的几个水手也不见了。这时，船长又急又怕，但他还是又派出几个水手，务必要把船开回去弄个清楚。

几个水手胆战心惊地刚登上那艘船，海面突然又狂风大作，巨浪排空，四桅船眨眼间又消失得无影无踪了。令人茫然不解的是，为何失事时，船身及船上的各种设备以及物资都完好无缺，只是船上的人下落不明呢？

1963年2月2日，美国“玛林·凯恩”号油船例行出航。这艘船上装配着现代化的导航仪器及先进的通讯设备。在出航的第二天，船上的报务员还向海港报告说：“油船正常地航行到北纬26°40′、西经73°的海面上。”然而谁也想不到，这却是“玛林·凯恩”号油船发出的最后一份报告，此后，这只船竟无声无息地失踪了，好像掉进了深洞里。事后派船去搜寻，海面上却连一滴油也未见到。

1973年3月，一艘排水量为1.3万吨的运煤船，航行至新泽西州麦因岛东南150海里处失踪了。

在百慕大三角海区，令人恐怖的是，就像有一股神奇的力量控制着这里的海空一样，在这个空域经过的飞机也常常遭遇不明原因而神秘失踪。百慕大，让人闻之丧胆。

1945年12月5日，美国海军第19飞行中队的5架鱼雷轰炸机在途经三角区时，突然与基地失去了联系。带领这个飞行中队的是两位有经验的飞行员，其中之一是查尔斯·卡罗尔·泰勒中校，其他12名驾驶员、无线电报务员、炮手都是经过训练的学员。飞行航线是他们已经飞行过多次的熟悉的航线，即先往东飞行108公里后，再向正北方飞行120公里，然后转向西南，返回基地。

飞机飞到预定的高度后，电波传来了泰勒中尉清晰的声音："一切正常，发动机的声音很好，风速不大。"

当起飞1个多小时后，基地指挥部收到了泰勒中尉的报告说："发生了异常现象，我们不知为何偏离了正确的航线。"

"报告你们现在的位置！"地面指挥塔命令道。

"搞不清位置了，不知在什么地方。"泰勒答道。

地面指挥塔命令泰勒把飞机转向西方，但得到的回答却是："方位仪出了故障，指针不动，已经辨不清方向，看到的只是大海……"

基地指挥部此时尚未意识到问题的严重性，他们认为飞机上带的油量是充足的，可以再飞上4个小时，飞行员的技术也是完全可以使人放心的。因此，指挥部命令方位仪还能正常工作的另一架飞机代替泰勒担任编队指挥，同时命令5架飞机对准正西方向返回基地。

10多分钟以后，基地指挥部又收到空中的无线电通讯："我是中队长……警报！我们现在迷失了航向，看不见陆地，哪儿也见不到陆地……不知哪儿是西边，一切都乱套了，连大海也好像跟往常不一样了。"

这时，泰勒也报告说："我们现在好像在墨西哥湾上空，我们对准了30°航向飞行，45分钟后，再转向正北……"

基地指挥部开始感到困惑不解了：5 架飞机怎么会离开了航线几百公里，跑到墨西哥湾的上空了呢？是什么原因使飞机完全失去了控制？指挥员们紧张起来。

到了下午 6 时，仍然看不到飞机的影子，基地指挥部根据各方面的因素推算，飞机可能飞到了基地东北方 32 公里的上空，那里离最近的海岸有 92 公里。

临近黄昏时，5 架飞机就像没头苍蝇一样，忽而向西，忽而向西北方向乱飞着，无线电通讯情况也逐渐恶化，5 架飞机已经收不到地面的任何指令。不过，基地的指挥部还能听到 5 架飞机上彼此联系的对话。这时，所有报务员的声调都显得不顶用了，读数各不相同。不知为什么飞行员也看不到太阳，如果能见到太阳，则还可以根据太阳来测定方位。又过了一会儿，地面基地收听到飞机上最后的声音，报务员惊喊着："开始往水里沉了……我们完了！"到下午 7 点 04 分，就再也听不到空中的任何声音了。

这 5 架飞机神秘消失后，美国的一架巨型救护机奉命前去救援，1 个小时后也不见了踪影。半小时后，一艘油轮上的船员看到一股大火冲天而起，又发现了海面上的油渍和飞机的碎片，才知道那架前去救护的飞机在那里坠毁了。

事件发生后，美国搜寻 19 飞行中队的工作进行了 5 天，找遍了 25 平方公里的海域，也没有发现任何踪迹。这一事件令美国军方至今百思不得其解。

1948 年的一天早晨，从美国旧金山起飞的一架班机，上面载有 36 名乘客，在飞经百慕大三角上空时，连机带人地突然与地面失去了联系。美国航空局立即组织大规模的海上和空中搜索。可是，他们连一片飞机的碎片都没有找到，更不要说一具尸体了。美国民众对此惊恐不安，舆论一片哗然。

1953 年，在三角区稍南的牙买加上空，一架名为"约尔克"号的运输机向地面站发出了求救信号。可是，地面救援的飞机还没有来得及出发，这架飞机已经下落不明了。

1977年2月的一个傍晚，一位探险家和他的朋友乘一架水上飞机来到百慕大三角海区。他们正要吃晚饭时，突然发现刀叉全弯了，而且飞机上的钥匙全变形了，罗盘偏转了几十度，录音机里录到了许多奇怪的噪声。由于事先有所防备，他们迅速离开了这里，躲过了一场灾难。

神秘的百慕大三角，它美丽的外表下面，到底隐藏着什么呢？

· 北纬30° 上的“死亡漩涡区” ·

百慕大三角区处于地球北纬30°线上，令人费解的是，地球南、北纬30°线上都是飞机、轮船常常失事的地方，人们把这些地方叫作“死亡漩涡区”。

不明原因的海难、空难现象不仅仅出现在百慕大，北纬30°线上的其他海域和陆地也有类似的现象。

据统计，西地中海海域，从1945年第二次世界大战结束到1969年的20多年和平时期内，地图的这个小点上竟发生过11起空难，共有229人丧生。飞行员们说，每当飞机经过这里时，飞机上的仪表和无线电都会受到奇怪的干扰，甚至定位系统也常出毛病，以致搞不清自己所处的方位。

如果说飞机失事是定位系统失灵导致迷航造成的，那么对轮船来说，这就令人费解了。西地中海面积并不大，与大西洋相比，气候条件也算是优越的。然而，在这片海域失事的船只一点儿也不比飞机的数量少。

1969年7月的一天，西班牙一架“信天翁”飞机在西地中海的阿尔沃兰海域失踪。由于那架飞机上的乘员都是西班牙海军的中级军官，所以军事当局相当重视，动用了10余架飞机和4艘水面舰船进行搜索。人们搜索了很大一片海域后，却只找到失踪飞机上的两把座椅，其他一无所获。

1972年7月26日上午，“普拉亚·罗克塔”号货轮从巴塞罗纳朝米诺卡岛方向行驶。到了下午，不知怎么回事，这艘货轮掉转船头驶到原航线的右边去了。原来船上的导航仪受到了奇怪的干扰，船长和所有的船员也没有一个人能够辨明方向的。出发时船长曾估计，他们在第二天上午10点左右即可抵达目的地。但次日凌晨5时，“普拉亚·罗克塔”号遇上的几名渔民却说，这里离他们要去的米诺卡岛足有几百海里。

日本本州的“魔鬼海”西部也出现了“百慕大”现象。1969年1月5日，日本5.4万吨的矿砂船“博利瓦丸”号在该海域被折成两截，31名船员中只有2人获救；1970年2月9日，一艘6万吨级的矿砂船在“魔鬼海”沉没；1980年年底，一艘由美国洛杉矶驶往中国的南斯拉夫货轮“多瑙河”号在“魔鬼海”遇到险情后突然失踪了。迄今这类原因不明的海船失踪事件已屡见不鲜，据日本海上保安厅航行安全科调查，仅1963年至1972年的9年间，就有161艘大小船只突然失踪！

除了西地中海海域、日本本州的“魔鬼海”外，还有夏威夷到美国大陆之间的三角海域、阿富汗四个异常区等。海上分布着这么多空难、海难的易发区，陆地上也不例外。

德国不来梅和海文之间的新公路，在一年的时间内先后有100多辆汽车因为撞向该公路第239公里处的路标而出事。仅1930年9月7日这一天，就有9辆汽车撞向这块倒霉的路标，车毁人亡。

在美国爱达荷州的一条公路上，离因支姆·麦克蒙14.5公里的地方，有一个经常翻车的恐怖地带。这段公路看起来与其他地方的公路一样平坦宽阔，但正常行驶的车辆到了这里，常常会突然失控，被一股神秘的力量掀翻或抛向空中，造成车毁人亡的惨痛事故。

在波兰首都华沙附近，更是有一个令人奇怪的地方，牛、羊、猪、狗等动物从不肯在此地逗留，牛甚至连这里的草都不敢吃，而这里却是鸟、蛇、鼠等动物的天堂；苹果树等植物在这里不能生长，而柳树、桃树等却枝繁叶茂。司机驾车到此，常常会不由自主地昏昏欲睡，从而导致车祸频繁发生。

我国四川省峨边彝族自治县的黑竹谷也是一个恐怖地带，有“中国百慕大”的称号。1950 年，30 多名溃逃的国民党士兵进入黑竹谷，此后再也没有音讯。1962 年，5 位地质学家在 1 名向导和 1 名猎手的陪同下入谷考察，7 个人中只有 1 个走了回来。后来还曾发生过多次人畜入谷即神秘失踪的事件。

被人们称为“百慕大第二”的俄罗斯贝加尔湖畔的贝加尔镇也频频发生“令人不可思议的怪事”。

可见，世界上像百慕大三角海域这样骇人听闻的神秘区域不止一个。

· 探索“魔鬼三角” ·

百慕大是许多船只、飞机的“坟墓”，它是个“魔鬼三角”。

为什么经过这里的船只会莫名失踪？为什么经过海空的飞机会遭遇不测？为什么又偏偏找不到失踪人员的尸体呢？围绕着这些问题，各国科学家怀着浓厚的兴趣来探索“百慕大三角海域”之谜，纷纷提出自己的看法，仁者见仁，智者见智，一时间众说纷纭，莫衷一是。

有的科学家认为，百慕大三角海域常常发生海龙卷，这是一种灾害性天气，是由于冷、暖气流突然相遇，在强烈的气压作用下形成的旋转气流，强烈的旋风称为“龙卷风”，发生在海上的则叫海龙卷。船舶和飞机一旦遇上龙卷风，自然就会被卷走，消失得无影无踪。

有的科学家提出这样的假说：百慕大三角区离赤道很近，距离赤道越近的地区，天气的变化就越剧烈。从北方吹来的冷空气同赤道的暖气流在百慕大三角地区相遇，因气压相差很大，所以容易形成飓风，从而导致飞机或轮船失事。

还有人认为，在百慕大三角海区有反旋风和下沉的涡流，而这也是导致船舶、飞机失事的因素。反旋风的顶部在海面的上空，是看不见的，而它在水下部分会形成一个强有力的漩涡，船舶若是闯进漩涡中心，是很容易被卷进海底的；飞机在空中遇到反旋风，飞行员就会偏离航线、迷失方向，可能在他还没有弄清发生了什么事时，就机毁人亡了。有一位水文学家说，波多黎各海岸在冬季北风强烈时期，由于内波的影响，从大海表面到海底能够产生一股强大的向下的海流，好似一条海下瀑布，这股海流的流速有时极快，就会形成巨大的漩涡，像一个巨大的漏斗，把经过这里的船只一下子吸进去。

除此以外，科学家们还提出了以下几种假说：

一、天然激光说

这种学说认为，百慕大三角海区发生的奇怪事件，可能是一种天然激光的现象。

激光虽然是一种光，但它与普通光截然不同，是发光物质原子里处在能量较高的轨道上的电子，在一定的外界入射光的刺激作用下，被迫跃迁到能量较低的轨道上，从而发出光来。它有很多特性，例如有高亮度和高定向性，可以把光能在时间和空间上高度集中，从而产生高达几千万度的温度，能使任何一种物质在一瞬间化作一缕“青烟”。

在百慕大三角海区，船舶飞机失事经常发生在天气晴朗的时刻，这是因为海面和大气上层好似两面巨大的反射镜，高速的强烈气流起着操纵的作用。这些条件构成了一个巨大的激光发射器，它可以射出巨大的激光束，产生强大的威力，激烈辐射可引起局部地区天气的骤变，导致海面升起浓雾、海水翻腾、出现磁暴、无线电通讯受到严重干扰等现象。航行的舰船或飞机若是进到激光束中，就会化作一缕“青烟”。

二、海底大洞说

有些地质学家说得更过分。他们认为，百慕大三角海区下面有个大洞，海水从这里流进去，穿越美洲大陆，然后在太平洋东南部的圣大杜岛海面重新冒出来。1980 年 1 月，瑞典学者阿隆森用一部电脑和 5 万升鲜红的水，给各国的地质学家做表演，引起了轰动。联合国的一位官员甚至认为，这个地球上最神秘的自然之谜已经揭开。事实果真如此吗？我们不得而知。

三、地壳裂缝说

有些地球物理学家认为，百慕大三角区奇异事件发生的原因与海底地壳有关，他们设想该地区海底的地壳上可能有宽大的裂缝，由于地壳内部地心部分是溶热的液态岩浆，沉重的地壳便在液态岩浆上“漂浮”运动着。在太阳和月亮的引力作用下，岩浆往往会朝地壳薄弱的方向移动，以强大的压力将熔融的岩浆压向地壳有裂缝或开口的地方，于是岩浆就从这些地方喷发出来。当岩浆退去后，地壳往往下陷，有时会产生“吸入作用”，大量海水就会以很高的速度被吸进海底裂缝，这也许就是使船只和飞机失事的一个因素。

另外一些科学家认为，从海底裂缝中不断冒出大量的气体溶解于海水中，而海洋底层含有大量气体的水又被上层水沉沉压住。一旦海洋上层压力减小，就像汽水瓶被打开一样，下层水中的大量气体就拼命地往上冲，因而升起浓浓的泡沫，假如船只刚好经过泡沫地区，就一定会在泡沫中下沉。泡沫冲出海面，气体、水泡升入空中后，会形成茫茫白雾，飞机飞进这样的白雾里，自然会迷失方向而坠入大海。

但是，地壳裂缝说并不能解释船只和飞机上导航仪器失灵的现象，以及漂泊在海面上的空船的现象。

四、黑洞说

黑洞是指天体中那些晚期恒星所具有的高磁场超密度的聚吸现象。它虽看不见，却能吞噬一切物质。不少学者指出，出现在百慕大三角区飞机、船只不留痕迹的失踪事件，颇似宇宙黑洞的现象，除此便难以解释这些飞机、船只何以刹那间消失得无影无踪。

五、月球引力说

有些天体物理学家认为，那些飞机和船只失事的日子，正好是新月或满月（朔、望），这时月亮、地球和太阳处在一条直线上，引潮力最大，于是会引起地球磁场扰动，从而使飞机船只的导航设备失灵，造成失事。

六、磁异常说

在百慕大三角区遇难的船只和飞机，出现了导航仪器失灵或罗盘指针大幅度摆动的情况，于是就有科学家提出海难、空难是该地区磁异常造成的。

七、飞碟说

近年来，一些人对百慕大三角区之谜又提出了更有幻想色彩的假说，即船只与飞机失踪事件和“飞碟”有关。

这种假说认为，在地球上空有外星人的巨大母碟在飞行，在大西洋海底由于具有磁奇异特性，飞碟母碟便利用地球这里强大的奇异磁来补充能量。

当这巨大的母碟来此充磁之际，路过的飞机或轮船必遭劫难，而且飞机、船舶都会被母碟带走，地球人寻找它们就如同寻找天门，真正是“活不见人、死不见尸”，而且没有半点机舰碎片。这就解释了魔鬼海域的偶发事件。

但是，从历史文献上查阅，关于目击飞碟的记载要比有关百慕大三角区船只、飞机失事的记载晚得多。因而，有些人否认飞碟与百慕大三角区之间有任何联系。可是，分析很多国家和地区目击飞碟的报道，可以发现发生在美国的比较多，有几千件，其中以佛罗里达州至巴哈马地区目击到的记录最多（这里正是百慕大三角海区附近）。美国有位著名的天文学家M·K·杰塞普曾提出：“在百慕大三角区失踪的东西与人都是飞碟干的。”

八、陨石说

一个科学团体认为，百慕大三角海域可能有一个巨大的陨石，它从太空飞来，掉入大西洋。这块大陨石犹如一个大黑洞，具有极大的吸引力，连光线也能吸进去，何况飞机、轮船。墨西哥半岛上的伯利兹也曾经飞落过一颗陨石，摧毁了地球上的万物生灵，其尘埃在地球上空弥漫十年之久。百慕大离伯利兹不远，是否会受双重影响也不得而知。

如果陨石造成百慕大魔鬼三角区的论点成立的话，那么北纬30°一线附近的种种怪异现象是否也可用陨石论的观点来解释呢？

总之，百慕大三角海域之谜，对于科学家来说，是一个现实的、重大的、有魅力的课题。

· 中国百慕大——鄱阳湖老爷庙 ·

鄱阳湖是中国大地上的一颗明珠，同时也是名副其实的鱼米之乡。

朗日清风、天高云淡之时，鄱阳湖碧水连天，风帆浮隐，直接长空，排筏连绵，宛若游龙，它是赣域四通八达的天然水运枢纽。鄱阳湖水域宽广，浩浩荡荡，一望无际，有大海般的壮阔与雄美。鄱阳湖风光旖旎，名胜古迹众多，是著名的游览胜地。庐山、石钟山、南山等名胜，都融汇于鄱阳湖这幅巨大的画卷之中。

但是美丽的背后，却也隐藏着众多神秘的、毫无缘由的船翻人亡的悲剧，其中真正让人恐惧的是在老爷庙水域发生的离奇事件。

鄱阳湖北部，在星子、永修、都昌三县之间，有一片略呈三角形的水域，因为这片水面东岸有一座老爷庙，人们就称它为“老爷庙水域”。

据说，看起来平静美丽的老爷庙水域时时刻刻都暗藏着杀机。有时，狂风会突然而至，假若不能及时靠岸，便在劫难逃。巨浪拍打着船身，水从四面八方灌入船里，即使再有经验，也无计可施。只要十几分钟，船只就会葬身水底，消失得无影无踪，然后这片水域又会立即恢复平静。当地的渔民都叫它“魔鬼三角区”，也有人把它叫作“中国百慕大”。

据不完全统计，仅从 20 世纪 60 年代到 80 年代这 20 年间，该水域就有 100 多条船只神秘地葬身湖底。令人不解的是，为什么沉船事件不断发生？为什么湖底找不到一点儿船骸？究竟是什么力量让这里变成人人谈之色变的

“鬼门关”？

早在北宋年代，这里就出现了沉船事故。北宋黄庭坚在游鄱阳湖时就差点丢了性命，在搏斗后和2个船工生还，其余7人沉入水底。

20世纪60年代初，从松门山出发的一条渔船北去老爷庙，船行不远便消失在岸上送行的老百姓的目光中，倏然沉入湖底。

1985年3月15日，一艘载重25吨、编号为“饶机41838”的船舶，凌晨6:30在晨晖中沉没于老爷庙以南3公里处的浊浪中。

1985年8月3日，是鄱阳湖“黑暗的日子”，江西进贤县航运公司的两艘各为10吨的船只，在老爷庙水域葬身湖底。同一天中，同在此处遭此厄运的还有另外12条船!

同年9月，一艘来自安徽省的运载竹木的机动船在老爷庙以北附近突然笛熄船沉，岸上行人目睹船手们抱着竹木狂呼救命，一个个逃到岸上后吓得魂不附体，不敢回望浊浪翻滚的湖面。

1986年3月15日，江西省丰城县小港乡编号为“丰机29356”，载重量为20吨的机动船在老爷庙水域航行，突然狂风骤起，恶浪狂舞，顷刻间大船沉入湖底。

1987年，经有关部门统计，老爷庙一带沉没的各类船只有20多艘。1988年，都昌县航监站负责人称，又有数十艘船只在此沉没。

曾夺去许多无辜生命的鄱阳湖“魔鬼三角”，屡屡“显露杀机、制造惨案”，其秘密究竟何在呢？

经过一系列的考察、测试和对当地渔民的走访，考察人员发现了几个现象：

1.老爷庙水域内发生的沉船事故，没有任何先兆，船和船上的人几乎在毫无防备的情况下，突遇狂涛巨浪。

2.狂风恶浪持续时间短，从浓黑的雾气弥漫、滚滚浊流吞噬船只，到湖面上风平浪静，也就几分钟。

3.狂浪扑来时，伴有风雨、怪啸和船体的碎裂声，而且四周黑气沉沉，难辨五指。

考察队曾在“魔鬼三角”水域底下搜寻了方圆十几公里，没发现任何异常。老爷庙水域水深一般在30多米，最深处为40米左右。湖底除了各种大大小小的鱼蚌外，未发现任何沉船，甚至连一块船体的残骸都未曾发现。那么千百年来在这里沉没的千余艘大小船只都去了哪里?

这里的沉船事件与百慕大三角海区的船舶失踪事件如此相似，难道两者之间真的存在不为人知的秘密?

· 解密中国百慕大——鄱阳湖 ·

鄱阳湖表面上看起来恬静、优美，实际上，它却是一个不折不扣的“死亡之湖”。

鄱阳湖北部的老爷庙水域是当地渔民、船工闻风丧胆的“魔鬼三角地带”。这块神秘莫测的水域下面到底隐藏着什么？这已成为亟待解开的谜团。

其实，老爷庙奇妙的设计本身就是个谜。它坐落于都昌县落星山东南5公里的湖岸山坡上，呈三棱形，宛如航标灯塔。它背靠青山，面对湖泊，过往船只在方圆10公里内，无论在哪个角度，始终正对着老爷庙。近年来的精确测量表明，老爷庙正建在落星山东西线上下正中，三棱形庙宇的三个棱角和平面锥度相等，不差分毫，这就形成了很强的立体视觉，因而无论船只从哪个角度看都和它面对面，600 年前的古建筑竟有如此高超的设计。

老爷庙水域的沉船是事出有因，还是偶然？这里发生的一些稀奇古怪的事引起了人们的种种猜测。

1970 年初夏，传闻在这一带水域里出现了神奇的怪物。目击者说法不一，有的说“湖怪”像几十丈长的“大扫帚”，有的说“湖怪”似一条“白龙”，也有的说“湖怪”像个张开的大降落伞，浑身长满眼睛，还闪着“金光”。

不仅如此，一旦“湖怪”出现，鄱阳湖上空必定风雨雷电同来、啸声震耳欲聋，而鄱阳湖也如翻江倒海一般。黑夜里，湖面上会闪烁出巨大的荧光圈，附近老百姓的井里也会发出奇怪的声响……

20 世纪 70 年代中期，有人在黄昏时目睹鄱阳湖西部地区的天空中有一块呈圆盘状的发光体在游动，长达八九分钟。当地曾将此情况报告上级有关部门，而有关部门亦未做出清楚的解释。

20 世纪 80 年代初，老爷庙旁的都昌县型砂厂在庙背后的山上建水池，一日忽地从湖上飞来数百只乌鸦“呱呱”地吵闹个不停，把老爷庙上空遮得严严实实，就像乌云滚滚。

20 世纪 90 年代初的一个夏日，晴空白日，湖面上忽然狂风怒号，乌云翻滚，庙旁厂区昏黑一片，风沙弥漫，在车间工作的工人不得不关掉电闸停工，大家瑟缩成一团。

种种怪现象令人不可捉摸，“魔鬼三角”之谜究竟是什么？湖水底下到底有何种鬼蜮出没？这已成为亟待解开的谜团。有人猜测，是“飞碟”降临了老爷庙水域，像幽灵般在湖底运动，导致沉船不断。

有关科技部门的一些科技人员对这一地区的水文、气象、地理、地质先后做了较长时间的观察、探测和研究，谜团逐步解开。

谜团之一：水生动物兴风作浪。

老爷庙的神灵即巨兽化身，这一带的人因此把甲鱼、乌龟等水族当作神灵供奉，老爷庙水域方圆 100 多平方公里在无形之中就成了湖中动物的天然保护区，帆船行至老爷庙水域，艄公燃放爆竹，其声音即为信号，把鸡、鸭等供品抛入水中，湖中的动物前来争抢食物。当地渔民有时也可看到鱼群争相吞食死人尸体的情景，任何一条大鱼或江豚（俗称江猪）都有可能掀翻帆船。县型砂厂有名职工一次乘坐“井岗 2 号”客轮去九江，在老爷庙北的 5 公里处水域看见一条约 150 斤重的大鱼追赶客轮，大鱼被螺旋桨击中头部，客轮也随之剧烈地摇摆不停。

谜团之二：水流紊乱形成漩涡。

老爷庙水域的水文情况相当复杂。吉山松门山两岛横立于鄱阳湖中，把老爷庙水域与南湖大湖体隔开，赣江北支修河从吉山西面流入老爷庙水域，而赣江中支、南支的抚河、晓河、信江汇入鄱阳湖南湖后，从松门山东面注入老爷庙水域，最后几股强大的水流在老爷庙水域交汇。鄱阳湖南湖，湖面开阔，落差不大，流水缓慢，除主槽外，流速均为 0.3 米/秒以下。到了老爷庙水域后骤然狭窄，造成水流的狭管作用，使流速增大到 1.54~2 米/秒，且在主槽带还产生涡流，这就更增加了该水域的危险性。

谜团之三：地下电磁场诱发雷电。

江西省地下水开发高级工程师韩礼贤勘察了都昌镇、吉山、老爷庙到湖口一带的地下，发现这里均为石灰岩，其岩性钙质多、易溶，有形成地下大型溶洞群及地下暗河的自然条件，而每个溶洞、每条暗河的正上方都有自己形成的奇变电磁场。1998 年洪水期间，韩礼贤工程师用电磁技术测试老爷庙南边 5 公里处，结果发现奇变的电磁场杂乱无章，这种状况能影响人们的大脑思维，而且会诱发阴电阳电接触而产生雷电。这使沿湖一带多次发生遭雷击事件而船沉人亡。

谜团之四：狭管形成大风和龙卷风。

江西省气象科技人员于1985年初组成专门的科研小组，在老爷庙附近设立了3座气象观察站，对该水域的气象进行了为期1年的观察研究。从搜集到的20多万个原始气象数据看，老爷庙水域是鄱阳湖乃至江西省的一个少有的大风区，最大风力达16级，风速可达每小时200公里，全年平均两天中就有一天属大风日，也就是说每两天就有一天风力达到6级。

那么，老爷庙水域的大风何以如此之大，且持续时间如此之长呢？科研考察证明，风景秀丽的庐山是形成大风的“罪魁祸首”。

老爷庙水域最宽处为15公里，最窄处仅有3公里，而这3公里的水面就位于老爷庙附近。在这条全长24公里水域的西北面，傲然耸立着“奇秀甲天下”的庐山。

庐山海拔1400多米，其走向与老爷庙北部的湖口水道平行，离鄱阳湖平均距离仅5公里。庐山东南峰峦为风速加快提供了天然条件。当气流自北面南下，即刮北风时，庐山的东南面峰峦使气流受到压缩。根据流体力学原理，气流的加速由此开始，当流至仅宽约3公里的老爷庙处时，风速达到最大值，狂风怒吼着扑来。

无风不起浪。风大浪大，波浪的冲击力是强大的。波浪高2米，而此时每平方米的船体将遭到6吨冲压力的冲击，一艘载重量20吨的船舶，波浪的冲击力则达到120吨，超出船重量的5倍。据调查显示，船舶沉没大多数是风起浪激作用的结果。

老爷庙水域的“魔鬼三角”之谜可以说已经基本上解开了，似乎又未完全解开，因为这里面所涉及水域底部的地形状态目前仍无法观测数据。

· 法老的诅咒 ·

“谁若打扰了法老的安宁，死神的翅膀就必将降临在他头上。”

人们以前对这种咒语不屑一顾，5000多年以前留下这样一句话，无非是震慑那些觊觎金字塔内墓室宝藏的人，无非是法老想让自己获得永久的安宁。后来随着近代考古学的兴起，世界各地的考古学家和探险家埃及，或发掘古迹，或探寻宝物，他们自然也没有特别对咒语给予关注。可是接下来发生的事情，却让最胆大妄为的人和最痴迷于寻宝的人也望而却步了。

数百年来，进入法老墓的人，无论是盗墓者、科学家还是探险者或好奇的游客，绝大多数人或染上不治之症，或发生意外事故，然后莫名其妙地死去。人们直到此时才开始审视刻在墓道里的咒语：“……死神的翅膀就必将降临在他头上。”这无疑是法老的咒语显灵了。

1922年11月，英国考古学家卡特率领了一支考察队，终于打开了图坦卡蒙的陵墓，之前他们在埃及帝王谷的深山中奔波了整整7年。等他们凿开墓室时，金碧辉煌、满室珍奇异宝的景象让考察队员们欣喜若狂。然而人们意想不到的事情发生了：这支探险队的资助者卡纳冯爵士在进入陵墓后不久突然得急病去世了。卡纳冯爵士时年57岁，身体一直很好。但那天他的左颊突然被蚊子叮了一口，这小小的伤口竟使他感染了疾病，以致丧命。而令人不可思议的是：据后来检验法老木乃伊的医生报告说，木乃伊左颊下也有个伤疤，与卡纳冯被蚊子叮咬的位置完全相同。随后不久，英国另一位著名考古学家莫瑟先生在发掘现场时推倒墓室里的一堵墙壁，事后手部奇痒，并溃疡，迅速发展成神经错乱而死去。更不可思议和更可怕的事情还在后面，在以后短短几年的时间内，在挖掘和参观过图坦卡蒙陵墓的人中，先后有多人不明不白地死去。

参加考察队的卡纳冯爵士的兄弟赫伯特，不久死于腹膜炎。协助图坦卡蒙的发现者、考古学家卡特编制墓中文物目录的理查德·贝特尔，不久之后自杀。次年 2 月，他的父亲威斯伯里勋爵也在伦敦跳楼身亡，据说后来有人在他的卧室里发现了一只从图坦卡蒙墓中取出的花瓶。

考古学家卡特自以为侥幸躲过了劫难，胆战心惊地过着隐居的日子，不料在 1939 年 3 月突然死亡，而其家人宣称卡特平时并没有什么大的疾病。

1942 年，著名的英籍埃及生物学家怀特，怀着好奇心进入一座刚发掘出来的古埃及法老的墓穴参观了几分钟，回到家中就出现高烧不退、胸部奇疼的症状，在神志极度恍惚的情况下咬破手指，写下千言血书，申明自己的死因是法老陵墓咒语造成的，自己决定带着忏悔的心情去见上帝，随后悬梁自缢。这样，在图坦卡蒙法老陵墓发掘工作开展的前后两年时间内，就有多位与发掘工作有关的人死去，这一时间成为世界性的恐怖消息，许多人相信法老的墓碑咒语真的灵验。于是，在随后相当长的一段时间里，金字塔墓室的考古工作处于停止状态，再也无人敢拿自己的生命去冒险了。

几个世纪以来不断传出这样的消息，人们一听到金字塔的墓碑咒语就感到心惊肉跳、毛骨悚然。这些人的死去果真和法老的咒语有关吗？很多科学家极力否认这种“迷信”的说法。为了解开法老墓杀人之谜，几十年来人们一直在进行种种调查。一些科学家认为，死亡之谜来自于陵墓的结构。其墓道与墓穴的设计，能产生并放射出某种特殊的磁场或能量波，从而置人于死地。但要设计出这样的结构，必然要有比现代人更高的科学技术水平，而 3000 多年前的古埃及人又怎么可能掌握这种技术呢？这使悠悠数千年的金字塔蒙上了更为浓厚的神秘色彩。

人们在进行了很长时间的考察分析后提出了许多观点和解释。

一种说法认为，古埃及的科技水平已经达到制作有毒物用以防止法老陵墓遭到盗挖的水平，例如1956年地理学家怀特斯在发掘罗卡里比陵墓时就遇到了带毒菌蝙蝠的袭击。还有一种说法是，古埃及人在墓室的四壁上涂有一层粉红色或者灰绿色的粉剂，其能够产生一种致人丧命的放射性物质。

还有一种比较惊人的解释。1963年埃及开罗大学生物学博士、著名医学教授伊泽廷豪声称，他多年来对从事金字塔考古工作的专家和工作人员进行定期身体检查，后来发现，几乎所有被跟踪检查者的体内均不同程度地存在着一种引起呼吸道感染和使人发高烧的病毒。考古人员进入金字塔的墓内感染上这种病毒，就会导致呼吸道发炎造成窒息而死亡。法老的木乃伊已经在墓室里存放4000多年了，墓室的这种病毒的生命力为何如此顽强，科学家们无法解释其中的原因，因此人们对伊泽廷豪的说法仍有怀疑。

1983年，法国一位名叫菲利普的女医学专家发表研究报告认为，她根据长期的观察、研究、分析得出结果，进入金字塔墓室而猝死者的病症基本是相同的：先出现肺部感染，后造成窒息死亡。她解释出现这种病症的原因是，古埃及法老死后，除了大量的珍宝、工艺品、衣服等随葬品外，由于人们认为法老进入天国后仍然会继续生活，于是又在墓室里放入了大量水果、蔬菜、粮食等生活用品，这些生活用品在数千年的保存过程中腐烂变质而产生一种肉眼看不见的病菌。这些病菌弥漫在墓室里，而考古人员进入墓室吸入这种病菌后就会出现肺部急性感染，引发呼吸困难，痛苦地死去。但是陵墓掘开那么久了，霉菌微尘怎么不随风消散呢？

到底是什么原因导致了这些神秘的死亡呢？古埃及法老墓为什么能够杀人？这些问题在今天仍没有确切的答案。

· 可怕的木乃伊 ·

古埃及人相信人的生命在死后还会继续，认为完整的尸体是灵魂在来世栖息的必要场所。

在古埃及时代，有钱人死后，人们为了保持死者尸体的完整性，便将死者的尸体内脏全部取出，将尸体涂上香油，浸泡在盐水里一段时间后，再填进特制的防腐物，最后敷上松香，缠上厚厚的一层细麻布，再装入特制的棺材里。在波斯语里，松香被称为“木米伊”，敷过松香的尸体被则称为“木乃伊”。

金字塔墓室内的咒语给人类造成的恐怖是巨大的，同样，木乃伊也给人带了巨大的恐慌感和神秘感。

国际著名的X射线专家道格拉斯·里德，是世界上第一位给法老木乃伊进行X光透视拍照的人，但做完工作后不久，他的身体奇怪地出现日渐虚弱症状，不久就死去了。

盖米尔·梅赫莱尔是开罗博物馆馆长，他从来就不相信“墓碑咒语”的说法。有一天，他说：“我同木乃伊打了数十年的交道，现在还不是非常健康吗？”他说完这话后的第4个星期，上午他还在指挥考古队员将从图坦卡蒙法老陵墓中发掘出来的文物打包装箱，晚上就不明不白地猝死在家中。

距今已有4000年历史的木乃伊，居然发生如此神秘的事情，科学家们无法解释其中的原因，只是猜测也许和它的制作有关。那么，木乃伊是如何制作的呢？

制作木乃伊，主要采用埃及某些地区特别是奈特龙洼地出产的氧化钠，它可以使尸体完全干燥。制作师先通过鼻腔吸出脑髓，注入药物清洗脑部。然后在腹部切一个口子，取出肺、胃、肠等器官。再用椰子酒和捣碎的香料冲刷体腔，填入树脂、浸过树脂的亚麻布和锯屑等，照原样缝好，把尸体全部埋入氧化钠内干燥。70天后，制作师取出尸体进行清洗，涂上油膏和香料，用大量的亚麻布包裹严密，外面涂上树脂。包裹时从手指和脚趾开始，乃至四肢全身，还要特别小心别让指甲脱落。这样包裹好的木乃伊，保持着脱水前的形状。有的木乃伊头上套着特别的棉套罩，酷似死者生前的面貌。

制作木乃伊的过程长达70天，并且费用昂贵，仅包一个尸体，有时就要用1000多米的优质亚麻布。因此，只有国王、王亲国戚、贵族富豪才花销得起。

古埃及人制作木乃伊的习俗，给了人们了解人体结构的机会，这对古埃及的医学特别是生理学和解剖学的发展，具有重要影响。

第十五章　绝域盛景

在北纬30°附近，有许多奇妙的自然景观，如地球山脉的最高峰——珠穆朗玛峰，世界上最大的沙漠——撒哈拉沙漠。除此以外，在这一纬度上，奇观绝景比比皆是，比如风景天下奇绝的安徽黄山。

· 觇标消失之谜 ·

珠穆朗玛峰的藏语意为“大地之母”，海拔8844.43米，为世界第一高峰。

珠峰峰顶终年积雪，远望冰川悬垂，银峰高耸，一派圣洁的景象。珠峰脚下发育了许多规模巨大的现代冰川，冰斗、角峰、刀脊等冰川地貌现象广泛分布，雪线以下冰塔林立，相对高度可达40~50米，其间夹杂着幽深的冰洞、曲折的冰面溪流，景色无比奇特、壮观。

世界第一高峰当然也是世界登山运动瞩目和向往的去处，但珠穆朗玛峰地区的环境异常复杂。在海拔5000米以上，坚冰和积雪终年不化，有数不清的冰雪陡坡和岩石壁，经常发生冰崩、雪崩和滚石现象。这里的气候条件极为恶劣，即便是在良好的登山季节，也几乎天天刮着七八级的高空风，顶峰的风力常达10级以上。珠穆朗玛峰山区是地球上氧气最为稀薄的地带，峰顶上大气中氧气的含量只相当于平原地区的1/3到1/4。山上经常下雪，气温很低，一般在零下30℃~零下40℃。这些原因造成珠穆朗玛峰极难攀登。长期以来，人们把它与地球上的南北两极相提并论，称之为“第三极”。又因为它十分高大，称之为“飞鸟也不能越过的山峰”。

从珠穆朗玛峰北坡登山，主要有东山脊、北壁和西山脊3条路线。沿东北山脊攀登顶峰，必须经过“北坳”和“第二台阶”两处最艰难的地区。1960年，中国登山队攀登珠穆朗玛峰，就是沿东山山脊路线登上顶峰的。1975年，中国登山队员再次向珠峰峰顶攀登。

1980年8月20日，意大利登山家莱因霍尔德·梅斯纳尔单身一人登上珠峰。他在日记中写道：“走着，走着，我抬头一看，突然金属三角架已经展现在我的眼前。我惊喜若狂，这是世界最高峰的标志，是1975年中国人进行测量时设在这里的标记，是各国登山家们登上地球之巅的见证人。它是我最忠实的朋友。”

据报道，1982年秋天登上峰顶的登山家们看到觇标依然兀立，但只有70多厘米高了，与原来刚竖起时的高度相差230厘米。1988年，中、日、尼三国从珠峰南北坡双跨攀登珠峰时，觇标已不见了。

觇标到哪里去了？被大风吹走了？被人为去掉，还是被峰顶冰雪埋掉了？

觇标不可能被大风吹走。因为从1975年至1982年，前后在峰顶竖立了7年的觇标，早已饱经峰顶大风的考验。据观测，珠峰峰顶的风速在冬季常常高达40米/秒以上，已经受住7个隆冬大风考验的觇标，不可能被大风把露在冰雪外的部分折断吹走，更不可能被大风连根拔掉。

被人为去掉的可能性也不大。1975年以后登上珠峰峰顶的登山家们都把我国的觇标视为最忠实的朋友，是他们登上峰顶的见证人，所以喜爱它的心情占据主要地位，应该不会突起坏心拔掉它。再说在如此高的海拔地区，登山家们经过极度的疲劳征程才到达顶点，早已耗尽体力，即使有此心也无此力量了。

最大的可能性是埋在峰顶的冰雪中了，从 1975 年 5 月至 1982 年秋天，觇标已被埋入峰顶冰雪中 200 多厘米，这已是事实。那么，是珠峰峰顶冰雪堆积增加而埋没觇标，还是峰顶冰雪融化而使三角架下沉插入雪中？

据观测推知，珠峰峰顶高度附近的太阳直接辐射可达 1.80 卡/平方厘米·分，它被铝合金三角架吸收后，完全可以使三角架的温度达到零摄氏度以上，从而融化三角架四周的雪，使之缓缓插入雪中。

1988 年 3 月，中、日、尼三国组成的联合登山队，兵分两路分别在珠峰南、北侧安营扎寨，大本营还建立了世界上最高的卫星地面站，经过长期的准备，可搬运氧气瓶、煤气罐、食品和登山器械等。到 5 月 1 日，南北侧双方第一突击队开始向高山营地挺进。当天，北侧队员到达海拔 7190 米的五号营地，南侧队员到达海拔 6700 米的二号营地。至 5 月 4 日下午，两侧突击队员均登上海拔 8500 米以上的突击营地。

5 月 5 日中午 12 时 42 分，北侧队员成功攀上顶峰，当时山上的风力达到了 8 级，气温零下 30℃。为了争取与南侧队员会师，他们几人耐心等待，可 90 分钟过去了，南侧队员依旧未登上来，他们不能再等了，便开始实施伟大的跨越——从南侧下山。下午 15 时 53 分，南侧队员终于登顶，此时北侧最后一批队员正向顶峰进发。16 时 05 分，南北侧队员终于会师，双方热烈拥抱。

17 时整，从南侧上来的 3 名队员开始向北侧跨越，最终实现了人类从南北两方双跨珠穆朗玛峰的伟大梦想，完成了世界登山史上一次划时代的大跨越。

· 珠峰成因之谜 ·

北纬 30°上并不是最初就拥有世界最高峰的，那么是什么魔力使珠峰在此成为世界之巅的呢？

关于喜马拉雅山脉的形成，民间还流传着一个传说：据说在很久以前，这里是一望无际的大海，岸边长着茂密的森林，一些动物在这里自由自在地生活着。突然有一天，从海里来了一条长着 5 个头的毒龙，毒龙将整个森林占为己有，森林里的动物们忽然间失去了自己的家园，个个都处于绝望之中。这时，5 个仙女从天而降，她们施展法力，降服了五头毒龙。动物们感激不尽，哀求 5 个仙女留下来为众生谋利，她们欣然同意，只听她们向大海大喝一声，大海便不见了。于是，东边成了茂密的森林，西边成了万顷良田，南边成了花草茂盛的花园，北边成了无边无际的牧场，5 个仙女则变成了喜马拉雅山脉的 5 个主峰，屹立在西南部边缘之上，守卫着这幸福的乐园。最高峰是名叫珠穆朗桑玛的三姐，因而这座山峰就叫“珠穆朗玛峰”，意为“第三女神”，当地人也叫它“神女峰”。

地质学家的研究证明，大约在 20 亿年以前，珠穆朗玛山区以至整个喜马拉雅山脉一带是一片汪洋。珠穆朗玛峰是在随后发生的一系列地壳运动中升起来的。不过，它的南面与北面长期仍在海水以下，直到第三纪末期，它才逐渐脱离海洋的范围。珠穆朗玛峰从那时起就如青春期的少女，个子一直在长，且变得越来越高挑，从第四纪冰期以来已经上升了约 1400 米。如今，它已是地球上最高的山峰。

珠峰被抬升是板块挤压造成的。根据板块构造理论，地球像个排球，表层是由一些板块合并而成的。这些板块就像浮在海面的冰山，在熔融的地幔岩浆上漂浮运动。地球表层主要有6个基本板块。六大板块中，印度半岛属于印度洋板块，青藏高原则属于亚欧板块，两大板块相邻的地带便是地壳运动激烈地带。由于印度洋板块包含了印度洋海底，而海底是扩张的，它推动大陆漂移，所以印度半岛便向北运动，挤压亚欧板块，隆起形成了喜马拉雅山脉。由于海底不断扩张，所以喜马拉雅山脉不断增高，逐渐成了地球之巅、高峰林立之地。

关于喜马拉雅山脉的隆起，还有不同的说法。

1950年，瑞士地质学家海根认为喜马拉雅山脉庞大的结晶岩石主脉不断升高，是由于印度板块的不断挤压，迫使此核心区的岩石向上升。

还有的地质学家认为，结晶岩石山峰惊人上升，是地球不停走向“地壳均衡”的反应：如果地壳某处下降，另一处就会上升。

究竟哪种说法更合理，至今仍处于学术上的研讨、争论之中。

· 珠峰的恩惠 ·

珠峰气候恶劣，可你是否想过，珠峰上巨大的冰川为人类带来了什么？

当你在冰塔林中为千姿百态的冰幻世界所陶醉时，可曾想到过“第三女神”对人类的恩惠，可曾了解到一这座座冰塔和一条条冰川正是“第三女神”

给予人类的恩赐？

据冰川水文学家测量，珠峰南北坡共有冰川600余条，面积约1600平方公里，冰储量约达1500亿立方米，淡水储量近1400亿立方米。绒布河年流量达到1.54亿立方米，其中冰川径流占67%左右，是极为宝贵的淡水资源。

珠穆朗玛峰不仅塑造了奇幻的冰雪世界，而且为人类造就了宝贵的固体水库——冰川，从而调节着绒布河水的流量，灌溉着成千上万亩的土地，供养着河流流域的人类和生物。当珠峰地区于处于春季降水期时，海拔5000米以上为低温降雪，瑞雪堆积在高海拔山谷中，逐渐靠重力挤压成冰；而在海拔5000米以下有时则为降雨，直接注入绒布河床中向北流去。当春夏高温干旱，农田和牧场急需用水时，冰川上的冰雪在高温下融化成水，涓涓流入绒布河，给农牧业送来了“及时水”。

珠峰地域凭借特有的高度和地表状况，经常把从太阳辐射吸收的热量再传播四方，温暖着人们赖以生存的空气。多年来，人们在珠峰东西两侧同纬度的600公里处观测空气温度变化，发现了一个有趣的现象。

春季，当珠峰附近地区盛行着强烈的西风时，位于其东侧600公里处的空气温度在海拔6000~10000米的高度平均要比珠峰西侧600公里处同高度的空气温度高出2℃~3℃。

夏季，当珠峰附近地区转而盛行东风时，情况完全变了：位于其西侧600公里处海拔6000~10000米内空气温度反比其东侧600公里处的空气温度高。也就是说，处于珠峰下风方向的空气温度都要比其上风方向的气温高。

珠峰地区对大气加热状况的变化可以说明上述现象的原因。

根据珠峰地区的观测资料，按照气象学上地面与空气交换热量的公式计算可得出，珠峰地区大约5000平方公里的范围内，从春季到夏季各月分别向大气输送的热量可达1.5亿至2亿千瓦，几乎接近我国长江三峡水库各月的总发电量。如此巨大的热量随风传向下风方向，可使下风方向600公里内面积约1.2万平方公里上空的整层大气平均每天升温2℃~3℃。

上述情况说明，至少在春季和夏季，慈祥的“第三女神”时刻在用自己的身躯从太阳辐射中吸收热量，再去温暖四周的空气，让地球的子孙得到充足的温暖。

珠穆朗玛峰这位慈祥的“第三女神”，多少年来，胸怀宽广的她毫不吝啬地给予了人类无数的恩惠。

· 珠峰“变矮”之谜 ·

被誉为“地球第三极”的珠穆朗玛峰因处于印度洋板块与欧亚板块的碰撞地带，平均每年以1厘米的速度“长高”。

然而，最近我国科学家却发现，令人敬畏的世界之巅居然在过去的33年中持续变矮，这让所有的人都大吃一惊！

伴随着测量技术的发展，过去30余年来，中国科学院院士陈俊勇等科学家利用天文、重力、激光测距、GPS等先进的技术手段，对珠峰的高程值先后进行了5次越来越精确的测量。1992年，科学家所测得的珠峰雪面高程的最终计算值是8849.04米，而1999年第五次观测的结果则下降为8848.45米。1999年的观测值和1966年相比少了1.3米，这表明了珠峰“变矮”了。那么，珠峰变矮的原因是什么呢？

有人认为，印度洋板块和欧亚板块的运动发生了变化，使珠峰长高的势头受阻。然而陈俊勇院士在研究中却发现，印度板块仍在向北推进，仍然是形成青藏高原及其周围地区强烈变形的主要动力来源。而且珠峰地区在印度洋板块推动下的整体抬升过程中呈波浪式的起伏，上升的速率并不均匀恒定。陈院士得出珠峰地区上升的速率不固定的结论，这恰恰说明了珠峰抬升的趋势没变。

既然珠峰依然在缓慢长高，为什么还会失去 1.3 米的高度？陈院士认为这应该是珠峰冰雪面变化造成的。他指出，珠峰雪面下降的幅度并不平衡，并且随着季节的变化而消长。夏天雪面向下降，冬天大量降雪又使雪面增高，但雪面高度的总体趋势是下降的。

有的学者认为，冰雪密实是导致珠峰变矮的罪魁祸首。他们指出，“密实化”是指积雪转变为冰层的过程，它有两种物理机制：一种是在气温高的情况下，雪在白天化成水，晚间气温降低，再变成冰；另一种就是雪层不断变厚，底层雪在不断增加的压力之下变成冰。如果气温升高，雪变成冰的速度就会相当快。但是珠峰峰顶常年温度都在 0℃以下，所以绝对不可能是降雪先融化成水再冻成冰。珠峰顶部积雪的密实过程无疑是第二种密实过程。虽然珠峰顶的积雪不会融化成水，但气温升高仍可加速密实化过程，而雪变成冰，厚度是减小的。

其实，“密实化”并不能彻底揭开珠峰“变矮”之谜，因为积雪密实过程中其实还是有很多细节说不清楚的。

至于珠峰上的冰雪层的厚度，专家众说纷纭，这也让“密实化”发生作用的具体情况更加扑朔迷离。1975 年，我国科学家测量珠峰峰顶的雪深是 0.92 米，可是意大利登山队用测杆观测到的雪深数据是 2.5 米。姚檀栋研究员认为使用这种办法是不能测得雪的真正厚度的，更不要说冰的厚度了。他提出珠峰顶部冰雪厚度要远大于 2.5 米，可能在 10 米到几十米之间。珠峰顶部冰雪到底有多厚，仍然无法确定。

有学者指出，珠峰高度变化和全球变暖、温度升高有关。他们认为，全球变暖引发的密实化加快是珠峰“变矮”的重要因素。

但是珠峰顶上的雪和冰的厚度到底是多少？峰顶的物质是如何损失掉的？这些仍有待于进一步的探索。

· 撒哈拉史前文明衰落之谜 ·

据考证，在公元前6000年至前3000年的远古时期，撒哈拉大沙漠是一片绿色的平原。

那么，是什么原因使当年的绿洲变成了“穷荒绝漠鸟不飞，万碛千山梦犹懒”的千里沙海呢？

1850年，德国青年探险家巴尔斯首次发现了撒哈拉沙漠上的神奇壁画，画上有水牛、犀牛、河马等动物，唯独没有他苦苦追寻的“沙漠之舟”——骆驼的岩画。沙漠中出现这些水牛的岩画，说明远古时期这一带存在着适合水牛生存的自然环境，一定有游牧民族在这一带生活和居住过。而骆驼作为沙漠的象征，具有比较特殊的生理结构，能够适应艰苦的沙漠生活，尤其是它那种耐饥耐渴的能力，更是人类所望尘莫及的。另外，骆驼全身都是宝，它的肉可食用，皮可以制成帐篷，毛是制作地毯或毛毯的上等原料……尤其重要的是，骆驼是沙漠地带不可或缺的运输工具，被人们形象地称为“沙漠之舟”，也有人称之为沙漠中的“卡车”。

巴尔斯回国后，发表了一篇考察文章说，水牛、犀牛、河马这些水中动物是与草原绿洲相联系的，而与沙漠结缘的骆驼的岩画却在同一时期没有出现，这说明撒哈拉沙漠在远古时期是一片草原绿洲，并不是一片干旱荒凉的茫茫沙漠。巴尔斯进一步指出，撒哈拉沙漠地区分为水牛时期与骆驼时期两个历史自然阶段，撒哈拉沙漠存在着草原时期和沙漠时期的明显界限。

接着，考古学家连续在撒哈拉沙漠地区获得新的发现。他们在沙漠地区发现了许多河流的遗址，并且获得大量鱼骨骼和生物的化石。这些考古成果说明，在远古时期撒哈拉沙漠地区是一片草原，河网密布，湖泊众多。

有考古学家断言，撒哈拉沙漠底层埋葬着大量的动植物遗体，使这一地区蕴藏着丰富的石油资源。到了 1936 年，人们终于在撒哈拉北部地区勘探出大储量的油气田。这有力地证明，如果这一地区自古以来就是沙漠地区，绝不可能蕴藏着如此丰富的石油资源。考古学家们还在恩阿杰尔地区发现了大量栎树和雪松的化石，这说明这些树木在 6000 多年以前曾经生长在这一带。

1981 年 11 月，飞越撒哈拉的美国航天飞机利用遥感技术，发现了茫茫黄沙下埋藏着的古代山谷与河床。随后，地质工作者通过实地考察证实了沙漠下面的土壤良好，并且发现了古人的劳动工具和生活用品。这些古人的生活年代早在 20 万年前，至迟也在 1 万年前。

于是，人们认为，大约在 6000 多年前撒哈拉曾处于高温和多雨期，以塔西利台地为起点，南到基多湖畔，北到突尼斯洼地，构成了庞大的西北陆网。台地在多雨期出现了许多积水池，沿着这些积水池，各种各样的动植物繁殖起来，撒哈拉文化也因此得到高度发展，并曾昌盛一时。

可见，撒哈拉地区以前确实是绿洲，那么，撒哈拉地区何时由桑田变成了沙海？原因是什么呢？也就是说，撒哈拉史前文明是怎样开始衰落的呢？

科学家们发现，大约在公元前3000年以后的撒哈拉壁画里，那些水牛、河马和犀牛的形象逐渐消失了。这就说明，那时候的撒哈拉地区的自然条件正在发生变化。到了公元前100年，撒哈拉地区所有的壁画几乎快要停止增加了，说明撒哈拉地区的史前文明开始衰落了。科学家们经过分析和研究后猜测，那时候撒哈拉地区的水源开始干涸，气候开始变得特别干旱，或许发生了饥荒和疾病。

经过科学家们测定，山洞里边的骆驼形象大约是在公元前200年出现的。也就是说，至少在公元前200年时，撒哈拉就变成了一片茫茫的沙漠。

但是，撒哈拉地区作为非洲远古文明的“河流乐园”，又是如何变成沙海的？非洲远古居民又怎能眼睁睁看着自己亲手创造的远古文明被沙漠侵吞呢？还是发生了无法阻挡的自然灾害？

对于绿洲变为千里沙漠这个问题，地质学界提出了人为成因和自然成因两种的观点。

前者认为，这片土地自古以来自然条件就很恶劣，一直经受着太阳的暴晒和季风的侵扰。之所以会有绿洲变沙漠的结果，是人类自身的活动所致。据分析，远古时代撒哈拉诸部落为了扩大自己的政治与经济实力，无节制地烧木伐林，放养超过草原承载能力的牲畜，人口也越来越多。若干世纪下来，随着人口的增多，田地变广了，牲畜也变多了，绿色原野渐渐地就无法负荷了，于是森林锐减，草原枯萎，土地沙化，最后就演变成了大沙漠。

后者又有两种看法。有的认为，这是自然条件变化的结果。因为这一带气候极其干燥，日照时间特别长，最热的几个月的平均温度为50℃，地表温度更是高达70℃。此外，这里还受到一股被称作“哈马丹”的东北风的影响。这种风终年不停，吹起来使整个地区天昏地暗、飞沙走石，再好的植被也会被扫荡一空，无法留存。有人认为，这是地质历史大周期的转折，改变了撒哈拉的古气候环境，使之年均降水量由300毫米左右突然降至仅50毫米，于是河水枯竭，由岩石碎屑构成的沙砾层完全裸露在烈日之下，在年复一年的风化剥蚀下，大量的碎屑变成可以被风刮走的沙粒，旧的沙粒被风吹送到远方，积聚、连接成一片，新的沙粒继续产生——直到有一天，厚厚的沙粒铺盖在地面上，于是沙漠形成了。

也有人认为，撒哈拉沙漠的植被特点促使了撒哈拉地区的沙漠化。撒哈拉沙漠里的植物有一个突出的特点，就是它们根系非常发达，也许露出沙层的部分仅有一两米，但根部可能长达20多米，弯弯曲曲地伸入到沙层的深处，千方百计地吸收沙层深处的水分。

关于撒哈拉绿洲是如何变成沙漠的，这个问题至今还没有找到正确的答案。

· 沙漠壁画是何人所画 ·

撒哈拉沙漠是世界上最大的沙漠，气候恶劣，温差极大，是一个人迹罕至的地方。

正因为如此，它极大地刺激了探险家的欲望，这里也成了探险家的乐园。然而，令现代人迷惑不解的是，在这极端干旱缺水、土地龟裂、植物稀少的旷地，竟然曾经有过高度繁荣的远古文明，人们在此发现了许多绮丽多姿的远古大型壁画。

1933年，法国殖民军的两个军官科尔提埃大尉和布雷南中尉在阿尔及利亚南部地区巡查的时候，偶然在撒哈拉沙漠中部的塔西里高原上发现了精美奇异的、刻在岩石上的壁画，有猎人、车夫、大象、牛群以及宗教仪式和家庭生活场面。于是，布雷南中尉用速写的方法描下了一些壁画上的场景。回国后，他把这些图画公布于世，立即引起了极大的反响。

人们惊叹，这是盛极一时的远古文明，撒哈拉沙漠由此吸引了探险家的眼球，成了众多探险家关注的热点。法国人亨利·诺特就是其中一个追梦者。

1956 年，亨利·诺特带领着一支法国考察队来到撒哈拉大沙漠，在阿尔及利亚的阿哈加山脉和恩阿哲尔高原地区进行考察。他们经过几个月的艰难跋涉，最后饮水喝完了，大部分队员生了病，实在是没有办法再往前走了。亨利·诺特决定呼叫飞机前来救援，放弃这次考察计划。没想到，就在这时，他们忽然发现了一些古代的山洞。亨利·诺特和队员们立刻忘记了劳累和病痛，动手挖掘了起来。结果，他们除了找到一些古代山洞，还找到了一条隧道。在那些山洞和隧道里，他们找到了大约 1 万件壁画作品。亨利·诺特和队员们一看，这些壁画作品的色彩太丰富了，而且绘有各种各样的图案，实在是太珍贵了！他们忍受着严寒、酷暑、缺水和孤寂的煎熬，用了两年多的时间，终于临摹了 1500 平方米的壁画。壁画是由许多组画组成的，最早的大约创作于 1 万年前，最晚的大约在公元前后，前后延续近万年时间。这些壁画群生动地反映了当时撒哈拉地区的生活情景和社会风貌，再一次轰动了考古界。

回到巴黎后，亨利·诺特把临摹抄本在卢浮宫展出，立即引起了轰动。人们看到了远古时代人类祭神的场面、狩猎的情景、举办宴会的盛况，还看到了栩栩如生的田园风光。

在这近万件壁画作品中，人物形象占有相当大的分量。有很多人物是雄壮的武士，表现出一种凛然不可侵犯的威武神态。他们有的手持长矛、圆盾，乘坐着战车，似乎在迅猛飞驰。画面中的人物，有的头戴巾帽，身缠彩带，扭动身躯，尽情舞蹈；有的排成整齐的队伍，演奏着各式乐器，场面宏大；有的似作献物状，像是欢迎“天神”降临；有的翩翩起舞……从画面上看，舞蹈、狩猎、祭祀和宗教信仰是当时人们生活和风俗习惯的重要内容。很可能当时的人们喜欢在战斗、狩猎、舞蹈和祭礼前后作画于岩壁上，借以表达他们对生活的热爱。

画面中引人注目的是，有的人物气宇不凡，带有高贵而威严的气质。其四周站立着众多弓背弯腰的人物，俨然一副受训或受罚的姿势，这反映出当时的社会已经出现贫富分化和等级对立。

然而，画中的有些内容，特别是一幅巨人画像，让人百思不得其解。它有 5 米多高，长着长长的四肢，没有鼻子，眼睛倾斜，头上还戴着球形的大头盔，穿着厚重笨拙的衣服。人们认为巨人穿着衣服和戴着头盔的形象很像外星人的模样，就给他起名叫“火星神”。

壁画群中动物形象颇多，千姿百态，各具特色。动物受惊后四蹄腾空、势若飞行、到处狂奔的紧张场面，画面栩栩如生，创作技艺高超。

那么，古人为什么要在岩石上创造出这些硕大无比、气势磅礴的壁画群呢？这些壁画是在什么年代绘制的？是什么力量促使古人在那么长的时间内连续作画的？刻制巨画又是为了什么？作画人是谁？难道真是天外来客留下的遗迹？

人们不仅对壁画的绘制年代难以稽考，而且对于画中那些奇怪的形象也茫然无知，撒哈拉沙漠壁画因此成为人类文明史上的一个谜。

这些壁画不但内容丰富多彩，而且表现形式、手法相当复杂。从笔画来看，其线条较粗犷朴实，所用颜料是不同的岩石和泥土，如红色的红岩，白色的高岭土，赭色、绿色或蓝色的页岩等。他们是把台地上的红岩磨成粉末，加水作颜料绘制图画，由于颜料水分充分渗入岩壁内，与岩壁的长久接触而引起了化学性变化，最后融为一体，因而画面的鲜明度能保持很长时间，几千年来经过风吹日晒仍鲜艳夺目。这是一种颇为奇特的现象。

在今天极端干燥的撒哈拉沙漠中，为什么会出现如此丰富多彩的古代艺术品呢？有些学者认为，要解开这个谜，就必须考察非洲远古气候的变化。据考证，距今约3000~4000年前，撒哈拉不是沙漠而是湖泊和草原。约6000多年前，撒哈拉处于高温和多雨期，各种动植物在这里繁殖起来。只是到公元前200至公元300年左右，气候变异，昔日的大草原变成了沙漠。

是谁创造了这神奇无比的壁画呢？尤其令人不解的是，在恩阿哲尔高原，丁塔塞里夫特曾发现了一幅壁画，画中人都戴着奇特的头盔，其外形很像现代宇航员的头盔。为什么头上要罩个圆圆的头盔？这些画中人为什么穿着那么厚重笨拙的服饰？

说来也巧，美国宇航局对日本陶古进行研究，竟然意外地披露了一点儿撒哈拉壁画的天机。

日本陶古是在日本发现的一种陶制小人雕像。这些陶古曾被许多历史学家认定为古代日本妇女的雕像。可是美国宇航局科研人员经过鉴定，认为这些陶古是一些穿着宇航服的宇航员。这些宇航服不但有呼吸过滤器，而且有由于充气而膨胀起来的裤子。科学工作者的这个鉴定结果，除了来自对陶古的认真研究外，还把一段神话传说当作了参考的依据。日本古代有个奇妙的关于“天子降临”的传说，有趣的是，恰恰在这个传说出现100年后，日本有了陶古。有人认为，传说中的“天子”也许正是外太空来的客人，而陶古恰恰是古代日本人民为这从天而降的“天子”——宇航员所塑的肖像雕塑。

假若日本陶古真的是宇航员，那么，撒哈拉壁画中那些十分相似的服饰，为什么不可能是天外来客的另一遗迹呢？

第十六章 “江”“湖”传说

水是生命之源，这从人类文明的几个起源地就可以看出来，比如两河流域，尼罗河流域以及中国的长江、黄河流域，都是最早的人类文明中心。然而江河湖泊在孕育生命的同时，更有意无意地给人类留下了许多传说和未解之谜。

· 长江的源头在哪儿 ·

俗话说：河有头，江有源。那么，长江的源头究竟在哪里呢？

早在战国时期，《尚书·禹贡》已经提到“岷山导江”了。这本来是说大禹治理长江，施工曾达岷山，但也包含着认为长江发源于岷江的意思，即岷江是长江的源头。《山海经·中山经》也有“又东北三百里，曰岷江。江水出焉，东北流注于海”的记述。由于《尚书·禹贡》是儒家的必修经书，因而“岷山导江”之说影响久远。

西汉武帝时通西南夷，在今四川南部和云南、贵州设立了一批郡县，人们对西南地区的地理知识的了解比以前增多了，于是发现了若水（今雅砻江）和绳水（今金沙江）。当时已经知道绳水远远长于岷江，但《尚书·禹贡》是“圣人之典”，虽然发现了比岷江更长的绳水，一般人仍沿袭前人之说，认为岷江为江源。

唐初，文成公主入藏，促进了汉、藏民族间的往来。由于入藏通道要经过今天的通天河流域，因此，当时人们的认识范围已经扩展到金沙江上游了。宋元时期，人们对江源的认识没有多大的进展。

明朝末年，著名的地理学家徐霞客克服艰难险阻，在对云南山川进行实地考察之后，著成了《江源考》（又名《溯江纪源》）一文，鲜明地主张把金沙江作为长江的正源。他论证道：“余按岷江经成都至叙今之宜宾，不及千里，金沙江经丽江、云南、乌蒙至叙，共二千余里。”他认为岷江汇入长江就像渭河流入黄河一样，岷江只是长江的一条支流而已，从而明确提出“推江源者，必当以金沙江为首”的著名论断。当时，著名文人钱谦益认为徐霞客论江源“皆订补《桑经》郦注，及汉宋诸儒疏解《禹贡》所未及”，评价是相当公正的。不过，根据现有的记载推测，徐霞客最远只到了云南丽江的石鼓，再也未能溯江而上，离江源还非常遥远，江源还有待于后人的发现。

清朝康熙后期，为了编制精确的全国地图，曾多次派人探测青藏地区，包括江源在内。因此，朝廷内府地图《皇舆全览图》上明确地标示金沙江上源为“木鲁乌苏河”。不过，朝廷的使臣在1720年到达江源地区时面对密如渔网的众多河流，不知所以，只好在奏章里写道：“江源如帚，分散甚阔”，就是说那里的河流多得就像扫帚一样，千头万绪，不知长江的源头究竟在哪里。可见，这个时候对江源地区河流的认识还是比较模糊的。

在中国近代史上，帝国主义分子也觊觎长江这块宝地，不同国籍的所谓探险家们曾经多次踏上青藏高原。沙皇俄国军官普尔热瓦尔斯基在1867~1885年的18年间，曾5次率领武装“探险队”窜入我国新疆、青藏地区活动，其中有两次到达通天河上游。1889年和1908年，沙俄又派科兹洛夫率人两次经过柴达木盆地，翻越巴颜喀拉山，来到通天河北岸。1892年，美国人洛克希尔更深入到现在青藏公路西侧的尕尔曲。1896年，英国人韦尔伯曾到达楚玛尔河上游的多尔改昏。瑞典著名探险家斯文赫定也曾到达柴达木盆地的南缘昆仑山附近。他们虽然都已到达了江源地区，但都未能到达长江源头。

晚清及民国年间，涉及江源水系的著作很多，1946年出版的《中国地理概论》是一本有代表性的著作。书中写道："长江亦名扬子江，源出青海巴颜喀拉山南麓……全长5800公里，为我国第一巨川。上游于青海境内有南、北两源，南源曰木鲁乌苏，北源曰楚玛尔。"既然黄河发源于巴颜喀拉山北麓，而长江又源出该山之南，于是便有了"江河同源于一山""长江和黄河是姐妹河"之说，当时的中小学地理教科书都是这么写的，并且介绍5800公里长的长江是世界第四大河，因而谬传甚广，影响极深，以至于直到解放以后这种观念仍然盛行于世。

1976年夏和1978年夏，长江流域规划办公室曾两次组织江源调查队深入江源地区，进行了详尽的考察。结果证实：长江上源伸入青藏高原的唐古拉山和昆仑山之间，这里有大大小小十几条河流，其中较大的有三条，即楚玛尔河、沱沱河和当曲河。这三条河中，楚玛河水量不大，冬季常常干涸，不能成为长江正源。当曲河的流域面积和水量最大，但根据"河源唯远"的原则，确定了水量比当曲小五六倍而长度比当曲河还要长18公里的沱沱河为长江正源。

沱沱河的最上源有东、西两支，东支发源于唐古拉山主峰各拉丹冬雪山(海拔6621米)的南侧，西支源于尕恰迪如岗雪山（海拔6513米）的西侧，东支较西支略长，故长江的最初源头应是东支。东支的上段是一条很大的冰川（姜根迪如冰川)，冰川融水形成的涓涓细流便是万里长江的开始。

新华社于1978年1月13日公布了这一江源考察的新成果："长江究竟有多长？源头在哪里？经长江流域规划办公室组织查勘的结果表明：长江的源头不在巴颜喀拉山南麓，而是在唐古拉山主峰各拉丹冬雪山西南侧的沱沱河；长江全长不止五千八百公里，而是六千三百公里，比美国的密西西比河还要长，仅次于南美洲的亚马逊河和非洲的尼罗河。”

第二天，美联社发出一则电讯：“长江取代了密西西比河，成了世界第三长的河流。”

· 长江断流之谜 ·

黄河断流是近年来常有的事，但令人不可思议的是，长江也曾出现过断流现象。

据史料记载，长江下游江苏泰兴段先后出现过两次断流。一次断流是在元代的至正二年（1342年）八月。当时正值长江大汛期，泰兴沿江居民惊奇地发现，千万年从未断流的长江一夜之间忽然枯竭见底，次日人们纷纷下江拾取遗物，不料江潮骤然而至，许多人因躲跑不及被滚滚而下的江水吞没。

另一次断流是1954年1月13日下午4时许，泰兴长江沿岸风沙骤起，天色苍黄，突然之间，大江顿失滔滔，数十条船只搁浅，江底尽现人们眼前。两个多小时之后，江水又突然奔涌而下，水声如雷。正在江中的人们闻声迅跑登岸，幸无人被水冲走。

令人惊奇的是，长江两次断流虽时隔600多年，但均出现在同一江段。这是因为在我国东部隐伏着一条神秘的古裂谷，迄今仍鲜为人知，它历时久远，纵贯江苏、山东两省。长江两次断流正好重叠在这条古裂谷南部的同一段上。

滚滚长江东流去，可是泰兴市境内的江水竟陡然向南而去，长度达40多公里。沿着该江段北上，高邮湖、白马湖、洪泽湖、成子湖、骆马湖等，如同一个个璀璨的明珠闪烁在苏北大地。洪泽湖是我国第四大淡水湖，面积1597平方公里，形成于距今数百万年前。然而湖底却潜伏着一个与之面积相当的古盐湖，其形成于距今约6700万年前，湖底有厚达135米的石盐层。矿层埋藏深度超过2300米，大部分为今湖水所覆盖，古盐湖湖床奇迹般地镶嵌在这个古裂谷的谷底。

更奇怪的是一些动物的异常反应。山东省济南市大明湖和枣庄市徐庄乡的一个村子有这样的怪现象：该村一个池塘里的蛤蟆是光鼓肚皮却叫不出声的，可是只要它们一换环境，跑到别的池塘里去，便又可一展歌喉，鸣叫不停。生长在别处的蛤蟆一不留神，到了这个池塘里，也都变成了“哑巴”，因此人们就给这个村起名叫哑巴汪村。

位于大明湖与徐庄乡哑巴汪村之间的孔府孔林是全国重点文物保护单位、著名的旅游胜地。这里古木参天，万树成荫，可是却不见一只乌鸦到这里栖息。地面杂草丛生，却见不到一条蛇。而在孔林周围的树林里却能见到乌鸦到处飞，周围地方的草丛里常有各种蛇出没。

科学家们通过研究发现，大明湖位置稍偏东，孔府孔林和枣庄市徐庄乡的哑巴汪村正好处在长江断流段、苏北的串珠状湖泊向北延伸的地带上。那么，这是巧合吗？

专家声称，它们之间有着内在的联系，那就是贯通两省深埋的巨大古裂谷，正是这个神秘的古裂谷控制了江水枯竭的江段，古盐湖也因它而形成，它还左右了一串湖泊展布的方向。

人们会问，长江还会出现断流吗？可能很多人不相信长江会断流。就像1250年前问李白“你相信黄河会断流吗”一样，他肯定是不信的，因为他那时候的黄河之水是“天上来，奔流到海不复回”。可是，1972年黄河千百年来首次出现断流，1985之后是年年断流，1997年断流达226天。那么，长江的未来会是什么样的命运呢？会不会紧步黄河的后尘？

据资料显示，长江下游开始出现航船搁浅。2004年2月中旬，长江水位已经下降到自2013年11月进入枯水期以来的最低值，南京下关水位最小值只有2.27米，跌到近10年的最低点，近30年来南京下关水位仅有三次低于2.4米。

长江曾出现的两次断流令人费解。那么，长江会不会出现第三次断流呢？

· 天下奇观——钱塘潮 ·

“长忆观潮，满郭人争江上望。来疑沧海尽成空，万面鼓声中。弄涛儿向涛头立，手把红旗旗不湿。别来几向梦中看，梦觉尚心寒。”

钱塘江大潮以其神奇的景观吸引着无数人前来观光。钱塘江大潮在涨潮时，响若雷鸣，面感有阵阵风吹，眼观怒涛潮头如巨蛇奔袭而来，心却快要提到嗓子眼上来了，手在颤抖，鼻在屏气，只感到目眩头晕，全身轻飘。怒涛呼啸着冲向岸边，浪花飞溅，浪涛怒吼，窜起几层楼高，卷向岸上，冲倒房屋，卷走几千斤重的巨石，把船只抛到几千米外，真是“滔天浊浪排空来，翻江倒海山为摧”。汹涌壮观的钱塘潮历来被誉为“天下奇观”，其险、其奇、其壮、其妙，绝天下之奇观，甲天下之魔法。

举世闻名的“钱江潮”流传着一个有趣的传说。

据说，原先钱塘江潮来时，跟其他各地的江潮一样，既没有潮头，也没有声音。有一年，钱塘江边来了一个巨人，这个巨人十分高大，一迈步就能从江这边跨到江那边去。他住在萧山县境内的蜀山上，引火烧盐。人们不知道他叫什么名字，因为他住在钱塘江边，就叫他钱大王。钱大王的力气很大，他用自己的那条铁扁担，常常挑些大石块来放在江边，过不了多久就堆起一座一座的山。

一天，他去挑自己在蜀山上烧了三年零三个月的盐。可是，这些盐只够他装一头，因此他在扁担的另一头系上一块大石，放上肩去挑，一试正好，就挑起来，跨到江北岸来了。

这时天气热，钱大王因为刚吃过午饭，有些累了，便放下担子歇歇，没想到竟打起瞌睡来。正巧，东海龙王这时出来巡江，潮水涨了起来。涨呀涨的，潮水竟涨到岸上来了，把钱大王的这些盐慢慢地溶化了。东海龙王发觉，水里哪来一股咸味呀，而且愈来愈咸。他受不了，返身就逃，没想逃到海洋里，把海洋的水都弄咸了。这位钱大王，睡了一觉，两眼一睁，看见扁担一头的石头还放在硖石（就是现在有名的硖石山），而另一头的盐却没有了！

钱大王找来找去，找不着盐，一低头，发现江里有咸味，心想：哦，怪不得盐没有了，原来被东海龙王偷去了。于是，他举起扁担就打海水。一扁担打得大小鱼儿都震死了；两扁担打得江底翻了身；三扁担打得东海龙王冒出水面求饶命。

东海龙王战战兢兢地问钱大王，究竟为什么发这样大的脾气。钱大王说："你把我的盐偷到什么地方去了？"东海龙王这才明白海水变咸的原因，连忙赔了罪，又把自己怎样巡江，怎样无意中把钱大王的盐溶化了，使得海洋的水也咸起来的事情，一一说了。

钱大王很生气，举起铁扁担，想好好教训一下东海龙王。东海龙王慌得连连叩头求饶，并答应用海水晒出盐来赔偿钱大王，还承诺以后涨潮的时候就叫他起来，免得钱大王再睡着了听不见。钱大王觉得这两个条件还不错，便饶了东海龙王，把自己的扁担向杭州湾口一放，说："以后潮水来就从这里叫起!”东海龙王连连答应，钱大王这才高高兴兴地走了。

从那个时候起，潮水一进杭州湾，就伸起脖子，“哗哗哗”地喊叫着，涨到钱大王坐过的地方，脖子伸得更高，叫得更响。这个地方就是如今的海宁。

这就是传说中钱塘江大潮的由来。如今，钱塘江大潮闻名世界，可以看到一线潮、交叉潮和回头潮三种景象。

一、交叉潮

距杭州湾55公里有一个叫大缺口的地方，它是观看十字交叉潮的绝佳地点。由于长期的泥沙淤积，江中形成了一个沙洲，将从杭州湾而来的潮波分成两股，即东潮和南潮。两股潮头绕过沙洲后，就像两兄弟一样交叉相抱，形成变化多端、壮观异常的交叉潮，呈现出“海面雷霆聚，江心瀑布横”的壮观景象。两股潮在相碰的瞬间，激起一股水柱，高达数丈，浪花飞溅，惊心动魄。待到水柱落回江面，两股潮头已经呈“十”字形展现在江面上，并迅速向西奔驰。同时交叉点像雪崩似的迅速朝北转移，撞在顺直的海塘上，激起一团巨大的水花，跌落在塘顶上，往往吓得观潮人纷纷尖叫着避开。

二、一线潮

看过大缺口的交叉潮之后，建议您赶快驱车到盐官，等待观看一线潮。你将未见潮影，先闻潮声，耳边传来轰隆隆的巨响，江面却仍是风平浪静的。响声越来越大，犹如擂起万面战鼓，震耳欲聋。远处，雾蒙蒙的江面出现一条白线，迅速西移，犹如“素练横江，漫漫平沙起白虹”。再近，白线变成一堵水墙，逐渐升高，“欲识潮头高几许，越山横在浪花中”。随着一堵白墙迅速向前推移，涌潮来到眼前，如万马奔腾之势，有雷霆万钧之力，锐不可当。

一线潮并非只有盐官才有。凡江道顺直，没有沙州的地方，潮头均呈一线，但都不如盐官的潮好看。原因是盐官位于河槽宽度向上游急剧收缩之后的不远处，东、南两股潮交会后刚好呈一直线，潮能集中，潮头特别高，通常为1~2米，有时可达3米以上，气势磅礴，潮景壮观。

三、回头潮

从盐官逆流而上的潮水，将到达下一个观潮景点老盐仓。老盐仓的地理环境不同于盐官，盐官河道顺直，涌潮毫无阻挡地向西挺进，而在老盐仓的河道上，出于围垦和保护海塘的需要，建有一条长达660米的拦河丁字堤坝，咆哮而来的潮水遇到障碍后将被反射折回，在那里猛烈撞击对面的堤坝，然后以泰山压顶之势翻卷回头，落到西进的急流上，形成一排“雪山”，风驰电掣地向东回奔，声如狮吼，惊天动地，这就是回头潮。

每年的农历八月十八前后是观潮的最佳时间。这期间，秋阳朗照，金风飒飒，钱塘江口的海塘上，游客群集，兴致盎然，争睹奇景。

观赏钱塘秋潮有三个最佳位置。海宁县盐官镇东南的一段海塘为第一个观潮佳点。这里的潮势最盛，且以齐列一线为特色，故有“海宁宝塔一线潮”之誉。涌潮在天边出现时，如白虹横江，推卷而来，很快便长驱直入来到眼前，犹如万马奔腾、雷霆万钧……

第二个观潮佳点是盐官镇东8公里的八堡，可以观赏到潮头相撞的奇景。海潮涨入江口之后，因为南北两岸地势的不同，潮流速度南快北慢，潮头渐渐分为两段。进展神速的南段，称为南潮；迟迟不前的北段潮头，在北岸观潮者看来，是来自东方，故称东潮。南潮扑向南岸被挡回来后，调头向北涌去，恰与姗姗来迟的东潮撞个满怀。霎时间，一声巨响，好似山崩地裂，满江耸起千座雪峰，着实令人心惊！

第三个观潮佳点是盐官镇西12公里的老盐仓，可以欣赏到“返头潮”。这里，有一道高9米、长650米的“丁字坝”直插江心，宛如一只力挽狂澜的巨臂。潮水至此，气势已经稍减，但冲到丁字坝头，仍如万头雄狮惊吼跃起，激浪千重。随即潮头转回，返窜向塘岸，直向塘顶观潮的人们扑来。这返头潮的突然袭击，常使观潮者措手不及，惊逃失态。

钱塘江大潮，白天有白天波澜壮阔的气势，晚上有晚上的诗情画意。白天观潮，视野广阔，一览怒潮全景，自是十分有趣。而皓月当空时观赏夜潮，却也别有其妙。看潮是一种乐趣，听潮是一种遐想。

“钱塘郭里看潮人，直到白头看不足。”

· 钱塘江大潮是怎样形成的 ·

相传钱塘江的奇潮是伍子胥造成的。

相传在春秋战国时期，在长江中下游地区有一个吴国，它的国王名叫夫差，丞相叫伍子胥。本来，吴王夫差很器重伍子胥，尤其是当吴国和越国交战时，吴王听从伍子胥的建议，战胜了越国。这时，越王勾践手下的大臣给越王出了主意，让他投降吴王，并愿意为吴王牵马侍候，让吴王任意支使。伍子胥看出越王勾践的险恶用心，力谏吴王千万不要上当，并劝说吴王除掉越王，不留后患。可是，吴王不听伍子胥的劝谏，反而说他有犯上之意，想要免去其丞相之职。伍子胥认为，为国尽忠，既然知道了对吴国不利的事就应去阻拦，所以，他还是继续劝谏吴王不要免除勾践的死罪，因而激怒了吴王。吴王不仅不听伍子胥之谏，反而赐他自尽。伍子胥接到赐死之命后，写下留言，说他死后，将他的眼睛挖出，悬于吴国朝向越国方向的城门上，他要看着越国是怎样打进吴国的，然后便自刎身亡。手下人回报吴王，说伍子胥已经身亡，并交上他留下的书信。吴王不看还罢，看后更是怒气大升，吼道：“伍子胥你死后还坚持你的意见，你想将你的眼睛悬于城门，太妄想了！”吴王便下令将伍子胥的尸体用皮袋子装起来，抛入江中。吴王夫差由于不听伍子胥的谏阻，结果正中了越王勾践之计。越王表面上看起来在吴王手下顺顺从从，可是真正目的是卧薪尝胆，以待时机。等时机一到，他就将吴国灭了，杀死了吴王夫差。就这样，本来强盛的吴国，反倒被越国打败。后来吴国的百姓知道伍子胥的枉死，对吴王的做法很不满，纷纷为伍子胥鸣不平，说他的尸体顺江漂入东海，又进入杭州湾化作了海神。传说，在钱塘江的入海口原本没有汹涌的海潮，江面风平浪静，海水一片蔚蓝，只是因为屈死的伍子胥阴魂不散，在阴间喊冤不上，激怒了海水，使之变成狂涛怒浪，涌进钱塘江。从此之后，江水不再平静了，海水也波动起来，每年农历八月十八日前后汹涌地涌进钱塘江。钱塘大潮就是冤死的伍子胥驱动着海水为自己伸张正义。从此，吴国老百姓便称伍子胥为“潮神”。

涌潮并不罕见，很多河口都可以看到，如亚马孙河、英国的赛文河、长江的北支等等。对于潮汐的形成，外国的传说与中国的传说不太一样。在国外，说是北欧有一位风神，神通广大，法力无边，他的嘴巴一鼓，就能把海水吹起来，不吹时便让海水落下来。风神就这样不停地吹，从此之后海水就不停地涨落，由此形成潮汐。

那么，钱塘潮到底是如何形成的呢？为什么会如此壮观，而潮来得又如此准时呢？

海洋潮汐既然是一种自然现象，就必有其规律性，正如大家所熟悉的钱塘大潮总发生在农历“八月十八日”一样，潮汐总是按时涨来，又按时地退去。

其实，钱塘江大潮的形成，主要在于钱塘江口独特的地理条件。

首先，这与钱塘江入海的杭州湾的形状以及它特殊的地形有关。杭州湾呈喇叭形，口大肚小。钱塘江河道自澉浦以西，急剧变窄抬高，致使河床的容量突然缩小，大量潮水拥挤入狭浅的河道，潮头受到阻碍，后面的潮水又急速推进，迫使潮头陡立，发生破碎，发出轰鸣，出现惊险而壮观的场面。

其次，江口有巨大的拦门沙坎，潮水涌进后遇到强大阻力，潮头当然会掀揭天上。前浪遭遏，后浪又上，波推波，浪迭浪，潮水自然奔腾咆哮，排山倒海般汹涌而来。潮头高度可达3.5米以上，潮差可达10米。

最后，大潮与月亮和太阳引力有关。大潮的形成，是月亮、太阳的引力和地球自转产生的离心力造成的。每逢农历初一和十五，尤其是春分和秋分，三个星球差不多在同一条直线上，天体引潮力特别大，海水便在月球和太阳引力作用下发生周期性涨落现象，钱塘江大潮主要是由海潮倒灌引起的，所以它也与月亮和太阳的引力有关。

月亮的引力召唤着世界各地的潮汐，但为什么在北纬30°的海宁形成了最有影响的内陆大潮呢?

世界上许多江河，比如长江都有喇叭形的出海口，但都没有钱塘江开口的幅度大而猛烈。同时许多江口还有巨大的岛屿，它们阻挡了潮水涌入，难成大潮。所以，北纬30°上形成这个奇观乃是诸多天文地形因素的巧合。

无拘无束的涌潮会产生极大的破坏力，清代朝廷为了保卫占国家经济比重70%的杭嘉湖平原的安危，花了三千万两白银修筑了两百余公里的长堤来限制潮涌的自由摆动，人类由此开始介入涌潮的变迁。

到了近50年，人们则采用围垦的方法把喇叭口逐渐变小，这一下江口的摆动和涌潮的威力都小了很多。

但随之而来的一个问题是，这样下去，涌潮是否会逐渐消失?

· 探秘尼罗河 ·

尼罗河位于非洲东北部，是一条国际河流，也是世界上唯一一条自南向北流淌的大河。

尼罗河流域南起东非高原，北抵地中海岸，东倚埃塞俄比亚高原，并沿红海向西北延伸，西邻刚果盆地、乍得盆地，并沿马腊山脉、大吉勒夫高原和利比亚沙漠向北延伸。所跨纬度从南纬4°至北纬31°，达35°之多。

“尼罗河”一词最早出现于2000多年前。关于它的来源有两种说法：一是来源于拉丁语“尼罗”（nil），意思是“不可能”，因为尼罗河中下游地区很早以前就有人居住，但是瀑布的阻隔使得中下游地区的人们认为要了解河源是不可能的，故名“尼罗河”；二是认为“尼罗河”一词是由古埃及法老（国王）尼罗斯（nilus）的名字演化来的。

尼罗河流域的地貌可简单归结为：主要由结晶岩组成的东非高原和由熔岩构成的埃塞俄比亚高原分别踞于流域的南侧和东南侧；整个苏丹基本上是一个由南向北微缓倾斜的巨大构造盆地，尼罗河纵贯其间；喀土穆以下尼罗河东西两侧则为广阔的沙漠台地。

尼罗河主要是由卡盖拉河、白尼罗河、青尼罗河等河流汇流而成。尼罗河下游谷地和三角洲则是人类文明的最早发源地之一，古埃及便诞生于此。至今，埃及仍有96%的人口和绝大部分工农业生产集中在尼罗河沿岸平原和三角洲地区，因此，尼罗河被视为埃及的生命线。

尼罗河的支流中，最为人所知的就是白尼罗河和青尼罗河，一条婉约，一条奔放，常被人们用“情人”来形容。

白尼罗河是尼罗河最长的支流，发源于海拔 2621 米的热带中非山区，维多利亚湖（世界第二大淡水湖）、基奥加湖、艾伯特湖所构成的庞大湖区养育并丰盈了她。为了与青尼罗河相会，她穿越乌干达黑黢黢的丛林，跃下穆其森瀑布那高高的山岩，然后在苏丹炎热干燥的不毛之地现身。当她进入苏丹南部盆地时，河水泛滥成面积约 1 万平方公里的纸莎草沼泽，人们称之为可怕的“萨德”——阿拉伯语意为“无法通过的地方”。火辣辣的太阳使“萨德”成为硕大无比的“蒸发皿”，于此消耗了 2/3 的水量之后，消瘦的白尼罗河继续北流，本来清澈的河水被“蒸发皿”里腐烂的植物染成了灰绿色。终于，众多支流的汇入使白尼罗河成为一条庄严成熟的大河，在她徐缓宽阔的怀抱里往来穿梭着古老的三角帆船和长笛起伏的汽船。

与其情人相比，青尼罗河则是一条粗野的支流，源出于“非洲屋脊”——埃塞俄比亚高原。在那里，来自大西洋的云朵化作了如注的雨水，在山坡上冲刷出一道道沟壑，并将大量的泥土卷入溪流。在非洲最高的湖泊——迷人的塔纳湖，青尼罗河放慢了脚步，水流在浅滩、礁石中缠绵了大约 30 多公里的路程，然后突然飞流直下三千尺，在雷霆般的轰鸣声中塑造了非洲第二大瀑布——梯赛斯特瀑布。在接下来的河段中，青尼罗河奔腾 650 公里，转了一个马蹄形的大弯，最后冲出山谷，闯进苏丹南部平原那令人窒息的酷热之中。青尼罗河每年有 4 个月如脱缰的野马般纵情奔流，提供了尼罗河全部水量的 6/7。正是由于其每年 8、9 月间水量急增，尼罗河才有了每年一度的泛滥；也正是它，从埃塞俄比亚高地山远水长地携带了尼罗河泛滥时所沉积的肥沃泥沙。

在苏丹尘土飞扬的首都喀土穆的正中心，喧闹的青尼罗河与恬静的白尼罗河纵身相会，从此才正式称为尼罗河，并变得水量大增，气势恢宏。有趣的是，与中国的武汉三镇相似，喀土穆也由喀土穆、北喀土穆和恩图曼三镇构成，各镇间有桥相连。可是喀土穆比中国的“火炉”武汉更“火”，是著名的“世界火炉”，最高气温竟能达 40℃~50℃！

之后，尼罗河拐了一个大大的“S”形的弯，穿越酷热的努比亚大沙漠，由于缺少雨水而成为一条缓缓移动的浊流。在这段长达 1885 公里的艰难行程中，尼罗河又接纳了 6 条支流，并灌溉了河流两岸广阔无边的棉田。苏丹的长绒棉产量仅次于埃及，居世界第二位，为这个靠农业吃饭的非洲国家赚取了宝贵的外汇。

尼罗河从南至北，纵贯埃及全境，长达 1350 公里，灌溉着 240 万公顷的土地。在沙漠占国土面积达 96%的埃及，尼罗河就意味着生命：仅占国土面积 3%的尼罗河谷和三角洲里，麇集着 96%的埃及人！在大河两岸，星罗棋布着绿油油的麦田和棉田、齐刷刷的柑橘林和香蕉林、青纱帐似的甘蔗田和玉米地……埃及的长绒棉洁白光亮，素有“白金”之称，占世界总产量的约 1/3。

尼罗河流经地区特别是下游谷地和三角洲，是世界古代文明发祥地之一。这条河对于沿河各国的经济生活具有重要意义，使所经地区成为非洲人口最密集、经济最发达的地区。尼罗河水资源的开发利用历史悠久，自古以来人们都利用尼罗河的水进行灌溉，发展农业；现已建有大型水闸和水坝多座，使尼罗河水资源得到综合开发和利用。

尼罗河流域中几乎没有一个地区有着真正的赤道性气候，较大部分地区受信风影响，这也是流域普遍干旱的原因。尼罗河干流自喀土穆向北至阿斯旺都在沙漠中穿行，使两岸有狭长的植被带，在土壤条件允许的地方，河岸邻近土地依靠河水得以耕作。从阿斯旺向北至开罗，河两岸是肥沃冲积土形成的平原，宽度逐渐增加到 19 公里左右，这一地区全靠灌溉种植。“尼罗河赋予两岸土地以生命：只有尼罗河泛滥以后，才能够有粮食和生命。大家都依靠它生存。”这是镌刻在尼罗河畔岩石上的赞语。尼罗河是运输旅客和货物的重要水道，也是人们旅游观光的好去处。尼罗河中鱼类很多，著名的有罗非鱼、大尼罗河鱼等，此外还有鳄鱼、软壳龟、巨蜥和蛇。

尼罗河有定期泛滥的特点，在苏丹北部通常5月开始涨水，8月达到最高水位，之后水位逐渐下降，1~5月为低水位。虽然洪水是有规律地发生的，但是水量及涨潮的时间变化很大，产生这种现象的原因是青尼罗河和阿特巴拉河的水源来自埃塞俄比亚高原上的季节性暴雨。尼罗河的河水80%以上是由埃塞俄比亚高原提供的，其余的水来自东非高原湖。洪水到来时会淹没两岸农田，洪水退后又会留下一层厚厚的河泥，形成肥沃的土壤。四五千年前，埃及人就掌握了洪水的规律，并学会了利用两岸肥沃的土地。很久以来，尼罗河河谷一直棉田连绵、稻花飘香。在撒哈拉沙漠和阿拉伯沙漠的左右夹持中，蜿蜒的尼罗河犹如一条绿色的走廊，充满着无限的生机。

尼罗河以优美奇特的自然风光、源远流长的历史文化吸引着全世界的人，多年以来一直是世界旅游的热门路线。

尼罗河之水浇灌着黑土地，养育了埃及人，黑土地是母亲，尼罗河水是她的乳汁。

· 埃及文明的哺育者——尼罗河 ·

埃及是尼罗河的馈赠。

尼罗河流域是世界文明发祥地之一，这一地区的人民创造了灿烂的文化，其突出的代表就是古埃及文明。

提到古埃及的文化遗产，人们首先会想到尼罗河畔耸立的金字塔、尼罗河盛产的纸草、行驶在尼罗河上的古船和神秘莫测的木乃伊。它们标志着古埃及科学技术的高度，同时记载并发扬着数千年文明发展的历程。

纸草是种形状似芦苇的植物，盛产于尼罗河三角洲。茎呈三角形，高约5米，近根部直径6~8厘米。使用时先将纸草茎的外皮剥去，用小刀顺生长方向切割成长条，并横竖互放，用木槌击打，使草汁渗出，干燥后，这些长条就永久地粘在一起，最后用浮石擦亮，即可使用。由于纸草不适宜折叠，不能做成书本，因此须将许多纸草片粘成长条，并于写字后卷成一卷，就成了卷轴。

埃及出土的一艘约公元前4700年的古船，船长近50米，设备完好，可见当初航海技术与规模。那时，尼罗河国际划船节每年举行一届，主要是赛艇比赛。划船在古埃及是一项非常受人欢迎的体育比赛项目。据史料记载，远在4000年前的法老时代，年轻人便开始在尼罗河上举行划船比赛，起点设在岸边的卢克索神庙前，终点在卡纳克神庙前，全程约2000米。这一传统一直延续了几个世纪。

古埃及人根据尼罗河的涨落制定了世界上最早的太阳历。在公元前4000年，埃及人就已经将一年定为365天，因为埃及人发现，每当天狼星在日出前出现时，尼罗河就开始泛滥，于是就把这一天定为一年的第一天。他们按尼罗河水的涨落和庄稼生长的情况，将一年分为3个季节，即泛滥季节、播种季节和收获季节，每一季又分为4个月，每月30天，年终另加5天作为祭祀神灵的节日。

尼罗河还使当地人们产生了无与伦比的艺术想象力。坐落在东非干旱大地上那气势恢宏的神庙是多么粗犷，与旁边蜿蜒流淌的尼罗河形成强烈对比。古埃及很多艺术品都既具阳刚之气又不乏阴柔之美。

相传，女神伊兹斯与丈夫相亲相爱，一日丈夫遇难身亡，伊兹斯悲痛欲绝，泪如泉涌，泪水落入尼罗河水中，致使河水猛涨，泛滥成灾。每年到了6月17日或18日，埃及人都为此举行盛大欢庆活动，称为“落泪夜”。

没有尼罗河，埃及文明很可能就是昙花一现。

· 走进神庙 ·

在尼罗河两岸，有众多的神庙遗迹。

阿布·辛贝神庙在沉睡了3000年之后，被布尔卡德于1813年“误打误撞”地发现了。当时这个瑞士人在当地阿拉伯人的引领下去看尼菲塔莉王后的小神庙，当他准备原路返回时，却鬼使神差地向南绕了一下，结果突然看到4座几乎已全部陷入沙中的巨像，雕刻在200米之外一个很深的山口中的岩壁上。他猜想巨像可能是一座大神庙门口的装饰。

4年后，意大利人贝尔佐尼挖了足足20天的沙子后，从一条狭缝爬入巨大的神庙。点燃火把后，他惊呆了：忽明忽暗的火光映照着四下里巨大精美的雕像、生动亮丽的浅浮雕和色彩鲜明的壁画……这是拉美西斯二世（公元前1290年~前1223年在位）的神庙，门口的巨像就是这位法老王的雕像；神庙内部的壁画还描绘了他驾着华丽的战车、带着驯服的猎豹和在苏丹战争中抓到俘虏凯旋的场景。

在神庙里，伟大的法老创造了无与伦比的杰作，把艺术、天文学与建筑学完美地结合起来。每年2月22日与10月22日，初升旭日的第一缕阳光会顺着神庙的大门一路直入，照亮神庙里4座神像中的3座，并且永远不会照亮第4座——黑暗神。这4座神像依次排列是：黑暗神普塔、生命之神阿蒙、神化了的拉美西斯二世以及太阳神瑞。

从正门进入神庙，映入眼底的是一个大列柱室，由8座高达10米的模仿俄塞里斯神的拉美西斯二世立像构成。大列柱室两侧墙上的雕刻美轮美奂，上面刻着拉美西斯二世在卡叠什（现叙利亚地区）和赫梯人激战的壮观场面。大列柱室深处的前室中的观光亮点是奈菲尔塔利王后的浮雕。神庙内部最深处就是存放上述4座神像的圣地。

然而，令人震惊的是，如此壮观的神庙居然是按古代神庙的大小与规模仿真重建的。20世纪50年代，埃及政府决定在尼罗河阿斯旺上游处修建一座水坝——著名的阿斯旺大水坝，以控制尼罗河水的肆意泛滥，这意味着尼罗河努比亚地区的古迹将被全部淹没。后来，联合国教科文组织采取积极措施来挽救这些无比辉煌的古迹，从而创造了现代史上最伟大的工程奇迹。而往上迁移的阿布·辛贝神庙就是这个奇迹工程的一部分。神庙在被纳赛尔水库库水淹没之前，被切割成很多块迁移到了现在的位置。

在岩石构成的山体中建有一个大拱顶，神庙就被放在拱顶内，大神庙的右侧就是进入拱顶的入口。神庙内就像大工厂一样，由钢筋混凝土的拱顶支撑起来。3000年前的巨大建筑，就这样和最新的现代技术融合在一起，而那已经有3000年历史的神庙遗址就这样永远消失于纳赛尔水库底下。

从阿斯旺沿尼罗河北上约200公里，就来到了昔日声名赫赫的“百门底比斯”的遗址——古埃及中王国（公元前1991年~前1786年）和新王国（公元前1567年~前1085年）时代的都城——卢克索。在近700年的时间里，法老们就在这颗“上埃及的珍珠”发号施令，使古埃及的政治和经济达到了辉煌的巅峰，成为东北非和东地中海的第一强国。此间，法老们不断扩展他们的版图，并建造了无数的神庙与庞大的墓群。

如今卢克索已成为一座现代旅游城市，是世界上最大的露天博物馆，有着“宫殿之城”的美誉。尼罗河穿城而过，将其一分为二。由于古埃及人认为人的生命同太阳一样，自东方升起，西方落下，因而在河的东岸是壮丽的神庙和充满活力的居民区，河的西岸则是法老、王后和贵族的陵墓。“生者之城”与“死者之城”隔河相望。

现今卢克索的古建筑群中，保存最完整、规模最大的是卡纳克神庙。它的殿堂占地达5000平方米，有134根圆柱高耸入云，其中最中间的12根高21米，5人不能合抱，通体遍布精美浮雕。

埃及是尼罗河的馈赠，而神庙则是埃及人的馈赠。

· 死海不“死” ·

在地球陆地的最低处有一片宁静的海面，水只进不出，人们称它是死海。

的确，死海既没有茂盛的绿色水草，也没有各种各样游动的鱼，就连四周也是一片荒凉。不过，这些并不影响它展示自身的神奇与魅力，它仍然是世界有名的旅游胜地。

死海是“旱鸭子”的乐园，不会游泳的人尽可放心地仰卧于水面，伸直手脚，随波逐流。风平浪静时，人们甚至可以在水面仰面捧读书报，乐在其中。

但近来，死海的命运却备受人们的关注：有的说它在不远的将来会干涸，从地球上彻底消失；有的说，这是杞人忧天，死海充满了希望，它永远“死不了”……

死海是一个内陆盐湖，位于巴勒斯坦和约旦之间的约旦谷地，是东非大裂谷北部的延续部分。死海长 80 公里，宽处为 18 公里，表面积约 1020 平方公里，平均深 300 米，最深处 415 米。

美国著名作家马克·吐温对死海曾经有过一番生动的描述：“在死海中游泳是多么有趣啊，我们绝不会沉下去。你还可以挺直你的身体，把头完全抬起来，舒舒服服地在水面仰睡，并且还允许你撑开伞，挡住炎热的太阳。”

令人惊叹的是，人们在这无鱼无草的海水里竟能自由游弋。不会游泳的人，总能浮在水面上，不用担心会被淹死；水性再好的游泳健将也无法潜到水下，只能自叹英雄无用武之地；泳技平平者，能悠然自得地躺在水面，仰望蓝天白云，环顾周围赭红的山峦，观赏露出水面的根根盐柱、座座盐山，如果有雅兴，还可以拿着书报躺在水面慢慢浏览，只觉心旷神怡，神清气爽。真是“死海不死”。

传说大约在 2000 年前，罗马统帅狄杜进兵耶路撒冷，攻到死海岸边，下令给俘虏戴上镣铐后投入死海，处以死刑。但被投入死海的俘虏不但没沉到水里淹死，反而被波浪冲回岸边。狄杜十分气恼，再次下令把俘虏投进海里，俘虏却依旧安然无恙地被冲回岸边。于是狄杜惊慌了，以为俘虏是受到神灵的保佑才屡淹不死的，于是就下令赦免并释放了全部的俘虏。

那么，死海海水的浮力为什么这样大呢？它是怎样形成的呢？又是什么魔力使得死海有如此多的与众不同之处呢？

关于死海的形成，有这样一个古老的传说。远古时候，死海原来是一片大陆。村里的男子们有些恶习，上帝希望这些有恶习的男人们能改邪归正，但他们拒绝了。上帝决定惩罚他们，便暗中谕告鲁特，叫他携带家眷在某年某月某日离开村庄，并且告诫他离开村庄以后，不管身后发生多么重大的事故，都不准回过头去看。鲁特带着他的家眷，按着上帝规定的时间离开了村庄，但向前走了没多远，他的妻子出于好奇偷偷地回头观望。结果转瞬之间一座好端端的村庄就塌陷了，出现在她眼前的是一片汪洋大海，这就是死海。鲁特的妻子也因不听上帝的旨意，立刻变成了石人，经受着风吹日晒和雨淋，至今仍立于死海附近的山坡上，扭着头日日夜夜地望着死海。同时，上帝也惩罚了那些执迷不悟者，让死海成为一汪咸水，使他们永远没淡水喝，也没淡水种庄稼。

其实，死海是一个咸水湖，是大自然在漫长的岁月中造就而成的。死海原本是地中海的一部分，后来因地壳变化而与地中海分开。其东西两岸被悬崖绝壁所束，始终没有和大海相通，从而形成了一个内陆的湖泊。死海的源头主要是约旦河，河水含有很多的矿物质。死海一带气温很高，夏季平均可达 34℃，最高达 51℃，冬季也有 14℃~17℃。气温越高，蒸发量就越大，再加上这里干燥少雨，年均降雨量只有 50 毫米，而蒸发量却是 1400 毫米左右，结果死海变得越来越“稠”，沉淀在湖底的矿物质越来越多，其咸度也就越来越大。于是，经年累月，便形成了世界上最咸的咸水湖——死海。

死海的“怪脾气”和浮力都来自其含量极高的矿物质。各种盐的含量是普通海水的 10 倍，湖水表层含盐量高达 230‰~250‰，即 4 公斤海水里就有 1 公斤盐。在死海通常见不到滔滔巨浪，这是因为死海水含矿物质高，减弱了风的威力。

早在古代，许多君王和统治者便已将死海作为度假胜地。古罗马曾有记载，埃及女皇克利·奥帕特拉以死海矿物泥和矿物盐作美颜护肤之用，古罗马帝国斗兽场上的勇士也用死海矿物泥和矿物盐来疗伤。在近代中东六日战争中，以色列政府使用矿物盐、矿物泥温泉疗法，治疗伤兵恶化的炎症。

关于死海里的众多矿物质来自何处，至今还没有一个科学家能解释清楚。

有人认为，死海周围的山峦、土地中含有各种矿物质，这些矿物质都伴随着雨水，终年累月，流入死海。在死海周围，还有100多个含有大量硫黄和其他矿物质的温泉，它们都注入死海。

然而这些到底是不是造成死海含有大量矿物质的主要原因呢？

· 宝贵的天然治疗中心——死海 ·

为什么每年都会有上百万的游客从世界各地来到死海？

死海在天气晴朗的日子里碧波荡漾，与蓝天、白云交相辉映，光彩四溢，是一幅天然、壮观、辽阔无边大海的美丽画卷；而在阴雨之时又是雾雨一片，朦朦胧胧，远山依稀，水天一片，别有一番景致。

死海的有趣和独特之处在于它的四个“400”：第一，它低于海平面400米，是世界陆地的最低点；第二，它的水最深处是400米；第三，死海水所含的各种矿物质约达400亿吨；第四，据说死海海底有大约400米厚的盐的沉积层。

死海的水是世界上含盐量最高的水体。在《圣经·旧约》和希伯来语中，死海都被称作“盐海”，其水体的含盐量高达25%~30%，而地中海的海水含盐量只有3.5%。由于含盐量太高，水中又严重缺少氧气，生物难以生存。死海岸边的岩石披上了一层盐壳，白中泛青，状似玉石，只有极少的喜盐植物零零星星地散长在岸边，为这荒芜的土地增添了些许生机。

那么，死海真的就没有生物存在了吗？美国和以色列的科学家通过研究终于揭开了这个谜底：就在这种最咸的水中，仍有几种细菌和一种海藻生存。有一种叫作“盒状嗜盐细菌”的微生物，具备防止盐侵害的独特蛋白质。

死海的空气是地球上最干燥、最纯净的，氧气浓度也是世界上最高的，比海面上的含氧量高10%，加上死海空气中有许多用于镇静的溴，人们一到这里便会感到全身放松、容光焕发。此外，死海地区的紫外线长波的浓度比世界上其他地区都要高，而紫外线长波是治疗牛皮癣的良药。死海独特的自然景观和医疗功效，吸引着世界各地的游客蜂拥而至。

死海水是矿物质成分最丰富的水，尤其是溴、镁、钾、碘等含量极高。大多数海水只含有3%的矿物质，而死海却有33%之多，连含有20%矿物质而号称世界第二的犹他大盐湖也自愧不如。自古以来，死海水的医疗保健功效便为人所知。有的试图用死海水治疗牛皮癣、湿疹、关节炎等痼疾；有的用死海水中的黑泥涂抹全身，以健身美容；有的躺在岸边享受日光浴；而更多的则在死海中畅游一番，体验被水“托”起来的感觉。

到死海的人出于好奇，十有八九要下水游泳。但死海不容人游泳其中，却让人漂浮其上。它是不准许人们“为所欲为”的。你想击水前进时，它会使你立即失去平衡，毫不客气地将你翻转过来；任何游泳好手，无论他采取蛙式、蝶式或自由式，在死海里都休想施展自己的本领；至于潜泳，有史以来，还没有人在不坠挂重物的情况下潜入死海。

不少人以为死海浮力大，人沉不下去，因此可以随心所欲地戏水。其实不然。在死海上漂浮切忌动作过大而弄出水花溅进眼睛。因为死海的水比大洋的海水咸10倍，哪怕只有一小滴进入眼睛都会难受得要命，有时甚至会发生危险。所以有经验的人都会带上一瓶淡水放在岸边，以便用来及时冲洗。曾经有人不小心喝了一口死海的水，结果胃里难受了好几天，想吐也吐不出来。进入死海，平时微小到你自己根本察觉不到的细小伤口马上就有灼热感，真如同“伤口上撒盐”，不过，经过死海盐浴后伤口好得快。另外，大部分死海海滩都是颗粒较大的鹅卵石沙滩，不常打赤脚走路的人，在沙滩上行走会感到脚底疼痛难忍。

死海的海水不但含盐量高，而且富含矿物质，常在海水中浸泡，可以治疗关节炎等慢性疾病。海底的黑泥也含有丰富的矿物质，对健身、美容都有特殊功效，成为市场上抢手的护肤美容品。因此，每年都吸引了数十万游客来此休假疗养。

成千上万的人从世界各地来到死海以求恢复他们的精力和健康，死海神奇的功效来自以下几个方面：

一、阳光

太阳在一年里几乎每一天都照射着死海。由于该地区在海平面之下，因此阳光既要穿过厚厚的臭氧层，又要穿过由于海水蒸发而带来的化学元素形成的天然滤光网。这样就阻挡了部分紫外线，人们可以在这里放心地长时间晒太阳。

二、矿物质丰富的大气

海水蒸发后留下独特的氧化盐，包括镁、钠、钾、钙和溴等。溴以其镇静疗效而闻名，它在死海周围空气中的密度比在地球上其他地方高出20倍。

三、矿物质温泉

死海的温泉富含高浓度的盐和硫化氢。死海泥也含有大量的硫化物和矿物质，能很好地保温、清洁皮肤、减轻关节疼痛。

四、高气压

死海是地球上气压最高的地方。空气中含有大量的氧，让人感到呼吸自在。

五、花粉少

死海气候干燥、植物稀少，因此没有过敏源。

可见，死海以其独特的地形地貌、神奇的医疗功效吸引着世人，赢得了世界的关注。

· 死海会“死”吗 ·

名声颇大的“死海”虽以“海”称之，但实际上只是世界上最著名的内陆咸水湖。

死海有两张王牌，使它在世界名山胜水中占有一席之地。

一是含盐量特别高，湖水的比重超过了人体的比重，不会游泳的人也可以放心地躺在湖面上，不用担心会沉下去，还可以静静地享受漂流的“感觉”，更有趣的是，有的人还能够自由自在地躺在水面上看书；二是死海含有丰富的钾、镁、镍等矿物质，这些矿物质对皮肤病、关节病、呼吸道疾病等具有显著的疗效。

随着死海的知名度不断提高，价值越来越大，它的生存问题也更加受到人们的关注，成为地质学家们的谈论热点。长期以来，在死海的前途命运问题上，一直存在着两种截然不同的观点：

一种观点认为，死海必“死”无疑。

持这种观点的学者们认为，在漫长的岁月中，死海不断地蒸发浓缩，湖水越来越少，盐度也就越来越高。在中东地区，夏季气温高达 50℃以上。唯一向死海供水的约旦河水被用于灌溉，死海面临着水源枯竭的危险。再加上沿岸国家对死海东西岸诸如碳酸钾、锰、氯化钠等自然资源进行过量开采，以致死海的南湖已完全消失，只剩下北湖了。所以，死海在逐年缩小，若干年后一定会干涸，等待死海的将是一场厄运。

约旦大学地质学教授萨拉迈赫表示，尽管目前各种地图上标明死海的高度是海平面以下 392 米，但那其实是 20 世纪 60 年代的测量结果，现在它的实际高度是海平面以下 412 米。这已清晰地表明，在 40 年里，死海水面正以每年 0.5 米的速度下降。

支持萨拉迈赫教授观点的一些学者还指出，1947 年，死海长达 80 公里，宽 16~18 公里，而现在，死海的长不过 55 公里，宽 14~16 公里。死海面积已从 1947 年的 1031 平方公里下降到了 683 平方公里。如果没有有效的措施来保护，以这样的速度枯萎下去，死海还能活多少年呢?

另一种观点认为，死海不会“死”。

持这种观点的人认为，死海并不是没有生命的死水，而且它的前途无量，是未来世界的大洋。因为从地质构造的角度考虑，死海位于著名的叙利亚—非洲大断裂带的最低处，而这个大断裂带正处于幼年时期，终有一天死海底部会产生裂缝，并且随着裂缝的不断扩大，从地壳深处冒出的海水将生长出一个新的海洋。

20 世纪 80 年代以来，科学家发现死海中有一种红色的小生命，它叫盐菌，而且数量非常多，大约每立方厘米水中就有 2000 亿个。正是由于死海中生存着这些可爱的小生命，死海的颜色正渐渐变成红色。人们还发现死海里有一种单细胞的藻类动物。过去，由于不断蒸发，死海的水面上常常笼罩着一层浓雾，中世纪的阿拉伯人都认为这种雾气是有毒的，因此鸟儿无法飞越，也不愿意飞到这里。可是现在有一种鸟已经扇着翅膀飞来了，在死海的岸边寻找昆虫和野果。由此看来，死海也是一个生机勃勃的世界。

现在，为了挽救死海，一条连通地中海和死海的地下水道已经建成，隧道长110~120公里，有些地方在地下550米的深处。在濒临地中海的入海口由泵站把海水灌入直径5米的倾斜隧道，地中海与死海落差390米，不仅可以利用它来发电，还可以把水补充到死海里。这样，死海就会“复活”。

其实，死海的实际情况不容乐观，它的面积正日益缩小，不论将来死海的命运怎么样，我们应该看到，随着生态环境的恶化，那里降雨量逐年减少，它的主要水源——约旦河也已不再流入死海。如果不注意保护生态环境，不注重节约水资源，盲目地滥用地表水、地下水，死海确实面临着消失的威胁。

死海是“死”还是“活”，地质假说还没有更多的事实加以论证，还需要我们继续探索。

死海的未来仍然是一个难解的谜。

图书在版编目(CIP)数据

地理的问号 / 张浩著.—北京:中国华侨出版社,
2015.7

ISBN 978-7-5113-5587-4

Ⅰ.①地… Ⅱ.①张… Ⅲ.①地理-世界-通俗读物
Ⅳ.①K91-49

中国版本图书馆 CIP 数据核字(2015)第170468号

地理的问号

著　　者 / 张　浩
责任编辑 / 叶　子
责任校对 / 高晓华
经　　销 / 新华书店
开　　本 / 787 毫米×1092 毫米　1/16　印张/20　字数/315 千字
印　　刷 / 北京建泰印刷有限公司
版　　次 / 2016 年 3 月第 1 版　2016 年 3 月第 1 次印刷
书　　号 / ISBN 978-7-5113-5587-4
定　　价 / 36.00 元

中国华侨出版社　北京市朝阳区静安里 26 号通成达大厦 3 层　邮编:100028
法律顾问:陈鹰律师事务所
编辑部:(010)64443056　　64443979
发行部:(010)64443051　　传真:(010)64439708
网址:www.oveaschin.com
E-mail:oveaschin@sina.com